# 老派東京

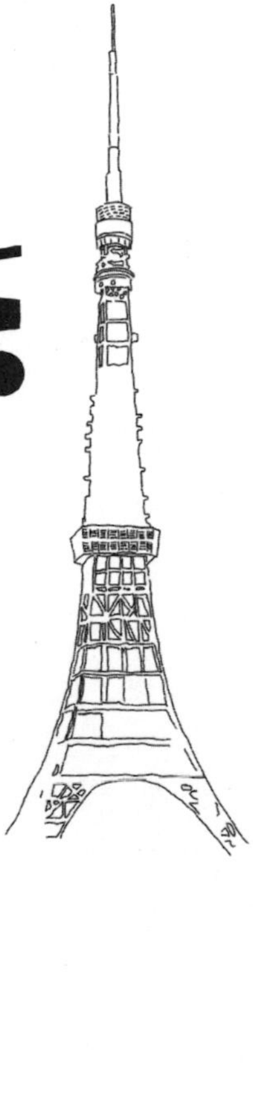

## 編集長的東京晃遊札記

嵐山光三郎

顏雪雪／譯

# 目次

本書插畫・地圖

嵐山光三郎（兩國・柳橋・淺草橋）

蔦內專太郎（右列之外的其他）

# 前言・散步前後

有時散步的時候，我會想去沒看過的街道，甚至順便住在那裡，例如走進胡同裡，或寄宿在兩層樓的平房中。如果寄宿地點的老闆娘很美麗，我還會幻想「如果我和老闆娘在一起的話……」，彷彿自己就是在玄關為盆栽澆水的老闆。所謂幻想，就是在時間裡迷路。

而蒸發者，就是從現實不小心踏進幻想的迷宮的人們。

我在東京的街道散步時，會放任自身在發呆的蒸發誘惑中，這就是散步的快樂。散步成為旅行，進而蒸發，能夠隱匿身影的場所就在邁向未知的散步裡，就像也曾發生過失蹤的父親，實際上正寄宿在隔壁第五戶的西服店這種事。

類似的事情，和我一起在東京旅行的專太郎和小廣應該也曾經歷過。一個人的時候真的會蒸發，所以要三個人互相看緊對方。

在東京散步前，我們三人做了如下五點規定：①不照旅遊書的順序走。②餐廳、飲料店一概不預約。③不裝腔作勢進行文學散步、歷史散步。④不寫不喜歡的店。⑤目的地全憑當天心情。

這些是任性散步的條件，簡單來說，就是要日常的散步。觀察當日上午的天氣，思考目的地，然後決定碰面的地點。也由於不事先預約，所以也常發生都走到店裡了，卻因客滿而被店家拒絕的情形。

關於文學散步有許多可參考的書籍資料，但即使一手拿著書一邊走，也不一定能找到想看的石碑或墓地。我們的散步不是文學碑文巡禮、也非史蹟巡禮，而是迎著東京的風，將這般風的形象記錄下來。

所以我們會很詳細地記下餐廳的價格。我們去的都是便宜、好吃、又有良心的店，即使是散步途中順便落腳的店家，也不用擔心被坑。造訪店家而不事先預約，是為了如實傳達店家的服務態度或價格；隨機進入、吃喜歡的食物、全部都用現金支付，這些是理所當然的事情。但如今有許多店家知道要被採訪，就會趕緊降低價格（甚至免費招待），而受到招待的人則寫些討好店家的新聞稿，讓文章變得十分不真實。

✽

東京是溫柔的城市。

雖然有著怪異的一面，但深入體察時，卻有踏實的風俗人情。東京的人情非常乾爽，且帶有冷漠的合理性，抒情不黏糊，有著冷淡的溫暖。這種人情根據地區的不同有微妙的差異，吹的風與溫度也有差異，我想寫出當中的微妙差異有何不同。

這本書原本連載於《Dacapo》[1]雜誌，但在連載後的第三個月，我們三人走在日比谷公園，被路人問說「是《Dacapo》吧」時，仍嚇了一跳，如果是電視節目被認出來就算了，但我們的散步，一看就會覺得是「失業者在找工作」，從白天開始就在公園裡閒逛，感覺無所事事。

後來透過讀者回函，我知道有讀者重走了一遍我們散步的路線，非常感激，我們達成了小巷導覽的任務，越來越有書寫的動力。

而且作家朋友、店家老闆、餐廳老闆或醫生，都特別詢問我在散步路線中造訪的店家地圖，也有朋友拿著影印下來的文章，邊看邊走，從連載時起就有這種迴響很不常見，許多人都對我說：「趕快出書吧。」

在東京散步時，我注意到老年人很多，白天無論去哪裡，年長的人都很顯眼，已是退休身分，仍元氣滿滿、津津有味地遊覽著東京，雖然他們可能只是太閒，但此時我突然發現一件事情。

江戶的餘溫，仍微微存在著。

儘管在東京，江戶的風情已經幾乎快消失了，但有許多悠閒的老人這一點，不就是從江戶

1 原名為新聞雜誌《ダカーポ》（1981～2007）。

時代延續下來的傳統嗎?放蕩到底的人、熱中做生意的人、忠厚誠懇的人、嗜好是存錢的人……老年人有各種風采，無論哪種都是倔強又固執的。主導城市的就是這些年長者，我明白了驕傲自滿的老人不只存在於財政界。

這是好事，他們經驗豐富所以驕傲自滿是理所當然的，看起來很囉唆的爺爺奶奶，是城市的瑰寶，主導城市是當然的，我也想要快點變老，成為個性執拗的老人。

東京的慶典與市集很多。

且格外地盛大。像是入谷的牽牛花祭，人就多到無法行走的地步，這裡也有江戶的餘韻，熙熙攘攘、吵吵鬧鬧、急急忙忙，不知不覺間慶典就結束了。東京有舉辦市集與慶典的能量，但也有結束的隔天早晨，虛脫感無法消解的兩面性。

我一年到頭都在旅行，在東京旅行的一年半裡，幾乎沒有出國，我著迷於東京這座城市的魅力，東京旅行就是回溯時光的探險。

遇見的風景，是記憶裡的從前。即使是剛蓋好的近代建築，在完成的瞬間，就成為了過去，風景是朝向過去腐朽的，讓日子不斷流逝的時間很美好，這是時間遊覽之旅。

✽

……以上是一九九〇年，在我四十八歲時寫的。現在開始是那之後的事情了。

我討厭裝腔作勢的高級餐廳，也不太去最近的人氣異國料理店。東京的新店一間接一間地開，用巴黎或紐約式的時髦裝潢吸引顧客，嘗試去光顧，得到的卻總讓人失望。老闆擺架子的店也很讓人討厭。

走進巷弄，走進天花板很低、被燻成黑褐色的店家。在人行道的背面，有著真正的東京。如果去名勝古蹟，在裡面亂繞時，總會有意外的發現，這就是散步的妙趣。即使是從自己的住處到最近車站的路途上，也總會有沒發現過的、美妙的小巷子。

也是因為有這些性情乖僻的散步者的支持，這本書才得以出版。

陪我散步的朋友是專太郎和小廣。專太郎是作畫時的筆名，他的本名是坂崎重盛。坂崎是出版社社長，現在也是東京導覽書的第一人，有許多東京相關著作；小廣則是當時《Dacapo》雜誌的副主編，之後成為《鴿子呦！》[2]的主編而名滿天下。

當時這本書賣得很好，卻沒有出版文庫本，主要是因為店家與料理的價格不斷改變。寫上價格，對散步的人很有幫助，卻也變成仇人，隨著時間流逝，這本書就會變成過時的實用書了。所以我一邊接受這本書是現在東京導覽書的先驅，但也一邊讓它的任務落幕。

但經過十四年的歲月之後，這本書成為經典，反而出現了有趣的另一面。書中寫下十餘年歲月中，東京的盛衰榮枯。即使是在寫這本書的時候，也有幾間記憶中的名店身影消失了。到了現在，書中曾記錄的名店，又更少了。

所以，二〇〇四年的現在，這些店到底變得如何，有再次調查的必要。我註記了消失的店

2　日本文藝雜誌《鳩よ！》（1983～2002）。

家，價格也改成現在的價格。餐廳平均漲了二〇％，也有的店厚顏無恥地漲了五〇％的價格，這我都會記錄在各章之中。關於「現在變得如何」的再次調查，受到編輯部的檀將治與其助理石山千繪的幫忙，價格變動也是了解東京這座城市的線索。

東京每天都有新的變化，基盤卻不動如山，即使舊建築被破壞，住在那裡的人們仍充滿桀驁不馴的精神。便宜、愛護廣大庶民的居酒屋或食堂，也仍充滿朝氣地營業著。

月島的酒館岸田屋的客人仍絡繹不絕；湯島天神的紳助，則確立了它作為東京最棒的名居酒屋風格；淺草的佐久間小餐廳，燉牛筋的味道濃郁；吉祥寺的伊勢屋，雖然和我同年的老闆過世了，但烤雞肉串的盛況，讓煙霧仍然包圍著井之頭公園一帶。

築地市場的食堂小豐，數年前就被電視節目介紹，客人排了三百公尺，讓老顧客感到很不耐煩，現在又回到原本穩定的樣子；日本橋泰明軒的特產是一碗五十日元的甜菜湯，現在仍是五十日元；日比谷公園內松本樓的咖哩飯，仍持續刺激著散步中的紳士淑女們的食慾，讓肚子咕嚕作響。

若去淡路町的蕎麥麵店松屋，會不斷聊到老闆小高與作家池波正太郎的往事。在新宿黃金街停止營業的小路，又再度營業，老闆娘桃子變得更加豔麗。在神田的Beer hall・Luncheon，我在買二手書回去的路上仍然會順道過去。用室町蕎麥麵店砂場的鹹蛤蜊配上菊正宗的酒，再一口氣喝光，是讓人承受不了的美味。這些店家都還很有活力。

寫在這本書的老店，我幾乎現在都還會持續造訪。店是由人所組成的，頑固、有人情味、單純的好人、珍惜初次造訪的客人的店家，是東京的力量。

# 兩國・柳橋・淺草橋

在《老派東京》要出文庫本的時候，我和久違的專太郎、小廣、千繪一起去了兩國。

位於兩國車站前的江戶東京博物館，是一座巨大的建築物，會讓人想起水泥製的艾德・伍德[1]飛碟。當時剛好正在舉辦江戶畫家圓山應舉展覽，進去裡面時，就像大拍賣一樣，擠滿中高年齡層人群。我用手撥開人群，只看到一幅幽靈的畫。

在兩國，有幽靈居住著。應舉所描繪

1 美國好萊塢導演，以拍攝低預算的科幻恐怖片聞名。

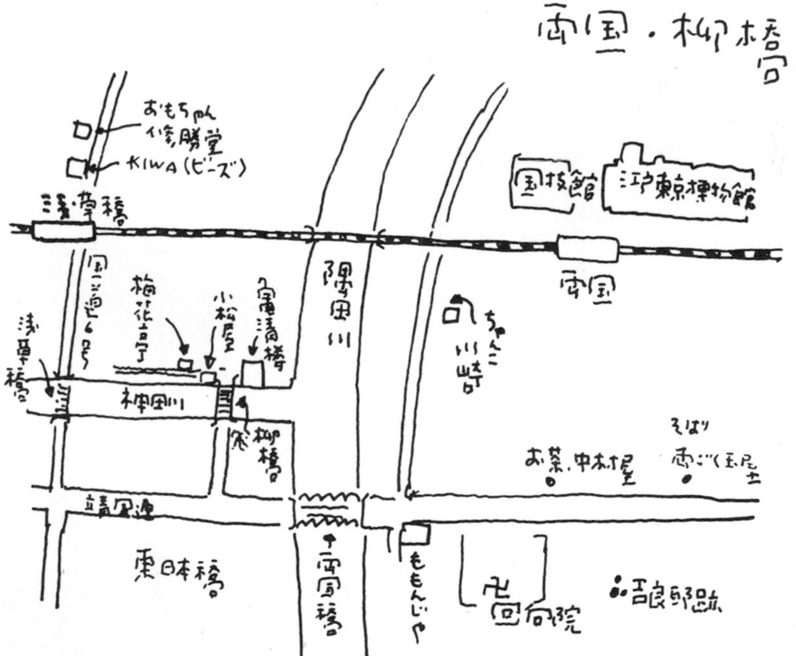

的幽靈畫，由於是以常常生病的美麗人妻阿雪為原型，十分豔麗動人，是讓人忍不住想追求的幽靈。

「他太太還活著時很可怕吧？」

小廣悄聲地說，聽說越可怕的太太在過世以後反而會讓人更留戀。江戶這個地方，到處都是幽靈，在櫻花盛開的季節，祂們會從墳墓裡跑出來閒逛賞花。

東京的賞花季，像是靈界與人世的聯合園遊會。

江戶東京博物館七樓，有從江戶時代開始就一直經營的料理老店八百善。文政五年（一八二二年），第四代繼承人出了名為《江戶流行料理通》的食譜，山谷的八百善、橋場的柳屋、向島的平島、柳下的橋本等有名的餐廳茶館，坐落於隅田川岸，其中最有名的就是八百善。我本來想吃八百善的幕之內便當[2]，但一進去發現客人實在太多了，只好再走出來。

隔壁的國技館，五月正式的相撲比賽還沒有開始。現在大相撲[3]的人氣不如以往，當日票價是兩千一百日元，很輕易地可進去觀賞，在ＰＩＡ售票系統或LAWSON便利商店也都能簡單地買到票，正式比賽從早上九點的前相撲[4]開始。即使沒有舉行相撲，也可以免費參觀國技館的相撲博物館。

館內展示延喜時代的相撲人偶、元祿相撲的圖畫、稻妻雷五郎的相撲刺繡圍裙等，但讓人目瞪口呆的是前橫綱曙關的腳模型，就像亞馬遜的半人魚那樣巨大！

走過車站前的大街，會看到回向院。

回向院是為了悼念明曆三年（一六五七年）大火[5]的往生者而建造的，院內會舉辦寄附相撲——也就是勸進相撲[6]，一直到舊國技館成立前，七十六年間回向院都是舉辦大相撲的地點。院內建有祭祀歷代力士之靈的力塚，也有山東京傳[7]、盜賊鼠小僧次郎吉[8]等人的墓，鼠小僧的墓碑傾頹，到處都是破洞。回向院內也有貓塚，從力士到貓，各種幽靈從白天開始就在舉行宴會。

我的父親與祖父出生於本所（兩國），所以父親或祖父應該也會在這附近舉辦陰間的宴會，並在小巷的暗處裡互相打招呼說：「啊，好久不見。」

兩國有許多相撲部屋[9]，在回向院附近有春日野部屋、井筒部屋、出羽海部屋。被赤穗浪士所殺害的吉良的宅邸附近，則有大島部屋、二所之關部屋，也有相撲料理的餐廳。

相撲料理的老店是川崎，位於從兩國車站走往兩國橋的路旁，黑色的招牌上寫著白字的店名。川崎從昭和十二年開業至今，是日本第一間相撲料理店，肉類只使用雞肉。

---

2　最初是芝麻飯糰配上簡單菜餚的野戰便當，到了江戶時代成為觀賞表演時吃的便當，配菜豪華許多，有煎蛋捲、魚板等。
3　由日本相撲協會主辦的專業相撲比賽。
4　尚未成為幕內力士的相撲力士們的比賽。
5　發生於明曆三年的江戶，為日本史上僅次於東京大空襲、關東大地震的慘重災難。
6　為了寺廟建造、修繕的募款而舉行的相撲。
7　江戶時代晚期的知名浮世繪師。
8　江戶幕府晚期有名的盜賊，專偷將軍宅邸，本名次郎吉。
9　日本培養相撲力士的組織，類似武術道場。

「因為以前迷信認為，牛或豬等四足動物就像把手放在土俵上，所以不吃他們。」專太郎解釋。

店面的窗戶貼有「小城錦引退，襲名大相撲」的海報，店前有山椒，冒出少許新芽。

小廣說：「我曾看過正在摘這株山椒新芽的廚師。」

我則自豪地說：「我曾在這間店吃過相撲火鍋，一個人兩千七百日元，醬油湯頭，還吃了烤雞肉串和雞肉丸子。」

在兩國二丁目的十字路口，往隅田川方向走，會看到富士Hatome公司的古老建築，Hatome的漢字寫作「鳩目」，是指鞋子或衣服上穿洞的金屬圓孔。隔壁是私人的驗車場，每個人都規矩地上著班。

隔著一條街，是豬肉火鍋店ももんじゃ（音：momonja），為享保三年（一七一八年）就創立的老店，門口掛有野豬圖案的招牌。

專太郎說：「即使是我也在兩年前的尾牙上吃過他們家的豬肉火鍋喔。一個人四千日元，比川崎的相撲火鍋還貴，是吃飽後也捨不得離開的滋味。」

真是討厭。

在寫《老派東京》的時候，其實我也有和大家一起進去店裡，但人一旦過了六十歲，就只剩下「我有吃過」這種炫耀性的話語而已了。

讓人想起艾德・伍德飛碟的江戶東京博物館。

以雞肉相撲火鍋聞名的川崎。

走在兩國橋時，岸邊的全國廣告看板上，顯示氣溫為攝氏十七度，似乎在隅田川的兩岸，溫度會有微妙的變化。

河岸的風呼呼地吹，帽子都快飛了起來，在隅田川面的波紋中，一艘叫兄弟丸的駁船從眼前通過，濺起飛沫。

兩國橋在明曆大火後竣工，橋梁架在日本橋到本所之間，由於聯結武藏國與下總國，又稱為兩國橋。其後因受到洪水與豪雨的破壞，明治三十七年改架鐵橋，只有橋的欄杆部分是木製的。

紅嘴鷗成群飛走。那時已有ＪＲ總武線的鐵橋，黃色的電車疾行而過，而且每當汽車通過時，橋面就會微微地搖晃。河川的遠方，朝日啤酒的黃金雲大樓煙靄朦朧。

河岸大樓的三樓，有「新內小唄訓練所」[10]的招牌，這裡仍留有江戶時代的遺跡。隅田川的深水處，無法歸巢的一對鴨子蜷縮著身體。

雙鴨無法歸巢的隅田川

同行的千繪詠唱著。

千繪來到我的辦公室打工已經是十四年前的事了，那時她是大四的學生，正好是我剛開始

10 小唄為室町、江戶時代流行的短曲，以三味線伴奏，新內為其中一個流派。

寫《老派東京》的時候。千繪後來成為我們公司文藝部的一員，筆名是石田千，處女作《月亮與甜麵包》才剛出版。

我一邊渡橋，沿途想起很多事情。人活著總是要渡過無數的橋，橋的對岸「似乎有新的世界」，但試著走過去後，卻沒有發生任何特別的事，不過仍有些許的改變。或許人生就是這樣一直重複下去。

當我感慨地渡橋時，看到柳樹的新芽垂落。

「新芽就像項鍊一樣。」

因為千繪這樣說，我就回道：「哪裡像項鍊？怎麼看都像枯萎的海帶芽。」

小廣插嘴：「你們在吵什麼呢？」

走過兩國橋後右轉，會到神田川，這裡有座綠色的鐵橋——柳橋。河畔立有說明柳橋由來的看板，上面寫著柳橋於元祿十一年（一六九八年）建成的，明治二十年時改建為鐵橋，其後於大正十二年因地震被燒燬，昭和四年才建成現在的橋。柳橋採用永代橋的設計，而永代橋則是參考德國萊茵河橋。子規寫過兩句關於柳橋的俳句：

春夜回頭看那女孩的柳橋

讓奢侈的人們納涼的柳橋

兩國橋一搖晃，回憶也跟著晃動了起來。

有簪子浮雕的柳橋，是神田川最下游的橋。

千繪讚嘆：「春夜的詩句好美。」

我則說：「不，奢侈的那句才好。」

我們的意見又陷入分歧。

柳橋曾是繁盛的花街，橋的欄杆上鑲有簪子的浮雕，渡橋後會看到江戶料理店龜清樓。雖然現今的龜清樓位於柳橋的河岸大樓一樓，為一棟紅磚大樓，但原本的龜清樓是雅致的獨棟建築，橫綱審議會[11]就是在這裡舉行的。

雖然是非常久以前的事情了，那時德國文學研究家高橋義孝還是橫綱審議會的委員，他來過龜清樓。他還記得下酒菜混合了梅乾、蘿蔔泥與柴魚乾，吃得嘎滋作響，舌頭會跳起舞來，其他的料理也都是能讓舌尖暈眩的美味。現在有一萬五千日元的懷石料理套餐，門口則掛著由知名畫家平山郁夫題字的「柳橋龜清樓」招牌。

11 由知名社會人士組成，目的是遴選相撲力士，授與橫綱頭銜。

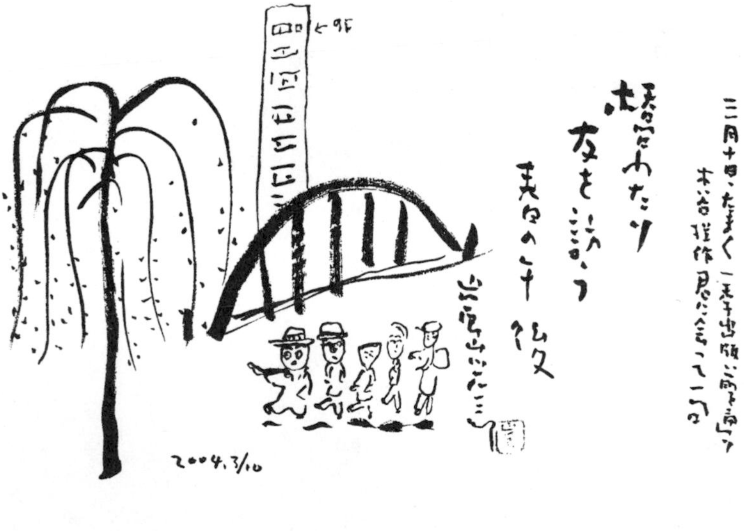

龜清樓的對面，是賣佃煮[12]的小松屋。我買了一份星鰻的佃煮，小松屋也出租遊船，雖然店面小小的，但店頭綻放著白色的雪柳花，繡球花的新葉也茂密地生長著。

一大排懸掛著紅色燈籠的屋形船[13]停靠在神田川沿岸。包一艘屋形船，最少要十五人以上預約，最便宜的套餐一人一萬日元，有天婦羅、生魚片、白飯、味噌湯與漬物，用餐時間兩個半小時。最貴的一人要一萬五千日元，和龜清樓同樣價錢，卡拉OK免費，一個人再加一萬六千日元，就提供一名伴遊。

「所以說，要有伴遊的話一個人要付三萬一千日元。」

小廣算了算。附伴遊的出租屋形船，等於是現代的「移動的藝伎船」。

至於釣鰈魚的釣船費，一天是八千日元（附魚餌），早上七點半出航。在柳橋思索的問題竟然是：是要釣鰈魚好呢，還是要找伴遊呢？真不愧是柳橋，一直都有玩樂的傳統。

專太郎在小松屋斜對面的和菓子店梅花亭，買了銅鑼燒（二四〇日元）。

柳橋與前方的淺草橋都位於神田川，淺草橋的沿岸有棟古老的建築。專太郎嘆道：「真可惜，不久後這棟建築也會被毀壞吧。」

在十四年前的《老派東京》中，我走過許多搖搖欲墜的古老建築，其中一個就是淺草的常盤座，那時我就已經預測到它有一天會消失，神樂坂的西式餐廳田原屋也給我這種印象，後來果然就倒閉了。

神樂坂曾瀰漫著衰退的氛圍，但相反地，正因為如此古老的街景得以留存，現在變成東京最時髦的區域，我之後也想移住神樂坂。

要翻新古老的建築與小徑很簡單，但要把嶄新的城市變成經典卻需要百年的時間。保存古蹟，而非破壞它，應是未來的都市計畫走向。

✻

我拜訪在淺草橋附近經營「一季出版社」的木谷壯作，我們用罐裝啤酒乾杯。事實上，在去了兩國國技館以後，我已在兩國車站內的LONDON PUB喝了啤酒，並且微醉地走到淺草橋的。我點了巴斯愛爾淡啤酒（四七〇日元），但外國啤酒使我的胃緊縮，不太舒服。

我用木谷送的罐裝啤酒緩和了腸胃，然後去了隔壁的串珠店KIWA，買了瓢蟲鑰匙圈組（三三〇〇日元），這是把紫色或深綠色的珠子串在尼龍繩或鏈子上，自己做鑰匙圈的組合，此外還有一千五百日元的鑽石組、或兩千日元的項鍊組。

在淺草橋車站的江戶通，像這樣的串珠店越來越多，我看到在串珠組合的品項裡，有一個名為「杜斯妥也夫思基」。

我說：「是俄國文學呢。」

12 日本傳統家庭式烹煮方式，多用海產，味道甘鹹，為拌飯佐料。
13 傳統日式遊船，提供遊客賞景，並附有餐廳。

淺草橋的KIWA擠滿女性客人。

柳橋旁的小松屋，店內陳設仍感受得到時代氛圍。

結果千繪糾正我：「那是施華洛世奇。」

很久以前，這一帶有許多批發商，專門販賣零食雜貨店裡會出現的廉價玩具，但現在幾乎看不到了。只剩下一間小小的修勝堂，我進去之後，買到停不下來。

二十個一組的玩具陀螺（二一六〇日元）、古董的尪仔標（七八〇日元）、抽抽樂的彈力球（一六五〇日元）、水果造型的夾子（一八〇〇日元）、抽抽樂的轉印貼紙（八〇〇日元）、抽抽樂的橡皮擦（一九〇〇日元）。

這每一個都是我抽一次二十到三十日元的抽抽樂後，中獎得到的。小時候無論我抽多少次，都抽不到想要的獎品。那時我就發誓：「等有一天賺了錢，我要把抽抽樂的獎品全部買下來，我一定會記得！」在我過了六十歲以後，這個願望終於實現了。我買了一堆紙箱，用宅急便把東西送回家，心中湧起的念頭是：「我終於彌補了少年時代的遺憾。」

雖然優雅的生活就是最大的復仇，但如此多的玩具寄回家之後，該怎麼處理呢？很遺憾地，我也沒有要免費送給家附近孩子們的豪氣。那間像牛棚的書房，接下來只會更混亂吧。

我一邊這樣想，一邊走過鳥越本路的商店街，然後進入御菜橫

御菜橫丁的郡司有許多漬物。

能感受到老店信譽的都壽司。

丁。今天是特賣日，我花了九百日元，買了松屋商店的名產，一盒三百公克的叉燒肉。在海產店，一盤鮭魚頭大約一百日元左右。在這條商店街，蔬菜、蕎麥麵、炸物、肉、漬物等商店林立，看了我每個都想買。

黃昏時的商店街會播送歌謠，因為附近的街道仍維持著原來的模樣，走著走著會讓人不自覺放鬆下來。無論東京如何現代化，只有像這樣的庶民商店街，才滿溢著溫暖的活力。

我在郡司味噌漬物店中，買了醬油醃榨菜[14]（五〇〇日元），然後去了老店都壽司。這間店的前菜是小小的漬丼[15]，非常好吃，像閃電擊中腦海那樣地美味，小碗裡盛有白飯，飯上面則是鮪魚肚、毛蛤、鯛魚、海膽、烏賊、海苔，其後出的菜餚，則盡是江戶前壽司[16]，不愧是講求信譽的老店，握壽司出類拔萃。在都壽司吃飽喝足之後，也是久違的東京旅行記圓滿結束的時候。

從現在開始，我們要回溯到一九九〇年的東京。請按下時間的開關，轉換場景。

---

14 げんこつ漬け，一種用醬油醃漬的傳統做法，特色是包裝時醃漬物會呈圓形。
15 白飯上鋪滿用醬汁醃過的生魚片的一種丼飯。
16 「江戶前」專指傳統江戶料理，以使用新鮮魚類聞名，江戶前壽司則以握壽司為主。

# 東京鐵塔周邊

從夜晚的快速道路上看過去，東京鐵塔就像一團火焰。會被認為是瓦斯槍的人工火焰。它從這座鋼筋都市的地底，吐出火焰直至天際。雨夜裡，東京鐵塔煙霧朦朧，酸漿色的鐵架在照明中浮現出來。

東京鐵塔於昭和三十三年建成，是世界第一高的自立式鐵塔[1]，有三三三公尺高。

完工時，東京鐵塔是東京的象徵，也被批判為破壞景

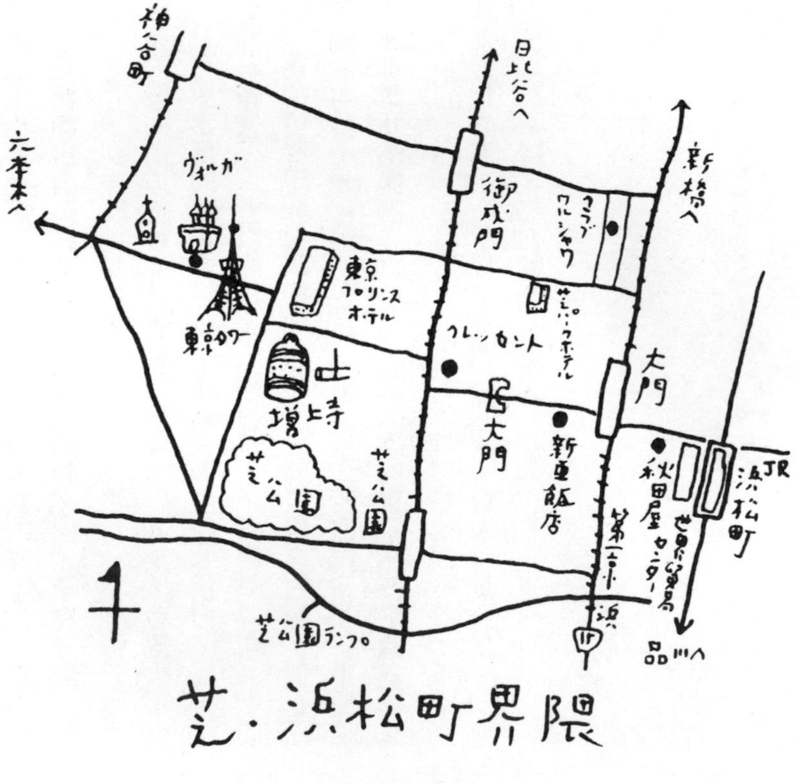


芝・浜松町界隈

觀、或怪獸哥吉拉攻擊的目標，但經過漫長的歲月，東京鐵塔融成了一道風景。可能有朝一日，它會因任務完成而被拆除，但時間將東京鐵塔變成了「令人懷念的建築」。

東京鐵塔有兩個展望台，一百五十公尺高的大展望台與更上面的兩百五十公尺高的特別展望台。到大展望台的電梯收費，一位成人是七百二十日元；大展望台到特別展望台是五百二十日元。

高樓大廈的電梯都是免費的，聽到要收費就感覺很吃虧，但因為東京鐵塔是名勝觀光地，所以也沒辦法。站在鐵塔下方的入口，會看到「快樂廣場」、「不可思議的散步道」等看板，而寫著「東京鐵塔」的看板周圍，則用銀藍色、紫色、綠色，感覺像黏滑鱗片狀的小燈泡裝飾著，暗示著鐵塔是一道奇異的空間。

酸漿色的鐵骨展開支架，創造出一個空間，就像從下仰看女性大腿內側一樣。由於東京的電視局，都有各自的電波塔，我問了導覽小姐東京鐵塔究竟扮演著什麼角色，結果她說：「大致上是負責全部的電視局。」

作為綜合電波塔，東京鐵塔負責東京八個電視台與四個FM廣播電台發送訊號至首都圈全境，在一樓入口，則奇妙地擺放著前首相吉田茂的蠟像裝飾，外國觀光客則熱中於觀察蠟像的姿勢與白色的日式短襪。

大展望台有祭祀天照大神的小神殿，「朝夕奉拜御神，祈願隆昌繁盛」，在這裡可以轉搭

---

1 現為世界第三高的自立式鐵塔。

別的電梯至特別展望台。明明是平日，觀光客卻比想像中來得多。這天有秋田皇居奉仕團的婦人團，搭乘電梯時，廣播說：「中途會有『空隆』的聲音，但沒有關係。」廣播一結束後，電梯真的就發出了「空隆」的聲音，婦人們發出尖叫聲。

東京鐵塔是朝向天空的巷子。明明已經爬昇到這麼高了，卻只經過了幾分鐘時間而已，遊客突然就被帶到迷宮中，變成前往天空的旅人。

從兩百五十公尺的特別展望台看出去，總是被雲霧包圍的東京一覽無遺，晴天時能遠眺至筑波山、三浦半島、房總半島，而且因為太高了，東京的街道看起來都像霜柱，我沒有計算能從上面看見多少棟大樓，霜柱的城市看起來有部分塌陷，然後融解，我接下來想探險融解的那部分。而被鋼筋水泥鞏固的那部分，則是新都市的機能，但獲得機能的代價，就是將古都風情封印起來。

都市原本就是人工的產物。

綠色公園、行道樹、河川、花壇也都是人工的產物。

蓋起霜柱的泥濘道路，也是人工產物。所謂都市的自然，是甚至連人們的吐氣與溫度都是人工的，這些人工產物經過一定時間的洗鍊後，幻化為從百年前誕生的自然。所以，悖論得以成立，大樓與快速

從兩百五十公尺高俯瞰的城市像霜柱一般。

完全像仰視女性大腿內側的感覺。

道路是都市的自然，但更重要的是，這樣的都市的自然，如何融入居住於其中的人們。

我在城市中尋找的，是人的氣息。

尋找人的氣息，我想成為「遊賞城市」的人，我在兩百五十公尺高的展望台上思考著。正因為是人生活、居住其中，就必須要呼吸著城市的氣息，這是不公平的。不方便也無所謂、狹窄也沒關係、即使骯髒也可以接受，我所追求的是人聲鼎沸的城市。

東京鐵塔也是東京的自然，是在芝公園中孤立高聳的鐵架蘑菇，東京鐵塔外表看起來像火焰，或是穿著酸漿色浴衣的美人，但進入它的體內，就會理解它本質上是由鐵架構成的小徑。

東京鐵塔裡面，惡俗精緻的伴手禮十分顯眼。那些禮品有著過多的金色光澤，過時而精巧，有回到過去的錯覺。閃亮的東京墜飾、水色的鑰匙圈、金黃色的東京鐵塔、虹色的御守、七巧板的風景，都是有錢的話，就想全部買下來裝飾玄關的物品。

三樓有蠟像館，門票是七百五十日元，但門票上卻沒有註明票價。這點以門票來說真是嚇人。入口有「布希新登場」的貼紙，似乎也注意到要陳列新作品，但裡面大約一百二十具的蠟像都已經很陳舊了。林肯、邱吉爾、毛澤東、胡志

VOLGA
帝政ロシア風
建物とバラライカ
の音色に
万感こもごも
東京タワー向いのロシア料理店
『ヴォルガ』

明這些都是歷史上知名人物就算了，但還有水原弘、粉紅淑女、黛順、千秋直美、尾崎紀世彥、佐良直美[2]等。

這裡也同樣是被時代拋棄的巷弄。走出東京鐵塔，老實說，我的感想是：「出來了，鬆了一口氣。」

✻

東京鐵塔對面，隔著馬路的是俄羅斯餐廳VOLGA。外觀是俄國沙皇時代的高塔，是有尖塔的怪異建築物，很容易就看到。由於建築物外觀有點駭人，我從二十年前就一直想進去看看，至今卻一次都沒有進去過。即使走到店門口了，仍然很難走進去，只好放棄，改往增上寺的方向走去。增上寺作為德川家廟的所在，是香火鼎盛的江戶大寺。增上寺境內的大鐘重達十五噸。

這個大梵鐘以「響徹諸國的芝之鐘」而廣為人知，聲響遠至木更津。此鐘與上野寬永寺的鐘同樣都是江戶之子自豪的象徵，江戶時代從芝地區敲響鐘，現在則從芝地區發送電波。

廣闊的寺內冷颼颼的，白梅結起堅強的花苞，難怪有些戶外劇場會在這裡舉行，這裡十分適合。

寺內的茶店公休，對於在東京也有這種純粹寬廣的寺廟，我感到很高興。

午餐是在從增上寺通過大門，位於道路右側的新亞飯店。一千兩百日元的小籠包（豬肉餡・一籠），一咬下去，內餡的湯汁盡數流出，是道地的美味。一千日元的排骨麵也很好吃。

從東京鐵塔散步到增上寺，然後通過大門，走向過去。這路線是旅行東京的樂趣所在。

紅色的大門，位在JR濱松町站與增上寺的正中間，江戶時期還是增上寺參道的正門，現在只剩下門而已了，我總是坐著計程車通過這裡，用走的話，就會發現門是水泥製的。

從新亞飯店朝濱松町走，右手邊馬上會看到立食的烤雞肉串店秋田屋。老闆總是頭上綁著頭巾，劈劈啪啪地烤著雞肉串，煙霧在路上瀰漫，能聞到好聞的香氣，也是散步的收穫。

在秋田屋藏青色與部分染成白色的暖簾深處，一群男性在喝日本酒。酒是高清水，五百日元，店內有座席，也有炙燒魚等菜餚。聽得到外面立食的客人們「再喝一杯吧」的吆喝聲，客人們都很直爽，毫不矯情。如果從羽田機場旅行回來，先坐單軌電車到濱松町，在秋田屋喝一杯，再坐計程車回家，也是一種享受。

通過濱松町，直直往前走，會遇到海岸通。

2　為日本早期演員、演歌歌手、流行團體等。

作為德川家廟而香火鼎盛的增上寺。

連粉紅淑女都有的蠟像館。

過了海岸通，再往前走，就是東京灣。快到東京灣、產業會館前，有玉屋食堂。這間店的海苔炸物定食[3]評價很好。這附近一點一點地冒出讓我想大快朵頤的店，我迎著海風，看著往來的船隻。

聽住在沿海的人說，每天看著海平線的話，會出現奇怪的感覺，因為海平線沒有變化，是一道整齊的風景，所以儘管海是自然的，海平線卻像是人工的。而不常見到海的人，就會讚嘆「好棒啊」而深受感動。

我想著原來是這樣，不過還是想一個月看一次海。不經意撞見海景時，人會瞇起眼睛，因為大海的耀眼而變得沉默，這是海所擁有的本質上的力量，會把人拖進去。

我在沿海悠閒地漫步，才折返走回來時的道路，走向東京鐵塔。到了晚上，東京鐵塔會變得更加妖豔，變得更加美麗。

整體的顏色是酸漿色的，上頭卻圍繞著白色煙靄，塔的內部讓人聯想起鐵架迷宮，但從外面看的話與從內部看是完全不同的，從東京鐵塔俯瞰城市，也與實際上所走過的城市完全不同。東京是一個在相互凝視間構築而成的城市。

我進入俄羅斯餐廳VOLGA。地面上的建築物是入口的一部分，從這裡進入地下室。

進入地下二樓，昏暗的房間內，蠟燭的光影搖曳，等眼睛習慣了，就會發現是非常寬廣的地下室，像在看古老的俄羅斯電影。

粗柱、紅色的天鵝絨帷幔垂落周圍，白色桌布泛著柑橘色光澤，一瞬間以為來到了異國的盡頭。這裡也有異次元的妖氣，我甚至懷疑這裡有祕密通道，可以快速通到蘇聯大使館。就點肝醬、肉凍、醃紅蘿蔔和甜菜湯吧，無論哪一種分量都很多。我吃了兩個俄式油炸包子，然後點了俄羅斯酒。雖然魚子醬要六千日元，但其他的餐點都比想像中便宜。廣大的店內空蕩蕩的，旁邊有巴拉萊卡琴的演奏。巴拉萊卡琴的音色很輕柔，我正想著旋律會像河川細流般加快速度，結果卻變得憂愁苦悶。

這裡所有的一切都陳舊落伍，原來現在還有俄羅斯民謠配上紅色天鵝絨的店家。演奏巴拉萊卡琴的是「烏克蘭樂團」，他們走到當天生日的女性旁邊，演奏〈黑眼睛〉。俄羅斯民謠已經被歌聲喫茶[4]與學生運動所汙染了，但像這樣聽著巴拉萊卡琴的演奏，我重新對這天真熱情的旋律有了新的認識。俄羅斯白酒的口感非常蓬鬆柔和。

## 東京鐵塔周邊……其後

東京鐵塔到大展望台的電梯是八百二十日元，大展望台到特別展望台是六百日元。伴手禮店一樣落伍，看起來像比其他選手還慢上一圈的跑者。蠟像館在二〇〇一年時重新裝潢，門票

3 磯揚げ，一種用海苔包覆牡蠣、竹輪等食材下去炸的料理。

4 日本於一九五五年左右流行的餐廳形式，店內有鋼琴、手風琴伴奏，和客人一起唱歌，有時也請樂團表演。

是八百七十日元，移除了水原弘、佐良直美等人的蠟像，換上了茱莉亞・羅勃茲、莎朗・史東、阿諾・史瓦辛格、布萊德・彼特等，外國明星成為一大勢力。新亞飯店的小籠包是一千四百七十日元，排骨麵是一千二百六十日元，午餐定食是一千零五十日元。秋田屋因為太受歡迎，改成下午三點半開始營業，等得不耐煩的客人不斷湧進。烤雞雜串兩串三百二十日元，燉牛肉四百日元，使用國產牛。炙燒串二百二十日元，是雞肉丸串，一人限定一串。酒（小）是五百五十日元，但這裡的小杯是一般店裡的大杯。產業會館前的玉屋已經沒有了，聽說退出了這區域，現在這塊地蓋了漢堡店。俄羅斯餐廳VOLGA在入口建起了工地用的圍籬，櫥窗裡有一支酒瓶哐啷地倒了。

# 月島・佃島

很久很久以前，專太郎就說過：「在月島，江戶前料理的店多到不行，這就出發吧。」但是要捨棄自己鎮上熟悉的店很難，如果不是坐在吧檯什麼都不說就會端出當季菜餚的店，就沒有那個氣氛了。去隔壁鎮上的居酒屋，更是不近人情的行為。

因為一直說要去要去，卻都沒去成，所以我總是猜測那裡別有洞天，但如果去了不會被當作鄉巴佬嗎？想到這就打消了半個念頭。

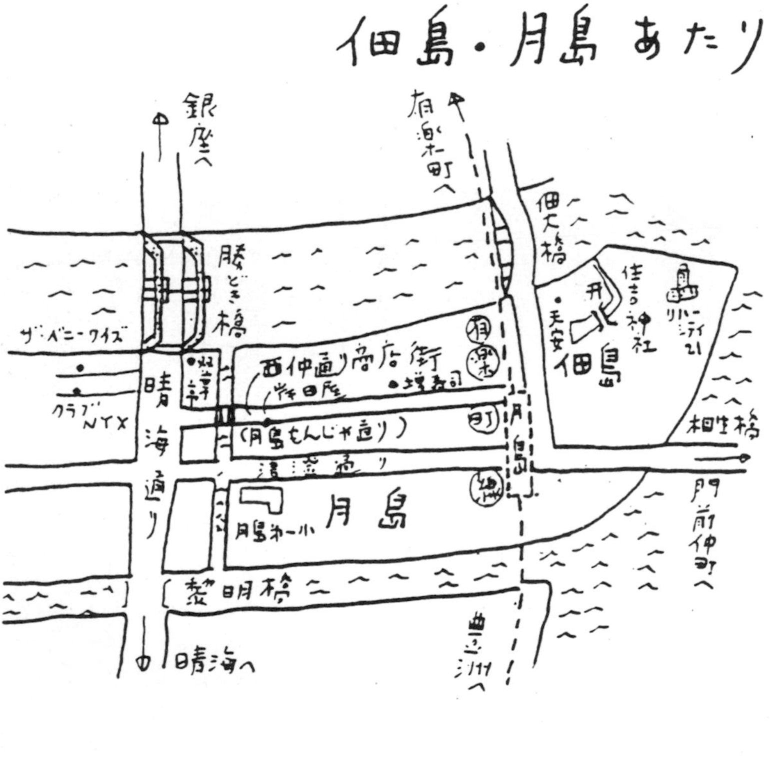

我一邊這樣不滿地想，一邊走過雨天的勝鬨橋。綠色的鐵橋被雨打濕，看得到雨中的隅田川。水面冒著白色波浪，貨船發出低沉的聲音，穿過橋下，茶褐色的ＩＢＭ大樓下，有木造長屋[1]和倉庫，還有堤防工程的起重機，看得到彼方在雨中生煙的佃大橋。如果往相反方向走，就是東京鐵塔。

像在平成浮世繪中撐傘漫步的風情。

夕暮時分，從橋上眺望的風景像融化了一般，東京灣前的建築與房屋變成黑色的影子，窗戶透出來的燈光映照在川面上。

隅田川河寬約兩百五十公尺，水質和前段時間相比變得較好了，橋的兩側有寬約四公尺的步道，橋中央有號誌燈，為勝鬨橋曾是開合橋的證明。勝鬨橋剛落成時，在九點、十二點、三點，每天共三次會上升，讓船從下面通過。

我想起小學時，父親曾帶我參觀開合橋。

後來，勝鬨橋變成白天只升起一次。勝鬨橋上有都電11號[2]行駛，橋升起時電車的軌道也會升起。由於大型船的桅桿比較高，因此橋會從中央部打開升起，讓船通行。是東京的知名景點之一。

走過勝鬨橋，在第一個紅綠燈左轉，就是月島西仲通的商店街了。

就像抽掉一幅紙芝居[3]的畫一樣，景色的圖樣突然就變了。商店街沿路都是三角屋頂，就像幽靈頭上會戴的三角巾，感覺不知何時，曾在夢中徘徊在這個街區。

從商店街走進巷弄裡，是一排木造長屋，路面上有紫茉莉、草珊瑚與萬兩等盆栽，土壤因雨濡濕而變得漆黑，二樓的窗戶有木造欄杆，人們對舊時代的眷戀沁入腐朽的欄杆，這條具時代感的巷弄，外觀有點像新派劇[4]的布景，卻是歷經漫長歲月的建築。明明距離銀座搭計程車只要十五分鐘的路程，這裡對舊時代有著非比尋常的執著。

✽

這是反骨且意志堅強的城鎮。

走在商店街上，魚鋪、酒館、蔬果店、肉鋪、仙貝店、天婦羅店等並排在一起，無論哪間店都感覺不平凡，非常強悍，我每間都想進去看看。

其中更顯眼的是文字燒[5]店。

1 平民的集合式住宅，一種長型建物，內部以住戶共有的牆壁區分戶數。
2 東京都電車，為路面電車的一種。
3 紙做的連環畫，通常放在一只小木箱裡，說故事的人會隨著故事進度不斷抽換畫作，像是畫在紙上的幻燈片。
4 日本劇種之一，以寫實手法表現現實生活，並採用近代舞台布置。
5 源於東京，將蔬菜、肉等食材炒過後，再倒入麵糊，煎熟加上調味料即可食用，外觀類似大阪燒。

月島的商店街，整排的三角屋頂引人注目。

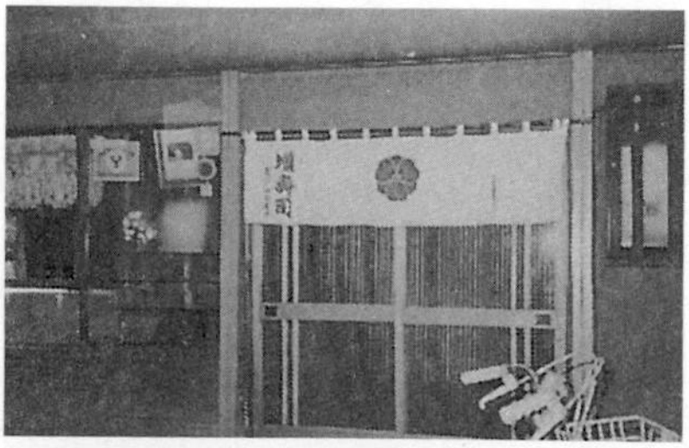


以江戶前料理聞名的增壽司，在月島西仲通的商店街上。

右手邊是岸田屋酒館、勝鬨仙貝屋、魚仁等店，再往前走，左邊小巷的盡頭是月島觀音。月島觀音旁有文字燒店伊呂波。再繼續往前走，商店街上有增壽司，掛著「準備中」的牌子。我看了手錶，是四點五十七分。增壽司的隔壁，是拉麵店かんちゃん（音：kanchan）的紅色招牌，從拉麵店也傳來好聞香氣。站著等待的時間，專太郎清著喉嚨說明：「這間店的壽司是最好的，沒有分『普通』、『上級』，一個人是一千四百日元。」一到五點，店就開始營業，擺有籐椅的吧檯座位有五個，桌子兩張，榻榻米座位一個，只能容納十五位客人。

我點了窩斑鰶和星鰻，閃閃發亮的鰶魚配上扎實醋飯，是白飯和魚都分量十足的壽司。星鰻的醬汁也很濃郁，是來自羽田海的星鰻。說到江戶前料理，就想到文蛤與水煮烏賊，我也點了這個。文蛤握壽司是暮春的味道，老闆說：「等會就出完了喔。」他是月島店的第三代店主。

月島作為工業用途的填海地，於明治二十五年落成，地圖上的月島與佃島呈新月形，旁邊的佃島有四十層的高級公寓和River City 21。我很擔心地基是否穩固，因為這裡原本是三角洲地帶，和用砂土填海造陸所形成的地質不同。River City 21是出租公寓，最高樓層的租金一個月一百萬日元，最便宜的六至九坪套房，要十七萬日元。據稱一般的房間一個月約需五十萬日元左右，入住率是平均的六倍。

在有木造長屋的城鎮中，蓋起圓柱狀的金黃色公寓大廈，與這片土地的風情並不相稱。如果說在夜晚會造成奇妙的調和，也是因為月島・佃島的古屋吞噬了黃金大廈的緣故。

月島是如此頑強。

我很想挨家挨戶拜訪，對他們說：「即使土地開發商湧入也不要撤離。」但就算這樣說，不動產商應該不會放過這麼方便的地點，現狀是他們拿著大把鈔票想拉攏整個街區。如果要逛月島就趁現在，之後月島就會變成高樓大廈了吧。

在增壽司吃飽喝足後，散步到佃島的住吉神社。渡過佃大橋，悠閒地走著，會看到佃小橋的紅色欄杆。

這也很像新派劇的舞台布景，雅致的橋，像是給戀人在月夜的橋邊幽會，造橋的人應該也是這樣想的吧。

這裡有從大正到昭和初期的江戶懷古趣味。河川上的船隻停泊處，用藍色或綠色塑膠布蓋住的釣船浮在水面上。橋旁是折本遊船店，其中特別大艘的黃色釣船是「折本號」。

折本屋的庭院中，樹上結滿了壓彎樹枝的橘子。佃島的歷史比月島還悠久，始於德川家康把大阪西成的三十三位漁民遷移到此地。佃島原本是漁師之島，住吉神社為守護神，直到昭和三十九年佃大橋落成為止，這裡與對岸的築地明石町，是靠「擺渡」互通的。來住吉神社參拜的人會搭乘船隻渡過隅田川。

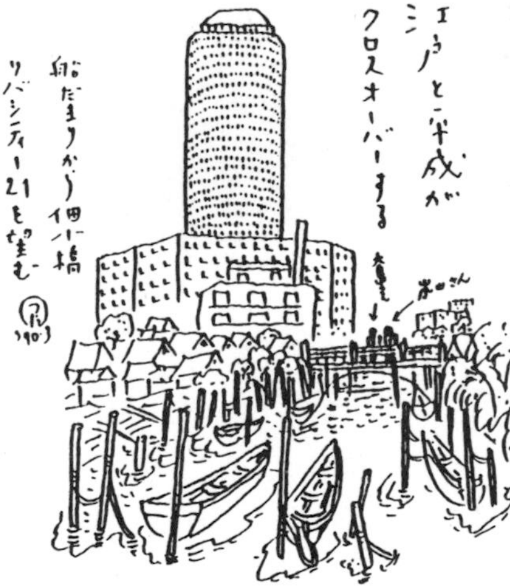

水道旁的波除稻荷神社，有「禁止千社札[6]」的告示。

河邊有佃煮老店「天安」，木造的古老店面，玄關的玻璃拉門擦得閃閃發亮。紅色的器皿上擺放有鰕虎、糠蝦、蝦子、蛤蜊、辣椒葉等佃煮。

我朝著煮鰻魚的香味走去，原來是佃源田中屋。擦得發亮的玻璃拉門上，寫著田中屋與金色的店名。店內有兔子花的盆栽，聽說比起有名的天安，相隔兩戶的田中屋的料理味道更加濃郁。還有間不錯的店和全國知名的老店（蕎麥麵店、牛肉店、壽司店）相隔五、六戶，鎮上的人會去那家店，而手持旅遊書的觀光客則會走進知名老店。

說到神田的蕎麥麵店，不如去「藪蕎麥麵」附近的「松屋」，佃煮再推薦一間丸久，它的玻璃拉門是格子狀的。

✽

住吉神社有三年一次的大祭。在沒有堤防的時代，扛著神轎的年輕人是直接衝進隅田川裡的，很有氣勢。因為廣重[7]的浮世繪而廣為人知的住吉本祭，在天保年間（約一八三〇～一八四四年）仍持續舉行，但戰後就變成三年一次。通常在八月舉行，因為八月是漁閒期。

住吉神社境內開著紅梅，梅花香與佃煮香各據一方，此時有兩個鼻孔就很方便。美麗的事物和帶著市井氣的大雜燴，是這一帶的特色。

住吉神社的陶製匾額掛在鳥居上方，白瓷上染著青花。一進去就會看到右手邊巨大的鰹塚[8]石碑，枝垂櫻正盛開，二宮金次郎[9]的石像生苔。藤棚的旁邊，有川柳[10]名家水谷綠亭的句碑。小小的神社內，到處都是《江戶名所圖會》[11]中的風景片段，但看到「寫樂歿地」[12]的碑時，我還是嚇了一跳。

寫樂是身世成謎的浮世繪師，實際情況不明。我想都沒想就脫口而出：「騙人的吧！」不過算了，這是平成元年建造的新碑。

走出神社，就看到名為「日之出溫泉」的大眾澡堂，有男、女兩個入口，澡堂上方是一棟叫做大榮的公寓。

月島・佃島是行走在夢中的追憶之城，一進入就很難離開。

雖然回程時我懷著依依不捨的心情，坐著計程車快速離去，但隔天又再度造訪。

---

6 一些日本寺廟、神社、文具店會販賣的姓名貼紙，可以貼在寺廟神社的天花板與牆壁上，用以祈福。

7 歌川廣重，江戶時代晚期的知名浮世繪師。

8 鰹魚是日本自古以來就食用的魚類，建造鰹塚是為了感謝鰹魚，並有祈求魚獲豐收之意。

9 江戶時代晚期的農政家、思想家。

10 川柳為日本詩的一種，形式同俳句，表現較為口語。

11 分別於一八三四年及一八三六年出版的一套江戶地誌，介紹當時江戶名勝。

12 東州齋寫樂，江戶時代的知名浮世繪師，擅畫人物肖像。

佃煮老店「天安」外觀。

佃島的古井，現在仍在使用。

我第一個進入的店，是貼有「謝絕喝醉的客人」貼紙的西村，位於月島三番町的巷子裡。這裡有賣燉牛雜，但完全沒有酒類，只有茶，我吃了牛雜串，鐵鍋內正咕嚕咕嚕地煮著一串六十日元的牛雜。

然後去了文字燒店衫之子，聽說塔摩利[13]來過，所以來吃吃看。塔摩利吃的是特製文字燒，但我點了便宜的。在盛裝滿滿麵粉水的碗上方，有高麗菜和炸麵衣。

首先，先炒過高麗菜和炸麵衣，擺出圍欄狀，然後在中空處倒入麵粉水。

不過在此之前，記得先在麵粉水中加入喜歡的醬汁，醬汁是決定味道的關鍵。受到店員的推薦，我加了一點辣椒粉。加入麵粉水後，用小鏟子將表面壓平，在底部變成焦褐色的時候，快速剷起鍋巴，然後開動。文字燒的味道很庶民，令我著迷，在醬料的焦味中，找到能互相依靠的哀愁，就像愛上一位放蕩的女性，並住在她家一般的味道。因為太惹人憐愛了，所以我不小心追加了一份綜合口味。

轉進西仲通，目標的岸田屋酒館就在右手邊。雖然下午五點才營業，但開店之前已經有客人在排隊了，我也是其中之一，五點開店時眾人一齊湧入店裡，坐在コ字型的老式吧檯前。店內瞬間就客滿了，全是男客人。我依次點了鮪魚泥、水煮魚白[14]、醋拌鯖魚、鮟鱇魚肝、燉牛肉，喝了五杯熱酒，一個人是三千日元。彷彿到了極為遙遠的城鎮，我高興地「嘿、嘿、嘿、嘿」一笑了出來。

## 月島・佃島……其後

這一帶已有部分街道的房子改建成大樓，但古老的家屋或巷弄仍然存在。月島觀音附近的區域重新建設，從平成十三年開始，觀音被祭祀在大廈一樓的深處，該棟樓的二樓，是文字燒店伊呂波與月島溫泉。增壽司的老闆過世了，店也關了，原來的店址變成文字燒店。以月島西仲通商店街為中心，文字燒店大量增加，但杉之子不見了。天安、田中屋、丸久等佃煮店屹立不搖，燉牛雜的西村也不見了，但同一條巷弄裡，又開了新的燉牛雜店，這是月島的堅韌。還有，無論如何一定要提到岸田屋，這裡的氣氛仍讓人感覺很舒服，老闆娘對客人的關注恰到好處，一感覺餐點上太慢時，老闆娘就會招呼客人說：「現在已經在做了。」燉牛肉是四百五十日元，分量很多。醋拌竹筴魚五百日元，薑、蘘荷、海苔等佐料讓風味更加出色。煮鰈魚（帶卵）四百五十日元，口味很重，卻很符合這家店的風格。醬拌菠菜二百日元，肉凍二百五十日元。酒一直喝。電視裡，棒球的夜晚轉播結束時，老闆的年輕女兒悄悄地把暖簾收進店裡。

13　日本名主持人、搞笑藝人。
14　指魚類的精巢部位。

# 湯島天神一帶

今天行程是看湯島天神的梅花，然後在天神下的居酒屋紳助喝酒。我和專太郎、小廣約好在上野的風月堂碰面，從JR上野站走到風月堂，成人戲院正通宵上映著《美人的水珠》與《痴漢電車》。我對寫著「快來！乳房會晃動！」的海報感到敬佩，也佩服製作桃色電影的人們的頑強骨氣。製作成人電影的人，毅力很強悍。

上野一帶閃耀著三原色的看板，與舊時代的歌謠很合，會讓人想起「啊，那個、那個」的活潑旋律從剛才的東洋館[1]傳來，在東洋館旁邊擦皮鞋的大叔，是位長得像尚・嘉賓[2]的男子漢。

上野的風月堂是剛改建過的建築，對面的松坂

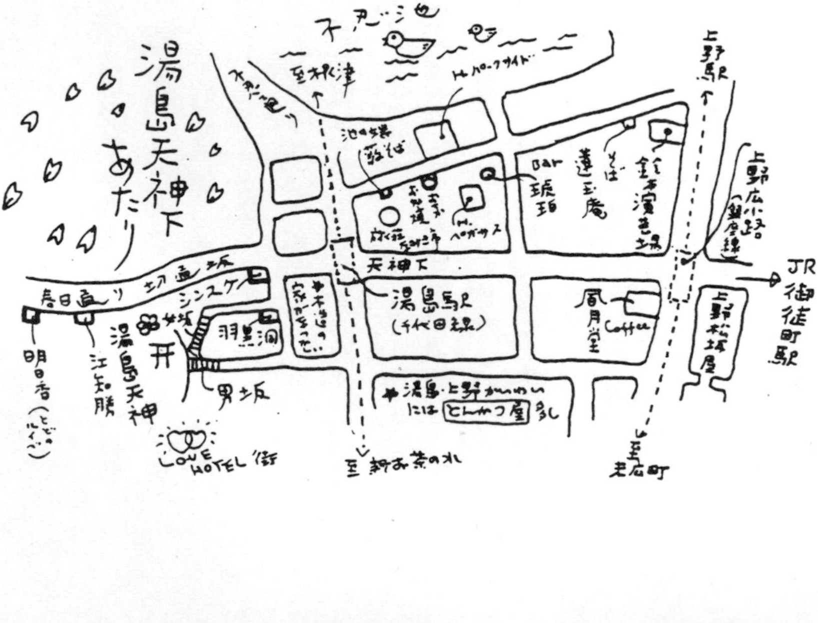

屋有藍色的垂幕，上頭寫著「盡早確實納稅」，像掮客的客人在店內大搖大擺地走著。即使重新裝潢了，上野還是上野。

從風月堂的上野廣小路往湯島走，沿路有中華料理店、咖啡店、大阪燒店，櫥窗內蔬菜炊飯的模型全是灰塵，我稱讚道：「不錯、不錯。」這種店必須捧場。對面坐落著裝潢庸俗的新旅館，可說是高貴的上野式風格。公告「嚴禁張貼」的公用電話亭門上，卻貼有酒店俱樂部的卡片，上面有各種大頭照，包括人妻、熟女、寂寞人妻、清純系、稚嫩新手、年輕太太、寡婦、女教師等等。其中有一張「地方的熟女，八十分鐘兩萬日元」，我覺得很不錯，於是一不小心就把這張卡片收入票夾裡了。塔摩利為皇帝液[3]拍攝的廣告看板，微笑著俯瞰這個城鎮。

走過魚店萬屋的街角，彷彿「乓——」地落入了明治時代的巷弄，這裡完全是木村莊八[4]或久保田萬太郎[5]的世界，這種落差讓心情飛揚。這是旅行東京的快樂，在紐約是感受不到的吧。已完成的事物被毀壞，被新加入者侵蝕而腐朽，這當中的時間感令人玩味。

---

1　位於淺草公園的劇場。
2　Jean Gabin，法國男演員。
3　佐藤製藥的保健品。
4　一八九三～一九五八，西洋畫家、版畫家。
5　一八八九～一九六三，小說家、劇作家。

走到盡頭的三層木造建築往右轉，會看到古典藝術畫廊「羽黑洞」，裝飾著齋藤真一[6]的美人彩繪玻璃，有波紋板蓋成的水井，感覺泉鏡花[7]會從那裡做鬼臉出現。

專太郎和小廣的腳步聲，以「明治、大正、再來是昭和，咚咚咚咚」的節奏走了進來。濃郁的梅花香傳來，湯島天神梅花祭的梅花紋飾燈籠立在石牆上，竹籬上有白梅，再上面是耀眼的山茶花，周遭景色就是新派劇的《婦系圖》[8]。

我哼著「每當經過湯島，便會憶起」的旋律，盡頭是「女坂」[9]的平穩石階，白梅中隱約混著粉梅，輕飄飄地開著。女坂下方一帶的古老木造建築，與泉鏡花、森鷗外[10]等文人都有關係。泉鏡花稱這裡為「桃花源」，因為彼時此地為風月場所，有茶室、藝伎屋等。天神藝伎還在，久保田萬太郎住過的木造房子仍在，風吹動著二樓窗前的黑褐色草簾。

走上女坂，就是湯島天神（湯島天滿宮）境內，牆上綁著堆積如山的祈求合格的繪馬[11]，繪馬大軍就像漂過考試之海，拍打著湯島的海濱，此處祭拜的是菅原道真[12]。境內的商店，有販賣考試合格的頭巾，也有學業成功的鉛筆，錄音帶不斷播送著：「此處受理參拜者祈求合格的不倒翁開眼儀式[13]。」祈求合格的梅花林，是約會的知名地

湯島天滿宮掛滿了祈求考試合格的繪馬。

男坂的陡峭石階有三十八階。

點。小廣看了繪馬，發現其中有一個寫著「折（祈）合格申（早）稻田」，然後很同情地說：「光是錯字就有兩個，這樣是考不上的吧。」

境內的攤販有三、四十家，賣糖果、大阪燒的都有，拿著數位相機的老人也很多。如果認為東京的人們都很忙碌、為工作奔波，那可是大錯特錯，這裡是悠閒的老人們打發時間的絕妙場所。

走下男坂的三十八個石階，即為屬江戶三十三觀音名剎之一的天台宗心城院。這裡有江戶名水「柳之井」，現在是東京文京區防災用的水井。傳說女性來這裡沖洗頭髮，「無論怎樣打

6 一九二二～一九九四，西洋畫家、作家。

7 一八七三～一九三九，活躍於明治至昭和年間的小說家，文風獨特，充滿異色想像，代表作有《高野聖》、《湯島之戀》等。其中《湯島之戀》描寫一段自湯島神社展開、大學生與富家千金不可能的戀情。

8 為泉鏡花小說作品，改編成新派舞台劇，描寫一段悲戀，後來拍電影時，主題曲名為《湯島的白梅》，即後文作者所哼之歌。

9 通往湯島天滿宮的石階分為「男坂」和「女坂」兩種石階。男坂離神社較近，但坡度較陡；女坂離神社較遠，但坡度較平緩。

10 一八六二～一九二二，明治至大正時代文學家，亦為軍醫、翻譯家、評論家，代表作有《舞姬》、《高瀨舟》、《山椒大夫》等，為與夏目漱石齊名之文豪。

11 日本神社、寺廟內用於祈願的木片，通常呈五角形，人們可在上面寫下自己的願望，傳達給神明。

12 平安時代的學者、詩人、政治家，被日本人尊稱為「學問之神」。

13 日本人在許願時，會先畫上不倒翁的一隻眼睛，若願望達成後，再畫上另一隻眼睛。

結的頭髮，都會柔順散開並且洗淨」。心城院的主神像是十一面觀音。男坂附近的巷弄，在明治時代最為熱鬧，喜歡江戶風情的明治大眾，會喧鬧快活地走過這裡。

那時風月場所、餐廳都擠在巷弄裡，豔麗的藝伎與客人們談笑著。我正嘆息著「啊啊，好遺憾」時，巷弄颳起一陣風，吹進我的西裝內的口袋裡。

從湯島天滿宮走出來，來到春日路這一帶，遍目所及都是愛情賓館，這地區原本就寫滿了情色歷史，從幽會茶室到男妓茶室都有。來湯島天滿宮的男女，大家都變成「阿蔦和主稅」[14]這一對了吧。把約會聖地的男女拉進小說裡，這樣不是很好嗎，戀愛本來不就是虛構的嗎？在湯島旅館等大型愛情賓館中，也坐落著新潮旅店Patio A，有著一座鋪設白色瓷磚的藝術大廳；但也有閃著「同行休息」的紫色霓虹燈、打著「親切有禮、自由入浴、費用低廉」招牌的老式賓館。三個男人邊走邊窺探著愛情賓館的入口，這是初老後僅存的愉悅的私密時光。

✽

走在春日路往本鄉的方向，有幾間古董店。我們略過看起來很貴的瓷器店，走進有螺旋槳裝飾的古董店ぱにぽうと（音：panipouto），櫥窗內有白鐵皮的飛機，這不是原宿一帶的時髦店家，而是店家本身就是古董。拉開玻璃拉門走進去，看見老闆低著頭似乎有些拘謹，所以我說：「這些東西可能沒在賣吧？」老闆驚訝地抬起頭，用彷彿和自己說話的音量回答：「不，都有在賣喔。」這裡有以前的牛奶瓶，Ocean威士忌的空瓶（古董）裡，混有從倫敦蒐集來的雜貨，看到這些，我就知道老闆真的不想賣。

從陳列的商品看得出來，這些都是因為老闆喜愛而集聚於此的。這麼低調的店如今已經很少見了。專太郎從玻璃櫃深處找出了一只銀製鈔票夾，向老闆詢問價錢。老闆的臉色瞬間變得蒼白道：「五千日元。」然後垂頭喪氣地說：「這是我從高中時就一直使用的東西，不過我還有別的，所以沒關係。」聽說鈴木清順導演的《流浪者之歌》中出現的小物件，就是從這間店來的。

ぱにぽうと的隔壁，是市橋美術店，裡頭展示了鐘錶、玻璃杯等，再隔壁是朝鮮美術店明日香，明日香的深處是咖啡廳，懸掛著燈泡，空氣中瀰漫著倉庫的味道，像是走入民俗劇團的舞台。因為店裡全是熟客，他們可怕地瞪視著閒逛進來的我們。

我們抱歉地縮著頭，點了昆布茶，坐在黑沙發上時，看見五島美術館的海報旁，有鈴木信太郎[15]和木村莊八的畫。沒有音樂，安靜的店內有一對男女正悄聲說話，更裡頭有一位學者樣

14　即前文提到的泉鏡花小說《婦系圖》中的男女主角，女主角是藝伎阿蔦，男主角是翻譯官主稅。

15　一八九五～一九八九，西洋畫家，曾師事黑田清輝，擅長風景畫。

的人正在寫東西。這組沙發也像是迷路的盡頭。小廣喝了口端來的熱昆布茶，發出了「唔」的長嘆。

快要五點了，我們前往天神下區的居酒屋紳助，紳助創業超過六十年，是一間老式的居酒屋，酒只有兩關[16]的酒。客人都是熟客，只喜歡紳助的酒。玻璃拉門上寫有店名「紳助」，店前有棵柳樹隨風搖曳。門口貼有「此為正一合的店」[17]。離五點開店還有三分鐘，我們就在門口站著等待，騎著自行車經過的老頭看著我們微笑，在含蓄的視線中，包含著「這間店很不錯喔」的心情。

五點整，我們是第一個進入店內的客人，木製吧檯的座位上，筷子與酒盅成一直線並排著，吧檯的牆壁上有「春風醉」的匾額。四人桌有三張，還有一個六人席。其後進入的團體客人被引導至二樓，二樓好像也有座位。座位的牆壁上，有橫綱千代的富士、大乃國、北勝海等人的手印。

我一坐在這種店裡頭，表情瞬間就放鬆了，點了涼拌菠菜和湯豆腐，送上來的白瓷酒壺上印有「紳助」。一口喝下去，感動地無法動彈。酒從舌尖流經喉嚨，然後滲入胃中，在這溫暖中甦醒了「不知何時，我也想過要在這種店裡喝酒」的記憶，但想到「這樣下去的話，

居酒屋「紳助」，無論味道或氣氛都極好。

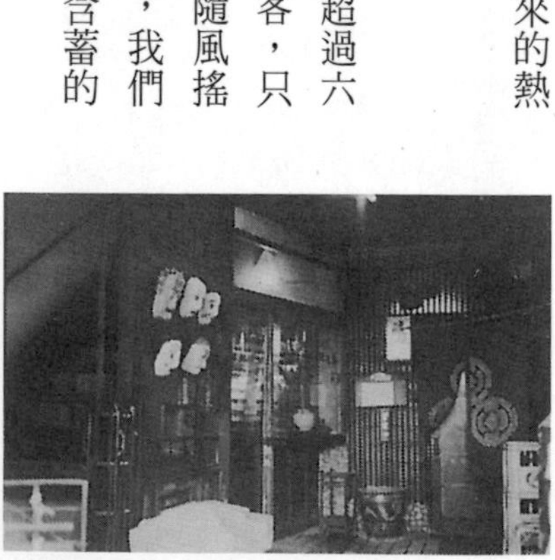

朝鮮美術店「明日香」的深處是咖啡店。

不知道會蒸發到哪裡去」，於是又振作了起來。

不到十分鐘的時間店內就客滿了，外面還有在排隊的客人。一邊斜眼看著等待的客人，一邊小口吃著湯豆腐，感覺特別好。這間店的湯豆腐是將熱過一次的豆腐從熱水裡撈出來，盛在盤子上，是純粹的豆腐。此外又點了炸沙丁魚丸、深川豆腐（內有蛤蜊[18]）、乾烤海鰻、炸干貝。咕嚕咕嚕地喝著秋田清酒兩關。紳助的料理非常清爽，和兩關很合，味道有著庶民區的爽朗性格。

店內有著些微的緊張感，卻不是對客人擺架子。雖然身為人氣店家，店員通常會比較粗魯，但不會擺架子，也不會諂媚客人，很有活力。這種店家很稀有，客人素質也很一致，而且悠然自得，甚至連客人拉開玻璃拉門進來時吹入的風都讓人愉快。我們神魂顛倒、滿足地站了起來，三人共花了一萬零五百五十日元。

在附近散步，晚風吹拂，看到別的酒館貼著「謝絕兩位以上的客人」，想進去卻進不去。所以我們走進了琥珀酒吧，那裡有專太郎很迷戀的老闆娘。一推開門，就像迷失在王宮的祕密酒窖裡，蜜桃般的老闆娘站在吧檯裡面，聽說牆上的洋酒種類就有一千五百種，為何湯島有這種喝醉後就想一窺究竟的迷宮？醉醺醺地點了德國的琴酒，像色瞇瞇的大叔一樣大口地喝著，

16 位於日本秋田縣湯澤市的造酒場，主要製作日本酒。

17 合是容積單位，一合等於一百八十毫升，由於有些黑心店會少給酒，所以有的店家會貼「正一合」，以示誠信。

18 江戶時代隅田川河口，深川（今江東區一帶）附近盛行捕蛤蜊，進而衍生出各種河鮮料理。

我說：「這種店很像村松友視[19]會來的店。」結果老闆娘說：「我有看過村松。」我馬上不作聲。聽說村松友視會坐在吧檯角落，手上拿著《骷髏13》[20]，朝老闆娘丟牙籤。

## 湯島天神一帶……其後

湯島天神的梅花，最美的時候是從二月上旬到三月上旬。這個時期會有梅花祭，週末會舉辦祭神表演和各種活動。魚店萬屋裡，貼有專太郎（坂崎重盛）在《朝日新聞》連載的專欄「Tokyo老鋪・古鎮・散步」，萬屋的味噌銀鱈魚六百日元，用味噌醃魚，三天後味道會完全浸入魚中。根據專太郎的報導，這附近數年前發生火災，從以前就有的木造房子付之一炬，「羽黑洞」也燒掉一部分，現在回復了延燒以前的樣子。本鄉通的ぱにぽうと變成咖啡店，明日香變成蕎麥麵店。在兩店之間的市橋美術店，正在施工中。紳助即使改建了，也還是東京最具人氣的居酒屋之一，一到五點的開店時間，客人就絡繹不絕。炸沙丁魚丸一千零五十日元、深川豆腐一千零五十日元、乾烤海鰻一千二百五十日元，江戶之子的遺風，一點一滴地浸潤到喉嚨裡。琥珀酒吧現在仍有王宮的氣氛，這麼說來，聽說以前三島由紀夫也很常來這間店，他會固定坐在中間的包廂，這也是能讓人感覺得到時代氛圍的佳話。

19　日本知名編輯、作家。
20　日本漫畫家齋藤隆夫的作品，主角是一流狙擊手，是日本漫畫史上連載時間最長的作品。

# 淺草

我嘗試在淺草與日之出碼頭搭船，乘坐「隅田川航線」，遊覽隅田川畔繁花般的江戶風光，四十分鐘一人五百六十日元，我從日之出碼頭搭船。

從JR濱松町站走到日之出碼頭，會看到「遊覽港灣」的看板，黃色天篷的小屋上寫有「水上巴士搭乘處」，海風的味道刺激著鼻翼，忽然感覺像是以前日活電影中的搭船場景[1]，但看向周圍，都是親子與老人家。一直都在商業區活動的人，如果沒有親自來這裡看看，無法理解這種現實感。

等待出航的期間，從長椅上回頭看著東京市街，

1 日活是日本五大電影公司之一，曾製作大量的桃色電影。

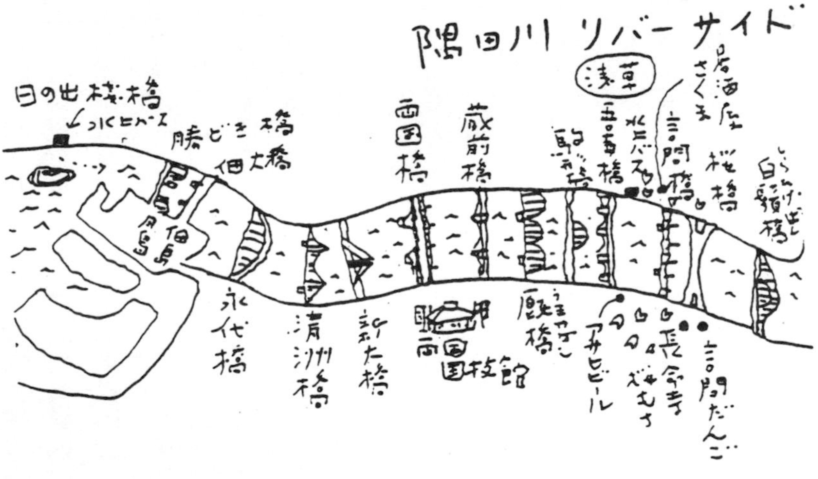

看得到粉紅色油漆已經脫落的首都高速道路。從羽田機場用時速一百公里出發後，會遇到往上野和往新宿兩個方向的交叉點。矗立在高速道路兩旁，是東芝大樓與東京瓦斯大樓。從機場返家時，這個交叉點很塞，我只關心這點，卻一直沒注意到公路正下方有這樣的碼頭。地獄的旁邊就是極樂世界，這就是東京的組成，地獄與極樂世界就在斜對面。

船是最新款，兩層，有玻璃窗，右手邊是〇〇的倉庫，左手邊是鈴江組的白色倉庫。船在隅田川逆流而上。港邊的海鷗振翅快速飛過的景象，瀟灑卻也略顯做作，不愧是城市的鳥兒。

春天的陽光模模糊糊地從二樓的天窗照進，看得見船外的風景，沙啞的女聲開始廣播：「右手邊是世界三大市場之一的築地市場，有五個甲子園球場那麼大，作為東京的廚房活躍著。」

嗯嗯，真想馬上打給神戶的叔叔驕傲一下，廣播小姐的低沉鼻音，很像是蓋著棉被，棉被裡有女孩在耳邊說著悄悄話，癢癢的。

一樓的座位比二樓好，小廣也注意到了，走下樓來喝罐裝啤酒。樓下有桌子，船隻掠過窗外隅田川的水面，通過橋下就像是搔下巴的快感，每個橋的樣子都不同，設計橋的人，也有思考到其他人從橋下眺望的樣子嗎？

船穿過勝鬨橋、佃大橋、永代橋、大橋，來到清洲橋。清洲橋是模仿橫跨萊茵河的科隆吊橋，穿過新大橋後就會看到兩國橋，兩國橋也是總武線的鐵橋，電車會從上面通過。從已經看慣的風景背面，重新再看一次熟悉的景色，就像在看新鮮的萬花筒。鐵橋上的黃色電車疾行而過，乘客就像人偶娃娃一樣，廣播小姐的導覽內容從杉田玄白[2]到達磨船[3]的由來，無邊無際。兩國橋的名稱由來，是因為它聯結武藏與下總兩國。通過藏前橋、廄橋、駒形橋，就會抵達終點淺草吾妻橋。

甜美聲音以「善男信女都會來淺草寺參拜」作為船內廣播的結束，但喝著罐裝啤酒的專太郎丟下一句話：「哼，才不只有善男信女呢，笨蛋。」好像想到什麼不好的回憶。

我們在吾妻橋旁的朝日啤酒的Beer Hall喝黑啤酒。這裡的啤酒是東京最好的啤酒，尤其是黑生啤味道特別好。從以前就有的Beer Hall在平成元年改建成新大樓，並改名叫Flamme d'or[4]，Beer Hall的屋頂有金黃色的物體，設計師是義大利人，我後來才知道那個物體象徵著金色火焰，Beer Hall中，有灰色的絲絨垂下，裝潢雅致。我們點了法式火腿拼盤和燻鮭魚，還喝了一杯四百三十日元的黑生啤。

白天的啤酒能從身體內部洗淨身體，這裡的黑生啤同時有剛研磨好的銳利與厚重，推薦來到淺草一定要喝。

2　江戶時代的西醫。
3　短又寬的日式木造船，多用於送貨，後來也有人直接居住其上。
4　法語，意為金色火焰。

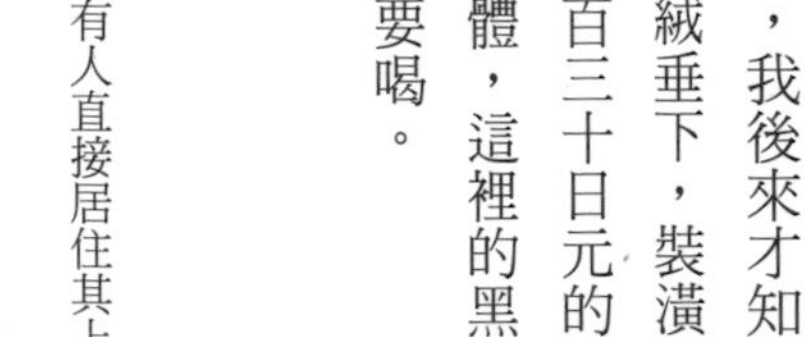

淺草的觀光景點，朝日啤酒Beer Hall。

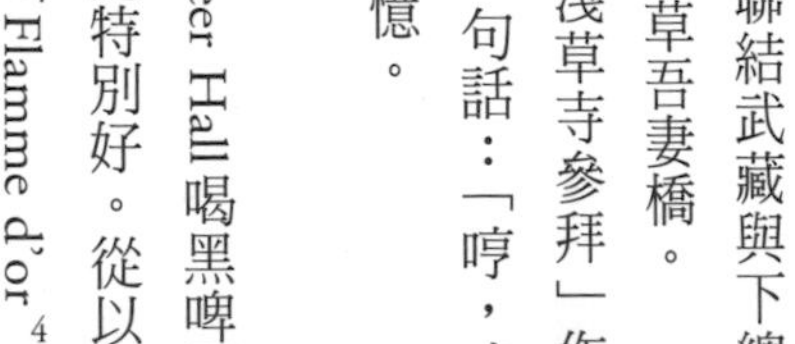
穿梭橋下的快感。這是清洲橋。

微醉地走在隅田川的土堤沿岸，朝言問橋走去。川旁有六號快速道路，櫻花正盛開。雖然是在快速道路下盛開的櫻花，人的眼睛卻很精明，會自動略過道路，只看櫻花。

所以若是略過隅田川兩岸的水泥堤防只看水際的話，眼前的風景彷彿能回溯從前。

言問橋附近有我家的墓碑，從吾妻橋到言問橋的土堤是我掃墓的路徑。祖父的墓所在的寺廟，荻花開得很美，但因為住持換人了，變得富麗堂皇起來，就比較少去了。我還記得六歲時，眺望著櫻花盛開的土堤。父親的籍貫在本所區綠町一丁目，我會在言問橋旁的糰子店吃糯米糰子。

我一直以為那間糰子店就是「言問糰子」，但其實我買的是別間店。言問糰子在剛才的櫻橋。穿過隅田公園，走到言問橋，右手邊有牛島神社，這間神社創立於貞觀二年（八六〇年），非常古老，有石造撫牛，聽說身體哪裡痛，就撫摸牛的相同部位，身體就會變好。神殿旁有錐栗屬的古樹林，繁盛、蔥鬱、細密，反射著黑色光芒的葉片發出沙沙的聲音，枝幹整齊又堅固。一旁隅田公園的櫻花樹下，賞花的客人喝醉了，用瓶子敲著兄弟之歌。我斜眼看著賞花客，一邊穿過道路下的隧道，水泥牆上有人用噴漆寫著「復仇」兩字。

墨堤通就是活生生的歌舞伎舞台，不用勉強整修，本地的精采之處就在眼前。其中像是三囲神社，從土堤望過去，只看得到佇立在道路下方的鳥居頂，而在歌舞伎的舞台上，三囲神社的鳥居也是在較低處，粗心的演員一個不留意的話就會跌倒。

神社內有寶井其角[5]等人的句碑，數量非常多。看向河的對岸，石灰色的台東運動中心佇立在逆光中，此時正是唐十郎[6]的木造移動劇場「下町唐座」落成的時候，逆光的對岸，彷彿還留有江戶的餘溫，影子中像有一齣戲，宛如剪影畫的對岸的大樓下，隅田川水面閃閃發亮。收在記憶中的虛構粒子，咔嚓一聲爆裂開來，並且舞動著，我看到綻放的光輝。

從三囲神社往前走一點，是弘福寺，穿過山門，在石祠有咳嗽爺爺與婆婆的石雕。爺爺與圓圓鼻子的婆婆的石像，據說對治療口部疾病與咳嗽很靈驗。弘福寺隔壁是長命寺，這間寺廟的井水，因為曾經治好德川家光將軍的疾病而得名。走過雅致的竹籬門，這裡也有許多句碑、歌碑，大致看起來有四、五十座。芭蕉[7]的「一起來賞雪吧　即使行至濕滑跌倒之地」的句碑，被小小的竹籬圍了起來。其他還有明治實業家成島柳北的碑乃至好色之徒的碑，上頭刻有「好色院道樂寶梅」的法號，我對著碑嫉妒地「哼」了一聲，背脊也覺得癢癢的。不知道這個

5　江戶時代前期的俳諧師。
6　日本劇作家、作家、演員。
7　松尾芭蕉，江戶時代前期的俳人，被譽為「俳聖」。

人是不是因為死於梅毒而叫做寶梅，雖然不知道詳情，但這裡離吉原[8]很近，透過法號就知道此人極盡風流之能事。在三囲神社，即使是寶井其角的句碑，也是他去吉原遊玩的路上所吟詠的句子，這一帶是情色而妖豔的，虛實交混編織成風景與時間。

✽

長命寺就是櫻花麻糬的代名詞，長命寺前有賣櫻花麻糬的山本屋。用隱約有些鹹味的櫻葉包著的櫻花麻糬，一人份是三百五十日元。山本屋的櫻花麻糬，內餡柔軟，外皮有嚼勁，平衡絕妙，櫻葉的香氣恰到好處，很受歡迎。雖然店前貼著「完售」的貼紙，但因為我們貪婪的視線，老闆把九百日元一盒六個的拆售給我們。我順便問老闆從以前就想問的事：「櫻花麻糬要連葉子一起吃才是行家嗎？」老闆說：「連葉子一起吃的話就不好吃了吧。」我大大地放心了。

渡過櫻橋，穿過櫻花隧道，我們走在種植白茶花行道樹，以及塑膠燈罩上寫著「隅田公園愛護會」的燈籠立燈旁的路上，進入馬道的十字路口，兩年前去過的酒館還在。二手唱片店、鞋底專賣店、人偶店、大眾澡堂、玻璃店等交雜在一起，在混亂中，彷彿吐出歷經風雨的嘆息。

東京俱樂部的背面，形似手風琴箱的半圓形屋頂看起來很厲害。

長命寺前，櫻花麻糬的「山本屋」。

我們的目標是在淺草寺後方，位於淺草二丁目交叉口的佐久間小餐廳。這是淺草的藝人會出沒的餐廳，在淺草進修的藝人們的胃，幾乎都曾被這間餐廳撫慰過。

掀開在藏青布上染有白字「佐久間」的暖簾，坐下來後，才發現我們是第一組客人。我們吃了煮蓮藕、紫萁、鹿尾菜、燉肉等。味道有著歷史的浸潤，非常好吃。順勢又多點了一道牛排。

之後進來的熟客點了燉肉，說要「在鍋子下面的肉」。大鍋子裡滿滿都是煮好的燉肉，點「下面的肉」的爺爺真是帥氣，在下面的感覺就是比較好吃。老闆娘也說：「好喔。」非常大方。在這間居酒屋，客人與店家的默契，不是這麼輕易達成的，而是經過了長時間的焠鍊。無論是客人、店家、餐點還是酒，都花費長時間咕嚕咕嚕地燉煮，乍看之下有著庸俗的土氣，但正因如此，才能開出列隊跳舞的花朵啊。看著爺爺的臉，我想正因為有開在深處的花，才讓人覺得「啊啊，這就是淺草呢！」專太郎、小廣和我，三人共花了六千五百日元。

在東京旅行採訪不可太過沉迷。白天就喝酒，晚上頭昏眼花，隔天一整天不醒人事，沒有比東京更厲害的城市了。

✽

朝著淺草 View Hotel 前進，櫻花幾乎都凋謝了，綠色新芽一點一點地冒出，僅有一些殘花

---

8 江戶時代公開允許的妓院集中地，為今東京都台東區，也就是淺草一帶。

在葉間，櫻花像卸下了白粉。

我們一邊看著七鰓鰻的招牌，一邊說著：「如果吃了這個，血液都會沸騰起來。」談話間抵達了淺草 View Hotel。淺草 View Hotel 以前是淺草國際劇場，現在是擁有三百五十個房間的高樓，外觀和聯合國大樓相似，睥睨著四周。在淺草國際劇場時代，這裡是ＳＫＤ（松竹歌劇團）的據點，他們的舞蹈是當時東京的知名風景。ＳＫＤ的舞者會排成一列，並「喂、喂、喔」地配合大鼓大喊，震動耳膜。坐在前排，白粉的香味會飄過來。新年的森進一[9]秀，也在這裡演出。

淺草國際劇場如今變成了近代飯店，我想進入大廳時，就看到專太郎和小廣從裡面的鋼琴旁像俠客一樣，大搖大擺地走來。我環顧大廳，時不時就會看到這種現代俠客身影。

像雷射光的視線不斷看過來。若走在白天的淺草六區也是一樣，即使在街角，也會碰到這種由上往下看的視線。三十年前的新宿也是如此。

不知道該在哪裡吃午餐。是吃里斯本的西餐好，還是吉上好，我一邊看著里斯本的蛋包飯、上等里肌豬排、什錦蔬菜湯，然後選了吉上的牛肉燴飯。吉上是昭和二十五年開始營業的西餐廳，是只有淺草

新仲見世、仲見世有許多廉價的流行商品。

去淺草寺參拜，看見天女像。

才吃得到的美味，招牌上寫著「太過好吃了，真是抱歉」。進入吉上，從呈J字的吧檯裡傳來陣陣香氣。吧檯約有十五個座位，六位廚師來回奔走，因為牛肉燴飯賣完了，改點了豬排三明治（八〇〇日元），喝著啤酒時，專太郎詠了一句：「迷迷糊糊吃著豬排三明治的春日午後。」小廣則學萬太郎的風格總結：「櫻花落下、淺草啤酒、豬排三明治。」

無論哪句都很爛。

我們又點了炸蝦（一五〇〇日元）、咖哩炒飯（八五〇日元）、炸肉餅（八〇〇日元），都只點了一份，然後三人分食，作為啤酒的下酒菜。剛炸好的肉餅，用筷子就能輕易切開，一口吃下去，肉汁會發出「啾」的聲音然後散開，這種美味無疑就是淺、草。咖哩的香氣纏繞在咖哩炒飯的飯粒上，在舌尖爆裂，在體內擺盪。豬排三明治是在切掉吐司邊的吐司中，夾著厚厚的豬排，浸潤豬排的醬汁是春天慵懶的味道，全部都和啤酒很搭。這是淺草風格的西餐，有戰後復興期的味道。附餐的馬鈴薯沙拉混合著紅蘿蔔和芹菜，黏糊糊地依偎在嘴裡，這種味道正中心房，讓我逐漸陷入回憶裡，一吃到這種味道，忍不住心想現在的法國料理算什麼。換句話說，這是想找人吵架的味道。

店裡的客人有戴鴨舌帽的老人、穿著運動外套的ＯＬ、木匠、穿著深藍色西裝的業務，就像田納西・威廉斯[10]的舞台。

9　日本知名演歌歌手。
10　美國知名劇作家，以《慾望街車》等作品聞名。

出了吉上，就看到東京俱樂部電影院的屋頂，像手風琴箱似的，該說是半圓形魚板條好，還是知了的腹部好？總之是考慮音響效果而有的特殊造型。東京俱樂部的氣氛就像《千面人》[11]一書的祕密堡壘，叫它「活動寫真館」[12]似乎比較貼切。

在前面徘徊，就看到黃框紅字的「東京俱樂部」招牌，有星星標記。像魔鬼魚的窗戶，有西班牙建築家高第的風格。東京俱樂部的旁邊是常盤座，再右邊是松竹電影院。這三間古色古香的電影院連在一起，常盤座的屋頂就像黛博拉・寇兒[13]的帽子曲線，松竹電影院則像是西班牙的古城。

常盤座正在上映音樂劇《淺草波旁街》，演出者為小坂一也、佐佐木功，導演為瀧大作，監製為柳澤慎一。在常盤座前遇到麻呂赤兒[14]的經紀人，被發了傳單。下一場是麻呂赤兒的《大駱駝艦》的公演，配樂是坂本龍一、美術指導是橫

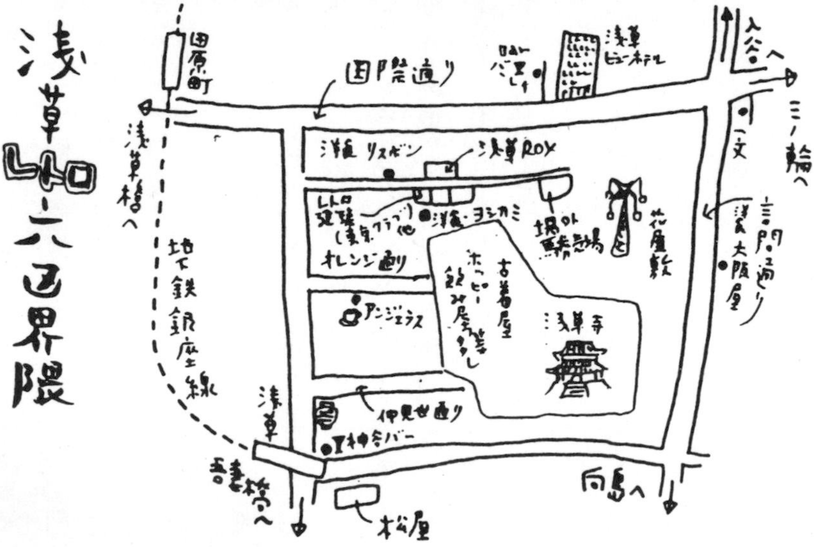

尾忠則，由於麻呂先生在附近的蕎麥麵店，先去和他打了聲招呼，就去了手工仙貝店淺草入山。淺草很多仙貝店，這間店的仙貝一片一百日元，在客人面前烤。仙貝一烤好，就會塗上醬油，讓醬油被餘溫烘乾，有七、八位客人在排隊，等待仙貝烤好。

飄著仙貝香味的新仲見世商店街，是裝有日光燈的拱廊，裡頭有各種商店，包括火鍋店、江戶雜貨店、服裝店、燈籠店、羽子板[15]店等。高久娃娃屋的美人羽子板，兩片一千五百日元，因為是桐木板比較廉價，店內另外有高達七萬日元的豪華品項。專太郎抱著胳膊，一臉認真地說：「如果羽球拍也裝飾上羽子板的美人圖不知會如何？」

在這間店附近，有另一間非常擁擠的店，前往一看，店門口掛著「反對消費稅」的簾幕。我在這裡用三千兩百日元，買了鑲有假鑽石的伯爵金錶。

穿過雷門，在仲見世買了人形燒[16]，在賣江戶小玩具的店「助六」，買了老虎的紙模型，

11　日本推理作家江戶川亂步的作品，原書名為《怪人二十面相》，其中反派角色「千面人」會不斷變裝。
12　明治、大正時期對電影院的稱呼。
13　英國知名電影、舞台劇、電視女演員，曾以《國王與我》榮獲金球獎。
14　一九四三～，原藝名為麿赤兒，日本演員及舞蹈家。
15　日式傳統長方形有花樣的木板，類似今日的羽球拍，從運動用品逐漸變成裝飾用品，其上常繪有美人圖。
16　口味類似雞蛋糕，有原味與紅豆口味，造型主要是仿七福神與雷門。

白天的啤酒發揮了作用。

前往淺草寺參拜，抬頭看本殿的天花板，會看到堂本印象[17]畫的天女。

我曾經想要見一見這位天女。

因為很久很久以前，專太郎說她是「下流的女人」。他就是罪魁禍首。

這位天女手持蓮花，在天上飛舞，是位面頰豐滿的美人，氣質卻像放高利貸老闆的妻子，穿著貂皮大衣、搭著賓士出入。像是謊稱名門女子大學畢業，實際上在中學二年級時頭髮就已染成紅色，退了學、離家出走，在色情按摩店裡認識現在的丈夫。

專太郎嚴厲批評：「真是下賤的女人。個性一定很討人厭，不怎麼讀書。」但小廣卻雙眼發亮說：「我喜歡這一型的。」

我繼續觀察，天女的腳趾粗大，也非骨感，是淫亂之相，大拇指有皸裂的跡象。但不管怎麼說，我也是喜歡這一型的。

不過無論如何，在淺草，就是要一邊爭論這個，一邊往油錢箱投入一百日元然後雙手合十。

走出本殿，看到背光的淺草 View Hotel 就像一座巨大的墓碑。

從淺草寺走到花屋敷，路上有人在現場做膨糖，隔壁賣的是把巧

花屋敷。像是回到從前。

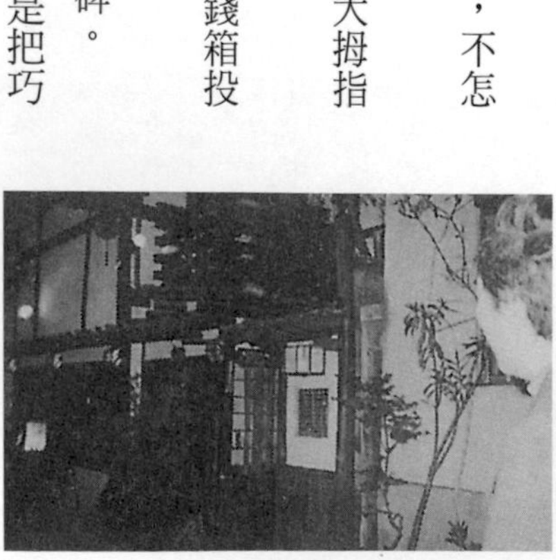
酒膳一文。

克力塗在香蕉上的香蕉巧克力。

再往前走，有電影辯士[18]塚，立碑頌讚德川夢聲、松井翠聲等電影辯士的功績，立碑人是城戶四郎、清水雅、永田雅一、大川博、堀久作、大藏貢等令人懷念的電影人，我在這裡喝了威士忌口袋酒，並也在碑前獻上一杯。

我還記得，十五年前我在木馬館[19]聽過浪曲[20]的演出。

花屋敷（門票四〇〇日元）是集懷舊遊樂園的大成，雲霄飛車、古老的旋轉木馬，糾纏迴旋的園地，有我想擁抱的從前，盡是懷舊相簿的迷宮，我走著，回憶排山倒海湧來。

✽

賣刺青照片月曆的店家，門前貼有「沉默觀看的人要收五百日元，但打過招呼後才看的人免費」的告示，前方的樂天地淺草大廈[21]附近，曾是夜總會的新世界，我曾贊助過四十二號名為小粉紅的女侍應生。

脫衣舞劇場搖滾座改裝成紐約迪斯可風，並寫成英文ROCKZA。付了一張四千日元的門

---

17 一八九一～一九七五，近代日本畫名家。
18 以前的電影沒有聲音，指在電影旁加上聲音旁白的人。
19 淺草的大眾劇場。
20 以三味線伴奏的說唱藝術。
21 複合式的娛樂中心。

票進去，裡面已經客滿，舞者全是年輕的女性，舞蹈與舞台都變得時髦了。那天是豐丸秀，下一場則是愛染恭子秀。

接下來就是喝酒。

在甘粕喝高球[22]，在今從喝兌水酒，在正直Beer Hall淺草分店喝啤酒。

在四面泥灰的日式傳統建築酒膳一文裡喝日本酒。

進入酒膳一文時，要先把金錢換成木牌，木牌上有一文、十文的烙印，一文就是一百日元，這是地中海俱樂部的江戶版。下酒菜十文、男山酒[23]四文、啤酒六文。因為是鄉下的日式傳統建築外觀，看起來像是時代劇的布景，如果帶什麼都不知道的外國人來，他們會很高興吧。

這間店有小廣喜歡的老闆娘，他說：「老闆娘長得像京町子[24]。」

我一邊嗅著旁邊客人的烤鴨香味，一邊窺視著老闆娘的臉龐，豔麗嬌嫩的老闆娘。但可能我有些醉過頭了，明明是難得的美人我卻看不清楚。

走到店外，為了醒酒，我走進一間老舊的咖啡店，喝了梅酒咖啡。這是愛爾蘭咖啡的淺草版，是一家穩重且有人情味的店，我卻忘了店名。

有一間壽司店的招牌叫「蔥花鮪魚元祖」，我走進去喝啤酒。與品嚐拘謹的江戶前壽司的心境不同，「蔥花鮪魚就不用捲了吧！」這才像淺草風格，我還順手點了爆彈壽司，把納豆、鮭魚卵、海膽、山藥、蘿蔔乾等混在一起，雖然很亂來，口感卻有嚼勁。

爆彈壽司讓我恢復活力，我去了Barley酒吧，這是真正的酒吧，幹練的調酒師有著良好的氣質、快手及爽朗的微笑。我點了一杯阿瑪雷托利口酒。

看到隔壁的客人在喝蘇格登純麥威士忌，我嚇了一跳。這蘇格蘭產的極品威士忌酒，是我的私房酒，第一次在店裡遇到也喝這款的客人。

喝醉的迷宮越來越美好，我一邊暈眩地喝著琴酒，思緒一邊來回奔跑在過去與現在，緩緩地沉入淺草的夜晚之中。

## 淺草……其後

從日之出碼頭到淺草的「隅田川航線」是六百六十日元。在這條航線上，可以從水上看到書中的各個景點。築地的河岸、佃島的天安、深川芭蕉庵……回憶吹散在風中，Flamme d'or的黑生啤（小）四百八十日元，山本屋的櫻花麻糬一人份四百五十日元，沿著河岸走很舒服，但高速道路很吵雜。佐久間的大鍋燉肉更有分量也更老練。吉上的豬排三明治九百六十日元，炸蝦一千六百五十日元，咖哩炒飯一千一百日元，炸肉餅一千日元，牛肉燴飯因為很受歡迎，很快就會賣完，現在吉上也可以網路訂購，一箱牛肉燴飯（小，六人份）三千六百日元。淺草入山的手工仙貝一百二十日元，花屋敷的門票九百日元，漲了非常多，但和其他遊樂園比起來

22 烈性雞尾酒，由威士忌、通寧水或蘇打水混合而成。

23 日本北海道旭川市的知名酒廠。

24 一九二四～，日本女演員，演過《華麗一族》。

還是很便宜，由於申請了公司破產法，現在還在重生階段，加油啊。ROCKZA的門票是六千日元，正直Beer Hall淺草分店，是世界最小的Beer Hall，一開門就是吧檯，啤酒一杯五百日元，裝在薄玻璃杯裡的啤酒，接連滑入喉嚨深處。酒膳一文的地酒[25]從四文（四〇〇日元）起跳。淺草的夜晚還在持續著，但記憶總是逐漸融解在黑暗之中。

25　即地方的酒。一般來說使用當地的原料、水做成的酒，才能稱為地酒。

# 銀座

銀座是城市中碰面的地點。

作為等人的地點，總是有以下特徵：

①好理解。②有歷史的印記。③能夠打發等待的時間。④有文化。⑤繁榮。

銀座四丁目周邊的店家到處都符合這些條件。

我們在重新裝潢的咖哩餐廳NAIR碰面。我點了八百日元的羊肉咖哩、絞肉咖哩、鮮蝦咖哩，和專太郎、小廣分著吃，因為也想吃鄰座客人點的水煮蛋咖哩（一一〇〇日元），所以又加點了一份。NAIR創業四十載，客人都在店門口排隊等待。

離開NAIR後，雨後的陽光很耀眼，街道歪斜，走路都走不好，聽說這也是吃完咖哩的反應。

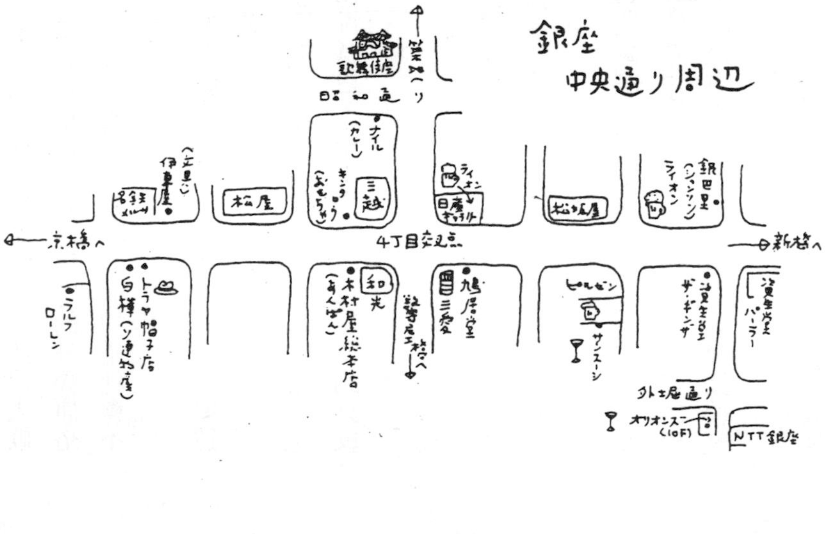

我走著這樣的步伐，前去觀賞歌舞伎劇場白天公演的其中一幕，紅色燈籠上有「江戶大歌舞伎」的文字，櫻花的假花插在標題上。仔細觀察歌舞伎劇場的建築物，會察覺它的外觀庸俗地可笑，像是花街柳巷，不過因為歌舞伎本來就是由行為舉止奇怪的人所組成，最初是社會不良分子、紈絝等出入的煙花之地，所以這樣也好。

如果這裡有煙囪的話，不小心會誤以為是大眾澡堂，拿著臉盆和手帕（在對面大野屋買的）走進去，然後會有客人在櫃檯大聲地要店員出租肥皂給他。

氣喘吁吁地爬到四樓，把咖哩味都吐出來了。爬上羊羹色的階梯，買了其中一幕的票。正在上演的是《十種香》，三味線發出「登、登、登」的愉悅音色。幾乎滿座，也看得到外國人，舞台上，女主角八重垣姬的大紅戲服映入眼簾。

「成駒屋[1]！」

眾人此起彼落地喊著，有人用抖擻的聲音喊著：「成、駒、屋！」有人則用力喊著：「喂、成駒屋——」也有人用客氣的細小聲音說：「成、成駒屋。」有人則喊出居住的地點：「神谷町！」歌舞伎演員無法住在政府提供的集合住宅。

只看其中一幕的話，是坐在四樓，這裡從以前就是喜歡戲劇的人的位置，換句話說，是離天花板最近的位置。從這裡看過去，很有導演的氣氛，但缺點是座位太小，腳會踢到前面的椅背，連我都必須斜曲著雙腳，外國的客人就更辛苦了吧。座位有兩排，但坐第一排會比較輕鬆。

《十種香》結束時，有富十郎和勘九郎所跳的「勢獅子[2]」，這個我也看了。勘九郎的舞蹈輕盈有風，豔麗又有歌舞伎演員的華美。兩人詼諧蠕動的舞姿，館內發出了笑聲。

從歌舞伎劇場出來，往銀座四丁目的交叉點前進。銀座四丁目是日本的繁華中心。澀谷、新宿、六本木也是新的繁華城鎮，但在歷史傳統和地位上仍不敵銀座四丁目。

四邊坐落著三越、和光、鳩居堂、日產等大樓，還有代表現代日本的百貨公司、鐘錶店、文具店、汽車公司等，日產的隔壁是賣鰻魚飯的竹葉亭，銀座四丁目飄著烤鰻魚的香味。

和光大樓是用古典大理石所建造的，大樓屋頂上的時鐘是「新年」的要角，在大理石的鑲邊中，有粗粗的黑色數字，大理石有點發暗，櫥窗的玻璃則閃閃發光，櫥窗內有淡紫色的巧克力。

在銀座散步，被叫做「逛銀座[3]」。

這是我小學時的說法。

1 歌舞伎演員的屋號。
2 歌舞伎的舞蹈曲。
3 原文為「銀ぶら」。

俗氣的歌舞伎劇場建築物就像大眾澡堂。

古典風格的Polo Ralph Lauren銀座店。

小學時，一年約有一、兩次會到銀座。因為父親工作的報社在有樂町，所以偶爾會叫我去銀座，中學時則一年去個四、五次。

逛銀座是非常盛重且令人緊張的事，都要穿上最好的衣服去逛。從學校畢業、開始工作後，我還是經常逛銀座，每次都盛重其事。

銀座路旁的綠色行道樹冒出新芽，往上看，樹大約有四層樓那麼高。雨後的銀座，樹葉被雨洗淨，風景祥和。

看往有樂町方向的行道樹，樹葉間結著紅色的飽滿果實，定睛一看，原來紅色果實是紅綠燈，果實很快就變成綠色的，在這個城鎮裡，紅綠燈也是自然的一部分。

銀座的色調多半是中性色彩，給予了這座城鎮穩重與品味，奔馳在銀座街道的汽車，無論是計程車還是大卡車，引擎都裝模作樣地發出低鳴聲，警車的鳴笛聲也像長笛發出「的的、嗚嗚」的音色般，全部湊在一起就像古典音樂會一樣。

等待紅綠燈的人看起來都頗閒適。

往來的人從上班族到品味得宜的中年婦人，各種人都有，有滿頭白髮穿著藍西裝的紳士、穿著黃黑條紋毛衣的ＯＬ、提著百貨公司提袋的婦人、穿著白襯衫打著蝴蝶結領帶的餐廳服務生、金髮的美國人、淺藍色套裝的女大學生。

穿著Burberry大衣的中年紳士拿著傘走過，感覺很精緻，這種精緻感和銀座最相襯。

✽

行道樹下有粉紅、紅、白色的杜鵑花叢，杜鵑花是中央區的區花。

三越百貨下面有鶴望蘭的蘭花圃，鐵製的老虎懶洋洋地盯著蘭花。

三越的隔壁是元木西裝店，大學時我在這間店買了藍色襯衫。再隔壁是金太郎玩具店，玩具店裡都是外國老爸，一進入玩具店，我就感到難受，記憶不斷從內部刺痛胸口。

藍色招牌的松屋，是我最喜歡的百貨公司。松屋的手扶梯很平穩，中年的婦人正看著一樓亞曼尼的櫥窗。婦人穿著圓點洋裝配上白色提包、藍色鞋子，雖然這種裝扮除了當事人之外其他人都會覺得很不搭，但盡全力打扮也正是銀座的特色。

我在伊東屋文具店買了寄到國外的信紙。伊東屋是九層樓的文具店，只逛這裡就可以花上一整天。月光莊的畫具、伊東屋的文具、IENA、近藤書店、旭屋書店，都是會一不小心就走進去的店。即使別的地方有賣一樣的東西，但在這裡買感覺就是比較高級。這也是銀座的奢華。

在中央美術館、名鐵MELSA左轉，是Polo Ralph Lauren銀座店，三層樓的古典風店鋪裡，全都是倫敦的古董。

行李箱、長皮靴、探險帽、傢俱、舊式床具、舊式高爾夫球桿、望遠鏡、椅子、鱷魚皮包、舊書、湯匙。

TORAYA
夏帽子 飛び交うごとく
売られおり
'90.4

小廣看著Polo的玻璃杯說：「想要把這個當作婚禮小物。」

感覺只要是男人，總有一天都會成為這間店的常客，但我們三人什麼也沒買就走出店了。

我們又去帽子店虎屋比較了Borsalino的帽子（四五〇〇〇日元），但也沒有買，而是去了木村屋買了一個一百日元的櫻花豆沙包，站在那裡吃。

銀座的黃昏也很美，天空逐漸被染成灰色。行道樹的淺褐色樹幹變成了漆黑的影子，搖曳的葉子映著別處的霓虹，像是寶石色澤灑在灰色盤子裡的黃昏。

我們走進Lion Beer Hall，喝啤酒潤喉，並打給石山千繪（石田千），跟她約在資生堂的餐廳見。

我在資生堂餐廳點了黑啤酒和牛肉燴飯（一八〇〇日元），在充滿高級質感的店點最便宜的東西是需要經過訓練的。專太郎點了牛肉三明治（一八〇〇日元），小廣點了可樂餅（一五〇〇日元），後來到的千繪點了雞肉飯（一五〇〇日元）。

周圍的客人都是點紅酒，然後從前菜開始吃，也有零星的客人帶應召女郎同行。專太郎為我們點的餐點總結道：「謙卑的一餐。」並寫在記事本中。

有女調酒師的獵戶座酒吧。

無憂宮酒吧的彩繪玻璃門。

我們去了位於銀座七丁目新銀座大樓的獵戶座酒吧，陳舊的大樓電梯發出磨牙般的聲音，電梯升到了十樓，那裡有一間沒有人氣的高爾夫球俱樂部，我們走進大樓的迷宮，走過紅地毯的盡頭，有三笠商會的門，左轉就是獵戶座。像這種江戶川亂步風格的復古店家，還存在於銀座。

坐在吧檯，點了卡爾瓦多斯酒[4]以及一杯混白酒的雞尾酒 Sweet Love。這裡的調酒師是得過獎的女性，並預計要在夏天於波多舉辦的馬爾丁大賽中出場。

走出獵戶座，來到交詢社大樓旁的無憂宮酒吧（雖然這樣說，其實是同一棟大樓），無憂宮酒吧招牌的紅色文字過於暗沉，看了也不知道是否有在營業，每次進去的時候，都會忍不住擔心：「今天可能休息吧？」

吧檯有六個座位，桌子有三桌，酒保向我打招呼：「好久不見了。」我點了琴蕾[5]，調酒師是有五十年經驗的老手，總是穿著合身的白襯衫配蝴蝶結領帶。琴蕾的味道很尖銳，劃過喉嚨像從喉嚨內側切開的快感，有點苦味，是專家級的味道。

無憂宮從昭和四年開始營業，至今已有六十餘年，在昏暗的燈光與彩繪玻璃中，沉澱著銀座的歷史，是溫暖的陰影處。

4 Calvados，法國的蘋果白蘭地。

5 Gimlet，琴酒加萊姆汁的調酒。

後來又進入無憂宮隔壁的比爾曾喝啤酒，之後又去別的店徘徊，但我的記憶隱約只到這裡了。

## 銀座……其後

NAIR的羊肉咖哩一千一百日元，絞肉咖哩一千一百日元，鮮蝦咖哩一千三百日元，水煮蛋咖哩一千三百日元，辣味直沖頭頂，店內裝飾的辛香料更讓汗水勃發，連咖哩調理包（三五〇日元）都賣得很好。歌舞伎劇場，只看一幕的門票，白天是八百日元到九百日元，所以如果白天看三幕、四小時，就是二千五百日元左右。三越隔壁的元木西裝店還在，但金太郎玩具店已經消失。近藤書店和賣外文書的IENA也都不在了，銀座雖然沒有大型書店，仍坐落著一間間的小書店，感覺很有活力。國外品牌的店也大量增加，Polo Ralph Lauren已經站穩腳跟，資生堂餐廳也因大樓重新裝潢，從地下室搬到四、五樓，牛肉燴飯三千一百五十日元，在客人面前用超大分量的盤子幫忙盛飯，雞肉飯二千四百一十五日元，豬肉可樂餅二千九百四十日元。獵戶座的風格又越發成熟，店內的氣氛毫不裝腔作勢，酒保的態度都很爽朗，讓人很舒服。無憂宮、比爾曾也都不在了。交詢社大樓重建，平成十六年時變成地面十層、地下兩層樓的建築物。

# 神樂坂

神樂坂，是從JR飯田橋站的牛込橋，沿著早稻田方向走的一條四百公尺的斜坡。這裡的花街很有名，內行人都愛來，但我比較熟悉這裡的日本出版俱樂部會館。

春天時，我在出版俱樂部旁邊的書協（日本書籍協會），替七十個出版社的新人們演講，雖然我在出版社任職是二十五年前的事了，但當年我的面試複試也是在這裡舉行的，我像是看到二十五年前的自己而感到熱血沸騰。

神樂坂更往前走，是音樂之友社，再前面是新潮社。聽說從新潮社回家的文豪，都會在

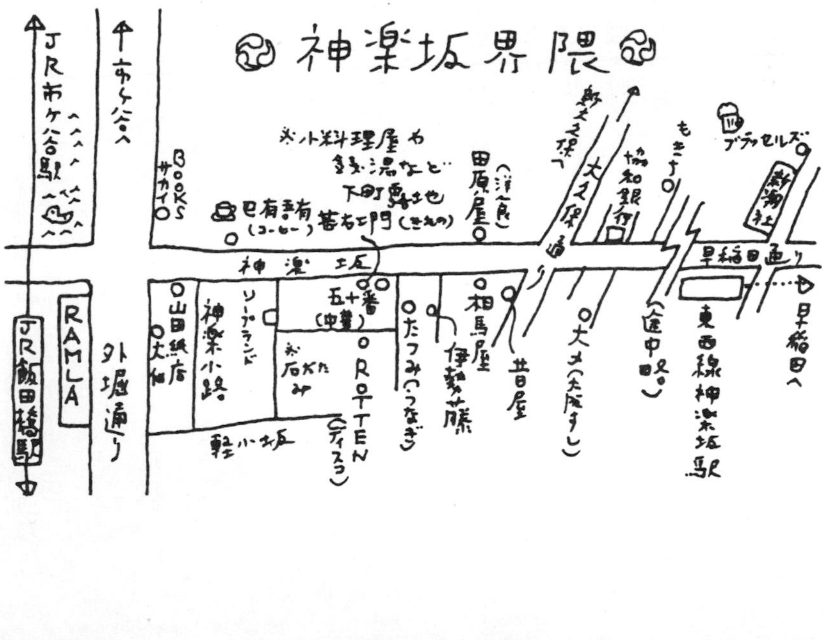

回家途中到附近的店裡喝一杯，像是稻垣足穗[1]，會在神樂坂的酒館站著喝酒，等著新潮社認識的人經過幫他付錢。

我也想這樣做。

要讓誰幫我付呢？我用手指數了一下，新潮社我認識的人就有七位左右，我不知道這七個人是不是都會大方地幫我付錢，但總之，我可能需要變得再有名一點才行。我為此反省了一下。

檀一雄[2]拿著生活必需品前來寄宿的公寓也在這一帶，我也曾在這裡尋找在新潮俱樂部的開高健[3]，這一帶和文人的關係深厚。

我在斜坡入口的山田紙店買稿紙，一包一百張，共五百日元，吉行淳之介[4]就使用山田製的紙。

神樂坂中途另有文具店相馬屋，野坂昭如[5]是使用這裡的稿紙，以前夏目漱石[6]也會使用相馬屋的稿紙。稿紙分成相馬屋派和山田派，相馬屋創業三百年，而山田紙店創業一百年。

相馬屋一開始也是紙店，店前堆著有瑕疵的紙張，但這些紙作為稿紙很受好評。

相馬屋的稿紙是傳統樣式，格子的上面有小小的空欄。雖然我也喜歡這種，但以前認識的人裡面有個叫相馬的蠢蛋，因為討厭這個名字，才用山田的稿紙。我也有個叫山田的朋友在集英社，所以山田比較好。

山田紙店旁邊，有一家賣納豆咖哩（七五〇日元）的咖哩店，我從以前就想吃，但這次還是沒吃。明明沒去吃卻一直很在意的咖哩，就好像以為會在一起卻沒有在一起的女人，可能一輩子都無法在一起吧。

山田紙店再過去，是地下鐵有樂町線飯田橋站的神樂坂出口，也是俗稱的角榮站。因為田中角榮[7]曾送住在神樂坂的情婦禮物，還有報導加油添醋地說，角榮一邊揮著扇子，一邊說：「如果有這個，會比較方便吧。」

雖然沒有人看到，但就像是他會做的事。我也想做做看這種事情。

地下鐵站的地點，過去是以割包皮聞名的白十字醫院。

在這條長四百公尺的斜坡一帶，到處都是人生劇場。

1　一九〇〇～一九七七，小說家，代表作有《一千一秒物語》、《少年愛的美學》等。

2　一九一二～一九七六，與太宰治、坂口安吾同為無賴派作家。曾以戰場記者身分赴中國戰場。曾獲野間文藝獎、直木獎、讀賣日本文學大獎。

3　一九三〇～一九八九，小說家，和大江健三郎均為戰後派代表作家。作品常以國際問題為題材，在日本有「國際作家」之稱。

4　一九二四～一九九四，與同代作家遠藤周作、安岡章太郎等並稱為日本文壇的「第三代」。作品風格走頹廢派私小說路線，藉由描寫男女關係，探討人生的存在本質。代表作包括《暗室》、《娼婦的房間》等。

5　一九三五～二〇一五，作家、歌手，作品常描寫處在社會底層卻保持樂觀的人們生活，一九六七年以《螢火蟲之墓》榮獲直木獎。

6　一八六七～一九一六，自幼習漢文，東大英文系畢業後赴英留學，回國後開始文學創作，以《我是貓》一舉成名，在日本近代文學史享有極高地位，被譽為日本國民作家，代表作還包括《少爺》、《三四郎》、《心》等。

7　日本前內閣總理大臣。

道路雖然狹窄，卻很有味道。

繼續往上爬，右邊是中華料理店五十番。

二十年前，我曾經去過位於五十番右手邊巷弄裡的鰻魚飯店辰巳屋。

是一間沒什麼特色、極其普通的店，但這裡的乾烤鰻魚卻是首屈一指的。聽說約翰・藍儂造訪過，就算不提藍儂，很久以前井伏鱒二[8]也來過。

我帶著女伴進入，平凡社的社長下中邦彥坐在裡面的座位，和一位美麗的女性喝酒。下中社長也吃著乾烤鰻魚，他僅眨了一下眼睛當作打招呼。

西餐的田原屋，在明治中期開幕，一開始是牛肉火鍋店。一千日元的咖哩焗飯評價很好，客人有夏目漱石、吉井勇[9]、菊池寬[10]、佐藤春夫[11]、永井荷風[12]等，島村抱月[13]和松井須磨子[14]兩人聽說也常來，也會吃焗飯。田原屋西餐的滋味，就像時光沉浸在晚霞裡。

本來想在五十番買炸燒賣回去吃，但五十番休息，於是順道逛了隔壁的甚右衛門和服店。

店裡展出的是夏天的羅織和服，是神樂坂才有的美麗物品，看了一下價錢，四萬日元，因為太便宜了懷疑自己有沒有看錯時，老闆說

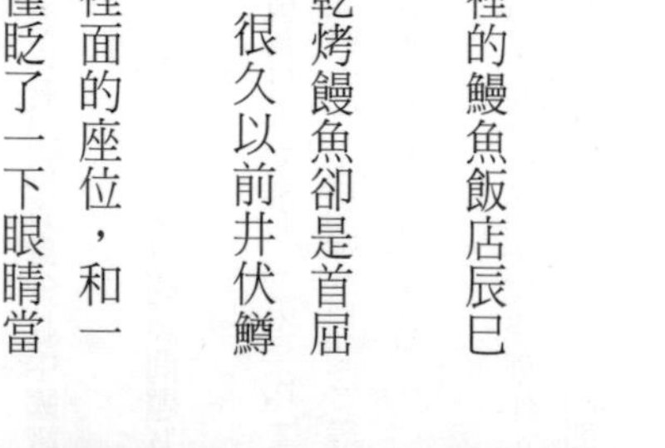

神樂坂。狹窄的道路上充滿悲歡離合。

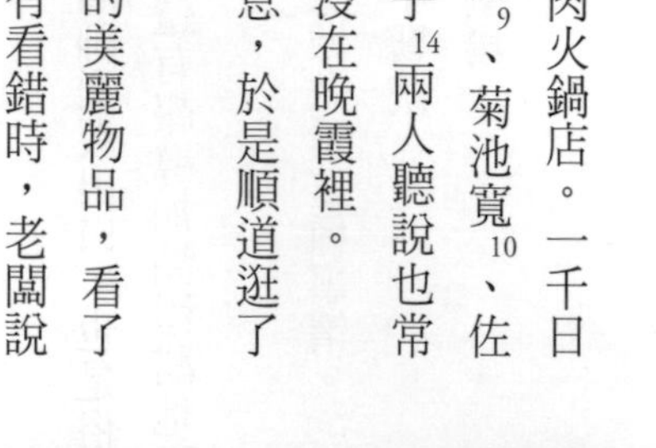

甚右衛門和服店的老闆很會聊天。

明道：「這是二手衣。」

雖說是二手衣，但也只是藝伎穿過一次而已，和新品沒兩樣。走入店內，有金蒔繪[15]的簪子一千八百日元。

這裡的商品都是藝伎出於一些理由轉賣出來的，我真想全部買下來。和服腰帶也很美麗，是市價的十分之一。我正打算掏錢時，小廣小聲地說：「命運會隨著物品移轉，不要買吧。」老闆感嘆地說：「變賣這件腰帶的主人，是一位美麗的藝伎，後來結婚了，才變賣當藝伎時的物品。她是一位在關鍵時刻運氣都不錯的女性喔，眉毛像新月一樣，非常亮眼。」

真的假的。

---

8 一八九八～一九九三，小說家，太宰治尊為終生之師的文學家，曾獲直木獎，並曾獲諾貝爾獎提名。

9 一八八六～一九六〇，大正、昭和時期歌人、劇作家。

10 一八八八～一九四八，小說家、劇作家、記者，老牌雜誌《文藝春秋》創辦人，於一九三五年設立「芥川獎」、「直木獎」。

11 一八七九～一九五九，小說家，太宰治尊為終生之師的文學家，曾獲直木獎，並曾獲諾貝爾獎提名。

12 一八九八～一九九三，小說家，為最早接受西方知識文化的日本人之一，「耽美派文學」開創者，代表作為《美利堅物語》、《法蘭西物語》等。

13 一八七一～一九一八，文藝評論家、導演，為日本新劇運動先驅。與學生、女演員松井須磨子相戀受非議，雙雙遭驅逐出文藝協會。

14 一八八六～一九一九，新劇女演員。於戀人島村抱月病逝後兩個月，在劇場自縊身亡。

15 日本的傳統工藝，漆器上有金箔雕花。

我花了一千八百日元買了一把用玳瑁殼做的扇子，就算是假的也好，我想要讓這位女性分點好運給我。

斜前方的毘沙門天[16]傳來神樂的聲音，正是因為有神樂，所以此處稱為神樂坂。聽見從若宮八幡神社傳來的神樂聲，黃昏的神樂坂喚起美好卻又難受的記憶。我心想有朝一日一定要住在神樂坂。

✽

記憶從大道跌入巷弄裡，初夏的風搖晃著行道樹的葉子。

東京理科大學的學生穿著牛仔褲熙熙攘攘，而藝伎穿梭在他們之中。綠色嫩葉飄落到穿著邋遢的藝伎腳邊。

在鍋燒烏龍麵店的鳥茶屋右轉，是日式酒館伊勢藤，是由超級頑固的老闆開的，店內像一個小型劇場，從昭和十二年開業，提供給喜愛酒的客人。

進入店之前，專太郎對我和小廣說了客人必須遵守的五條規矩：

「一、禁止喧嘩。二、笑的時候最多只能微

笑。三、禁止點啤酒。四、要滿懷感謝地喝酒。五、按鈴點餐。」

我不想進去，但小廣從背後推了我一把，然後就被老闆罵道：「把門關好！」門在我們進去前就已經是開著的了，但說這種話只會引起爭執吧，於是我們哭喪著臉進入裡間。

三坪左右的和室裡，有三張小圓桌。還有掛鐘、燈泡懸掛著。小菜是醃沙丁魚、青魚子、竹筍、涼拌菠菜。穿著工作服的光頭服務生端了酒來。

我們裝作是來討債般坐得直挺挺的，雙眼發紅。這間店的老闆有自己的美學，感覺如果不按照他的劇本走是行不通的，客人是老闆所創劇場裡的登場人物，老闆則徹底貫徹導演的職責。

我們喝了三合[17]的酒，三人六千八百日元。

三個人沉默地喝著酒，氣氛就像「殺手梅安」的場景，我回憶起去世的池波正太郎[18]。

外面不知何時下起雨來。

✽

16　佛教的護法神之一。
17　一合等於一百八十毫升。
18　一九二三～一九九〇，時代小說名家，知名作品有《劍客生涯》、《鬼平犯科帳》、《殺手・藤枝梅安》。《殺手・藤枝梅安》後改編成時代劇「必殺」系列，成為知名的連續劇《必殺仕掛人》。

神樂坂的好玩之處在小巷裡。

這是花街的魅力。

如果在神樂坂的巷弄中像迷路般地走進胡同裡，會意外看到這座城鎮的辛勞。

進入斜坡上方附近的神樂小路，然後右轉，是死胡同道草横丁，道草横丁的霓虹字體，就像三十年前的《赤胴鈴之助》或《鐵人二十八號》的漫畫字體。在死胡同巷弄裡，有日式小餐廳雪村、白菊等，盡頭是現代爵士樂店Corner Pocket。

無論哪間店都很隱密，感覺是很適合在降雪的夜晚走進去的店。

進入斜坡上的神樂坂仲通，左轉會看到鋪著石板的狹窄小路，有日式料理店黑塀、水泥公寓、旅社等，再深處，有清水模建築的迪斯可舞廳，迪斯可的入口寫有「住宅區域敬請安靜」。但如果要「敬請安靜」的話，就不應該在這裡蓋舞廳吧？這一區也在建商的持續攻勢下，古老的店一個個變成水泥大樓。

位於神樂坂中央的萬平酒館也變成白色的萬平大樓，萬平酒館變成在三樓，在變成大樓前，店前有柳樹，是一間很具神樂坂特色的店。

繼續走，左轉會看見祭拜狐狸的稻荷祠，上頭寫著伏見火防稻荷

斜坡上的神樂坂・毘沙門天、善國寺。

堅持貫徹老闆美學的「伊勢藤」。

神社的小祠前，有人灑水，打掃得很乾淨。祠石上，刻有「料理亭金松、喜久川、妓院榮屋、新喜樂」等神樂坂公會的老店名字。日式料理店松枝原本是小佐野賢治[19]的店，曾因媒體而聲名大噪，但現在已不如往前，店家的榮枯盛衰都被刻在祠石上，時間慢慢流逝。

從大眾澡堂熱海湯下來的石階上，有一棵楓樹，映入眼簾的是一片新綠，在前方的一間間酒館、小餐廳都很有味道，感覺無論隨便進入那間店都會覺得「來對了」。

再往上走，有一間畫廊，正在舉辦大衛・霍克尼[20]的版畫展。我進去裡面，他們給我看還在箱子裡的霍克尼的石版畫。

之後我們去了位於神樂坂上的山形料理餐廳茂吉，點了惠比壽啤酒，只要一散步就變得想喝啤酒。

我點了四百日元的炸納豆和六百五十日元的新香餃子。炸納豆是把納豆放入豆皮裡面炸，而新香餃子的餃子皮則是用白蘿蔔片做成的，兩種都和啤酒很搭。

19　一九一七～一九八六，知名實業家。

20　David Hockney，九三七～，英國同志藝術家，在繪畫、攝影、設計等領域都有傑出的成就。

桌子很大的山形料理餐廳「茂吉」。

花街的石板小路。

茂吉雖然是大眾居酒屋，桌面卻很寬敞，無論點多少道，盤子都不會從桌上掉下來，真讓人高興。在大約一坪大的桌子中央，有鹽罐、牙籤罐、七味粉等，就像一幅靜物畫。我們加點了春柴魚的生魚片和比目魚，喝了六罐惠比壽啤酒。

小鎮特色鮮明。

這裡不像銀座那麼裝模作樣，沒有淺草般的庶民感，也缺乏月島的懷舊氛圍，而是隱藏在後巷中，因為文化傳統而充滿了魅力，這正是公認的東京。

由於還想喝啤酒，順道去了新潮社附近的啤酒專賣店BRUSSELS，喝了比利時奇美紅修道院啤酒。

這間店從挪威的Ski啤酒到義大利莫雷蒂啤酒都有，蒐羅了世界各國的啤酒，無論哪種味道都很濃郁。但櫃檯的女店員很冷淡，不太理會客人點餐，一直在和其他同事說話，這種無視客人點餐的特色也很像比利時咖啡店的風格。

專太郎微妙地佩服道：「真的好像在布魯塞爾。」

在初次造訪的店家被店員冷淡以對，也是旅行東京的樂趣。

「才不會再來第二次呢！」

我一邊生氣，一邊對自己想來這種地方的好奇心感到焦躁不已。

## 神樂坂……其後

作為少數有石板路的城鎮，這是一個極富風情的地方。上等的居酒屋、壽司店、烤雞肉串店等都很熱鬧，也是我在東京最喜歡的一區。山田紙店的稿紙一樣是五百日元，我現在仍在這間店買稿紙，有黃色格線和深灰色格線兩種。旁邊咖哩店的納豆咖哩變成八百日元，毘沙門天旁的田原屋已經不在了，即使是從明治時起就開始營業的名店，消失時就像魔術一樣，說不見就不見，現在已經是服飾店了。伊勢藤現在是年輕的店主在主持，我們三人喝了兩大壺清酒，七千七百日元。大眾澡堂熱海湯有在賣洗澡組，毛巾、肥皂、洗髮精、刮鬍刀，放在塑膠製束口袋裡，二百二十日元。神樂坂上的茂吉沒營業了，但位於神樂小路的分店「茂—吉」繼承了本店，炸納豆五百日元，新香餃子一樣六百五十日元，職棒選手松井秀喜也是常客，聽說他還在巨人隊時，每次東京巨蛋的比賽結束後，經常會來這裡，店裡的櫥窗內還裝飾著他的制服。人生的悲歡離合今後還會在神樂坂的斜坡上，繼續上演著。

# 吉祥寺

井之頭公園是中央線上中產階級的休閒去處，而吉祥寺商店街，則是中央線的國高中生約會和散步的戀愛街道。

我三十年前還是高中生的時候，就已經是這樣了。我的夢想就是在井之頭公園乘著小船，和女朋友說著情話。

但這個夢想到現在都還沒有實現，所以我只要看到兩個年輕人一起搭著小船，就會一邊罵道：「可惡啊！」一邊丟

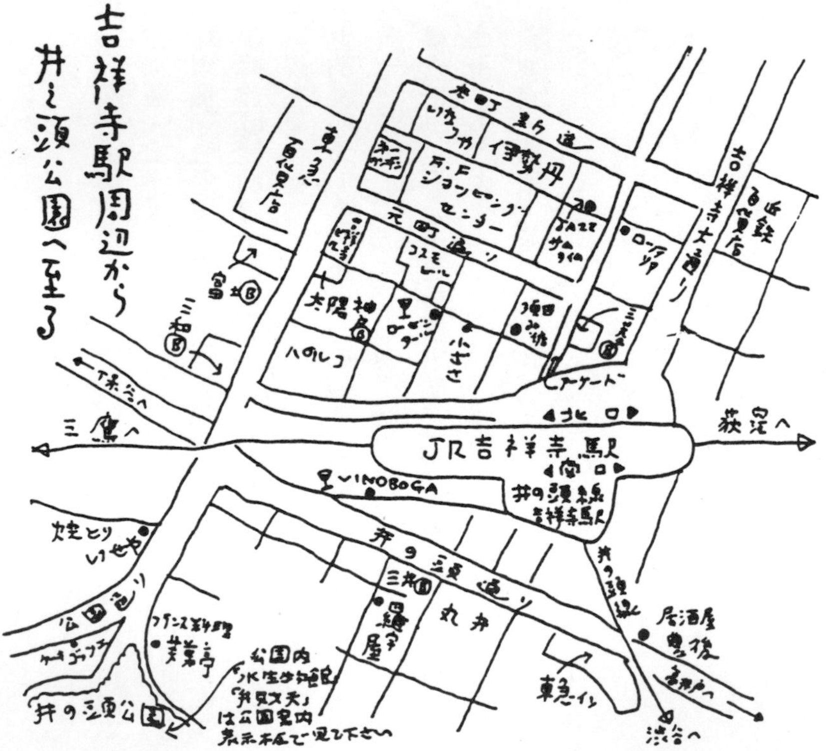

著麵包屑。

我還是高中生的時候，船一小時三十日元，但現在一小時三百日元，漲了許多，井之頭公園的小船是以便宜聞名的。

我會和同學來，一起搶划槳，或是故意去撞其他情侶的船隻。

我也曾拿著文庫本乘船，划到樹蔭下閱讀。那是屬於十八歲的時髦。一想到讀文庫本這件事，就會想起當時乘船的費用比一本文庫本還便宜。

事實上，我已經好久沒來井之頭公園了。十年前，因為賞花喝醉了，也因為其他一些緣故，我和渡邊直樹一起跳進井之頭公園的池子裡。那天是我和渡邊離開當時公司的日子，作為離職紀念，我們喝得酩酊大醉。

西裝被池塘泥水浸濕，是飄著水溝臭味的賞花，那時出現在村上春樹小說的岡綠也在我們旁邊。

離職的前三年，我和公司同事一起賞梅、詠俳句，然後把俳句寫在筆記本的卡紙上，並綁在梅枝上。那時的同事也都各自去了不同的公司了。

離職的前一年，我在公園的暗處和流氓打架，被揍了三拳，而我反擊了兩拳，總共損失了一拳。

那一年，嗯，該怎麼說才好呢。

✽

我和附近的朋友一起去了動物園，也帶了兒子去。我們帶了很多吐司邊，要拿來餵井之頭公園的鯉魚。塑膠袋裡裝了一個月分量的吐司邊。

從JR吉祥寺站的南口，沿著小路走到井之頭公園，中學時的塗鴉一一浮現在腦海中。

走下井之頭公園的石階，沿途開著白色的毛茉莉，路邊關東煮店傳來的香味和茉莉的香味交混在一起。

我們把在車站旁的麵包店買的麵包撕成碎片，撒給鯉魚吃。

池中有超過一公尺的巨大鯉魚，就像是沼澤中的潛水艇，背著泥水浮上來吃東西。據我所知，這個池子的鯉魚是東京最大的。其他還有鯰魚，鯰魚嘴巴張開的形狀是長方形的，撒給鯰魚吃的麵包被水鳥劫走了。

餵食動物會有一種奇妙的興奮感。不是用附近店賣的飼料，而是用自己準備的飼料，感覺就像是在地人。

井之頭池本來被德川家康作為神田的自來水，是提供江戶水源的水源地。池水從七個地方湧出，也被稱為「七井池」。

這一帶從繩文時代就有村落，水源富足，江戶時代是獵鹿的地點，曾作為皇室用地，然後賜給東京都。

在池邊突出的島上建造的井之頭弁財天。

搭乘小船的情侶很多。

我喜歡井之頭動物園分園的水生館，那裡可以看到日本小溪或濕地的魚類。

一進去就看到山女鱒和紅點鮭。

青蛙，漢氏澤蟹，珠星三塊魚，鯽魚，青鱂。

是哪裡都有的魚，並不是特別稀奇，但平常沒什麼機會能隔著魚缸仔細地欣賞這些水中生物。

這裡的水生館，儘管微妙地說是捕捉魚類，卻也把牠們飼養得很好，讓遊客很容易觀察。

珠星三塊魚閃爍著光亮。

平頜鱲好像很涼快地在游泳，牠的下面是田螺和紅腹蠑螈。

岩石在晃動，凝神一看，原來是山椒魚，而牠的食物泥鰍則睡在山椒魚的頭上。與食物共存，像一則短篇小說。

此外也有牙蟲、水蠆的水族箱。

日本琵琶湖的特有種鯉魚本諸子，以及扁吻鮈、鎌柄魚、天然保育類東京鱊。

還有和文豪M老師神似的鰱魚、和文藝評論家K老師相似的烏鱧、和女演員T小姐相似的紅鱒、和電視主持人O相似的田螺，以及和我相似的鰕虎，我一一觀察，完全不覺得厭煩。

館內員工在幫鴨子稱重，要怎麼量鴨子的體

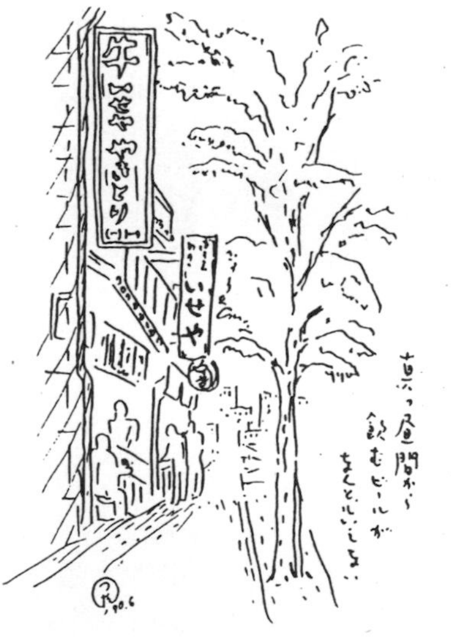

重呢？

答案是用算的。員工先將鴨子抱起來，一起站在磅秤上，之後再扣除員工的體重。看起來是理所當然的事情，但在沒有親眼見過以前，我是不知道的。

出了水生館，去了之頭弁財天參拜。十年沒來了，我一口氣捐獻了兩個五百日元的硬幣。井之頭弁財天，是在美術、工藝、文學方面都十分靈驗的福神。

我抽了籤，是第五十號籤，吉。上頭寫著：

▼雖然很辛苦但之後會順遂▼期望的事會達成▼戀情即將來臨萬事拜託了。

我花了六百日元買了戀愛護身符，放入錢包裡。紅色的弁天堂反射在水面上，從新綠縫隙中照進的陽光，閃爍著點點光芒。

水面吹來的風很清爽。

弁財天附近有湧泉「茶之水」，是德川家康喝茶用的湧泉，直到現在透明的泉水仍不斷冒出。

從湧泉邊進入小路，會看到野口雨情[1]的歌碑。小廣唸著花崗岩上的文字：

吵雜啼叫，黃昏時分，在蘆葦叢中的葦鶯，為他人作衣裳。

這是吉祥寺樂曲的其中一節，但「蘆葦叢中的葦鶯」這句，實在很難理解，這樣也不是，那樣也不對，推敲其中的文字，是一種樂趣也是一種考驗。在思考的時候，周圍的人越來越多，甚至有像美國人的青年抱著胳膊和我一起思考，真是奇怪，來散步的人，大家，都很閒啊。

看完了歌碑，去了烤雞肉串店伊勢屋。

吉祥寺的伊勢屋，在公園入口也有分店，但本店是有瓦片屋頂的復古建築，是吉祥寺的歷史古蹟。

一樓賣烤雞肉串，二樓賣壽喜燒。店主叫清宮正治，是我高中同學。在高二舉辦文化祭劇時，我是導演，清宮是主角，清宮的哥哥是四季劇團的演員，可說整個家族都很俊美。

伊勢屋的烤雞肉串很大，一串八十日元，雞肝串很新鮮，番茄冷盤也很便宜，是讓人無法動彈的美味。因為在北海道有清宮牧場，所以才這麼便宜。

1 一八八二～一九四五，詩人、作詞家，與北原白秋、西條八十被稱為童謠界三大詩人。

德川家康喝茶用的湧泉「茶之水」。

我喝完啤酒後，又喝了梅子燒酒。雖然我不知道他堅持維持便宜到不行的價格有什麼陰謀，但我一直怨恨清宮兩件事：

一是高二的時候，他看了我便當裡的烤肉，批評道：「真是廉價的肉。」

我一直耿耿於懷。

二是清宮有一個美人妹妹，他一直說：「幫你介紹，她曾經喜歡你。」卻一直沒有為我介紹。

因為清宮在店裡，我對他抱怨完這兩件事情之後才離開，記得十年前我也是講了相同的事情，然後喝著燒酒。

抱怨完這兩件事情後，我心滿意足地走出伊勢屋。

吉祥寺伊勢丹這邊的商店街，十年前有很多蜿蜒的巷弄，有許多能順道喝一杯的店家。

還有便宜的魚販、酒吧、烤雞肉串店、音樂咖啡廳、拉麵店。

十年後再來，儘管還留有一些當年的面貌，但這些店家幾乎都不見了。

我痛切地感受到土地商的可怕。

因為巷弄都不見了，我失去了對城鎮的方向感，只剩下在這一帶摸索的記憶漂浮在新城鎮的空氣中。

後站的「豐後」，鮟鱇魚肝很好吃。

現代爵士樂餐廳「SOMETIME」。

離開伊勢屋後，已經沒有任何想去的店了，無論是爵士樂餐廳、中華料理店、還是牛肉專賣店（這也是同學的店）或是古老的大眾居酒屋。

我站在從以前就有的，賣乾貨的土屋商店前，抬頭看著拱廊，嗅聞我青春的痕跡，淺入附近現代爵士樂餐廳SOMETIME的地下室。

走下光滑的石階，空蕩蕩地像是寬廣地下倉庫的店，就是SOMETIME。

說到吉祥寺的爵士樂，就想到放克，所以對我來說這間店一直很新潮，但這就是時間吧。SOMETIME有著紐約的氣氛，是有著古典風格的店，能夠安靜地喝著啤酒，我這樣想著，看著周圍的客人，大多數都是和我一樣的中年人，原來爵士樂的客人年紀也都大了。

離開之後，我又去了後站的豐後喝日本酒。這間店的鮟鱇魚肝，滋味就像摔角選手使出把人固定住的絕技一樣，四百五十日元的水煮沙丁魚也讓人不忍捨棄，酒浸潤五臟六腑。翻新後的吉祥寺非常無聊，但也因為如此，心在躍動著。

吉祥寺是屬於住在中央線沿線的「東京之子」的城鎮。隨著時代變遷，城鎮一下子就變了，但還是保有東京的色彩，一種任性胡鬧、具男子氣概、將錯就錯的輕佻。

在豐後的陰暗處喝著酒，我湧上「不知道要忍受這些流氓到什麼時候」的念頭，和小廣、專太郎一起吟詠俳句，然後寫在筷套上。但筷套後來在皮包中不見了，而我忘了詩句的內容。

## 吉祥寺……其後

井之頭公園一到假日，從家族出遊到男男女女、老紳士、裝模作樣的藝術家、未出道的藝人、嬉皮等都會出現，是東京人潮最多的公園。租船一小時六百日元，有用腳踩踏前進的船，但用划的才厲害。水生館裡小孩們興奮地奔跑著，水生館和公園對面的動物園有共通門票，四百日元。另一方面，井之頭弁財天則有許多老人家，只有這裡靜悄悄的，成為公園的異空間，戀愛護身符要一千日元。伊勢屋的同學清宮走了，但店內仍炊煙裊裊，烤雞肉串一串還是八十日元，應該特別受歡迎。豐後位在井之頭線下方，水煮沙丁魚六百日元，在店上方通過的電車咚咚震動，會加快酒醉的速度。SOMETIME有現場演奏，座位擺設的方式以演奏者為中心，坐在鋼琴後面的煉瓦製吧檯上聽著爵士樂。回憶紛紛甦醒。

# 國立

國立是日本第一個新興住宅區，建造者是土地商「箱根土地」的堤康次郎，也就是西武集團的前身。

堤康次郎整平武藏野平原，是在關東大地震的兩年後的大正十四年。隔年，大正十五年，國立車站落成。

以當時日本的眼光來看，三角形屋頂的現代車站、車站前的水池圓環、從車站前一直線延伸出去的寬廣大學路，彷彿是日本的歐洲。

如果沒有整平雜木林，是無法蓋出這樣的城鎮的。這塊地的中心，就是一橋大

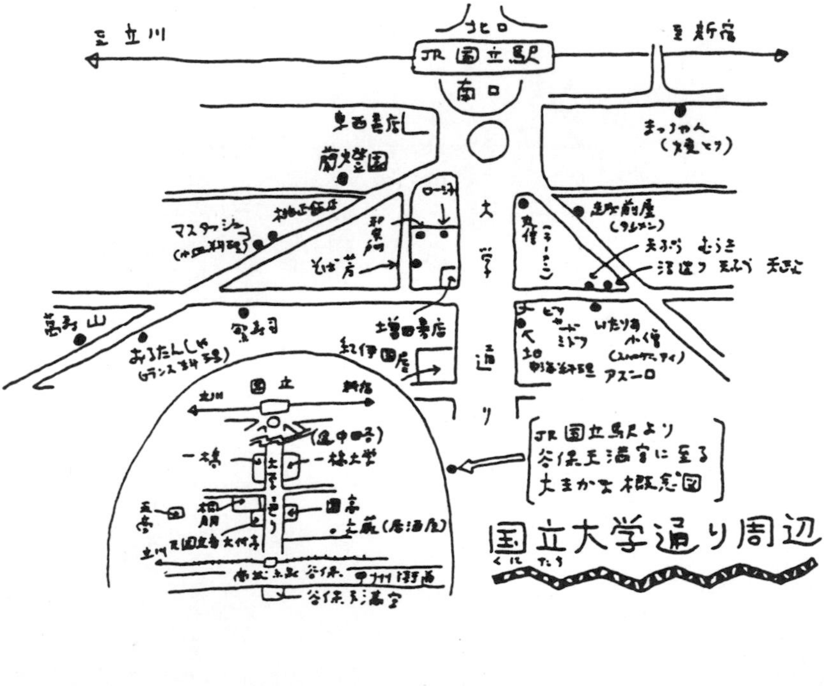

學和國立音樂大學。大正十五年，國立學園小學（堤為了自己的兒子清二所蓋的）與音樂大學落成，隔年一橋大學移往神田。

但即使如此，這塊住宅區賣得並不好，住在大學周邊的只有狐狸和貍貓。

國立的名字由來，是取自中央線國分寺站的「國」（kuni），以及立川的「立」（tachi），但只是這樣「國立」就要念成kunitachi，也太勉強了。相對的，有人認為日本原本就有叫「國立」的古老城鎮，然後才賦予了國分寺的「國」及立川的「立」，而這樣說的人，就是我。

之後，桐朋中高中、國立高中、第五商業高中等建成，國立呈現學園都市的樣貌。我搬到國立是昭和二十六年的事，那年開始，城鎮的名字從谷保村變成國立町。

那時我小學三年級。

車站前有名為Epicure的白色咖啡店、日通大樓，此外是一整片的平原。我住的地方，那時是新聞協會的土地，叫做Press Town，是報社的公司宿舍。《朝日新聞》、《每日新聞》、《讀賣新聞》的宿舍是分開的，我住在Press Town朝日區的一隅。

從那時起，開始有記者或學者住在國立，出版社、電視局、大學教授、作家、畫家、音樂家等也漸漸入住，走在鎮上會遇到當時赫赫有名的記者、學者或作家等，經常會有「啊，是他！」的驚訝感。

我和小廣、專太郎約在大學路的祖國茶館見面。祖國茶館於昭和二十九年營業，是象徵國立的文化遺產。老闆伊藤接曾是《讀賣新聞》的人，和山口瞳[1]同年，是山口的好友。

店內有夏卡爾、雷諾瓦等人的平版印刷，也有哥雅的。還有其他更好的東西，但因為太多了，不知道到底哪個比較好。

茶館的旁邊，是邪宗門咖啡店。邪宗門從昭和三十年開始營業，我還是高中生的時候，整天泡在店裡，狹窄的店內堆滿煤油燈、火繩槍、玻璃杯等古董，這間店也是真正的文化遺產。

從祖國茶館旁邊走過芳之路，朝繁壽司前進。這三間店，就是出現在山口瞳《男性自身》中的國立三名店。

由於小廣和專太郎要來，我開始煩惱起午餐要吃什麼。雖然是這樣說，其實是在煩惱要吃哪間拉麵店，因為國立的拉麵店和烤雞肉串店都是東京第一。

烤雞肉串店有《居酒屋兆治》[2]中的原型文藏和小松，還有我喜歡的柴先生。拉麵店有十五家在競爭，便宜的店一碗兩百八十日元，客群是學生，所以量多又美味。

車站前的拉麵店，有一個月前被週刊雜誌報導為東京第一的「味出」，還有它斜前方的店「湯麵」，這間被《文藝春秋》的拉麵Mook

1 一九二六～一九九五，作家，曾獲直木獎，代表作品為日記形式的《男性自身》，及以父母為題材的《血族》、《家族》等。

2 山口瞳的作品，一九八三年被拍成電影。

國立站，沒有變成車站大樓的時候比較好。

筆直寬廣的大學路。

評比為日本第一。國立站周邊都是便宜的店，味道又很好，如果在國立吃過、也不要求太高級的食物，就不會想去別的城市了。

最後我們去了我在哪裡都還沒有介紹過的，一間B級美食中華料理店。這間店的中華冷麵，毫無疑問是東京第一。

為了來國立的人，我再介紹一間小料理餐廳MUSTACHE，這間店的白蘿蔔沙拉很棒。MUSTACHE什麼都有，有法國料理、中華料理、和食、炭烤等等，店長很有活力，這間店是大學路上的法式餐廳FERMIERE的姊妹店。我是FERMIERE的粉絲，朋友來國立的時候，我就會帶他們去FERMIERE，不過一個人的時候則會選擇MUSTACHE，比較輕鬆。老闆曾我先生還想再開新的店。

在國立，地中海料理與法式料理的店有七、八間，無論哪間的水準都很高，因為曾經在青山、六本木開店的人們，收掉那裡的店，跑來國立開店，也因為國立的地價比較便宜，所以料理也便宜，價格是青山、六本木的一半左右，味道上佳。

我在青山一丁目有工作室，一個星期中有一半的時間都待在青山，平實地說，國立的餐點比較扎實。

寬廣的大學路兩側是櫻花行道樹。春天時，櫻花會將大學路染成粉紅色；秋天時，櫻花樹中間的銀杏會變黃，就像歐洲的大學城；夏天的風則搖晃著巨大

的柳樹。

在淺草隅田川沿岸散步時，專太郎是大搖大擺地走著，而這天，則換我威風凜凜地走著。

建材店的佐藤收一，是我在國立的朋友、桐朋高中的同學。高中的同學中有七、八人住在國立，但幾乎都搬走了，現在只剩佐藤跟我。

我打電話給佐藤，邀他一起來逛逛。他是在我的作品《夕陽學校》中登場的人物之一，也就是那位「國立少爺」。

雖然我也被說是「輕浮的少爺」，但這感覺是在國立這個「新興小鎮」上，度過國高中時代的少年身上才看得到的愚蠢後遺症。

我在大學路上的舊家飾店看見青花紋碗（八〇〇日元）。

這間店還有賣煤油燈、玻璃杯、白鐵工藝品、布、盤子等，專太郎找到一個銀製水壺的古董，以七千日元買下。我在國立以外的地方買過很多東西，但奇怪的是，在自己居住的小鎮的舊傢俱店，就沒有想買東西的欲望。

是因為覺得什麼時候都買得到嗎？

或者說，古董這種東西，就是要在未知的城鎮採購，才有樂趣。

買東西也是旅行的成果之一。

大學路上的羊工藝，是一間玻璃專賣店，有許多製品來自北海道小樽的北一玻璃，煤油燈、酒瓶、酒杯、量杯，全都散發著透明的色澤。

我喜歡玻璃，收集了許多玻璃的古董，二十幾歲時，買了許多沖繩的手工玻璃製品。

我買了一個兩百四十日元的跳房子用玻璃彈珠。

如果我有女兒，就會買玻璃耳環給她，一千兩百日元，在燈光下的圓珠閃爍著粉紅色。

透過粉紅色的玻璃珠看見的大學路景色，和輕井澤相似，也就是人造的自然，充滿歐洲風情。

和青山、原宿相似。

也和成城、吉祥寺相似。

關西的神戶一帶，也與這裡相似。

這裡疑似歐洲。明治以降，受到文明開化洗禮的日本人，到處在日本各地創造出歐洲印象，只要是稍微時髦一點的城鎮，都是歐洲風格。

對我來說，這種情形使我有些憤怒。

已經沒有日本傳統的香氣了。

這種缺點是新興地的宿命，國立之所以會受到全國矚目，也是因為國立是新興城鎮的樣板。

大正十五年以後，國立新市鎮，成為蓋新市鎮的指南。

搭著佐藤的車，我們去了南養寺與谷保天滿宮，南養寺和天滿宮

谷保天滿宮的參道一直延續到山崖下。

《居酒屋兆治》的原型，烤雞肉串店「文藏」。

是國立少數的文化遺產。

我從小學時起，就會去谷保天滿宮參拜，在德國大學留學的弟弟，也是在谷保天滿宮舉辦結婚典禮的，如果住在歐洲，更可以感覺這天滿宮是國立才有的東西吧。這麼說來，我聽說伊丹十三[3]夫婦也是在谷保天滿宮舉行婚禮。谷保天滿宮是建在湧水池的某個出水口（丘陵的崖下）。

我在天滿宮祈求「希望國立不要再增加法國餐廳了」，然後去了文藏。文藏的裝潢翻新，沒有以前店面的氣氛了，但味道與氣派都和以前一樣，《居酒屋兆治》被拍成電影時，高倉健[4]也來過文藏參觀。

文藏的燒烤就跟老闆的氣質一樣，非常海派，三人吃得超飽，總共四千三百日元。想吃文藏烤雞肉串的人，推薦從國立站搭計程車坐到谷保。

我們又搭佐藤的車，去了由國立耆老關頑亭先生的妻子所經營的帽子店。頑亭先生是雕刻家，也是裝幀山口瞳書籍的知名人物。頑亭很受女性歡迎，走在國立街道上時，會被女孩搭訕，他會一邊對女孩

關頑亭夫人經營的帽子店。

3　一九三三～一九九七，導演、演員，諾貝爾獎得主大江健三郎為其妹夫及摯友。

4　一九三一～二〇一四，男演員，為早期日本冷峻男子漢形象代表，也是《居酒屋兆治》中的演員。

子發出「去去」的驅趕聲一邊走路。感覺像是騙人的情節卻是真的。

我們又去了ESOLA畫廊，看山口瞳展，然後在繁壽司喝酒、在門外偷看邪宗門、去祖國茶館喝德國葡萄酒。雖然我喝到幾時都無所謂，但因為這裡還是離東京有些遠，我一直很在意專太郎和小廣回去的電車時刻。

## 國立……其後

曾是國立居民的瀧田祐[5]和山口瞳去世了，祖國茶館的伊藤接先生與烤雞肉串店小松的老闆也去世了，我的父親也去世了，國立變成寂寞之城。但關頑亭先生與烤雞肉串店文藏的老闆仍健在，大學路上開了更多的餐廳，和從前一樣仍是學生城，但是在國立的學生中，最多的不是一橋大學、桐朋高中、國立高中的學生，而是各種學校的學生。祖國茶館或小料理餐廳MUSTACHE、FERMIERE生意依舊興隆。舊家飾店、書店、文具店都和以前一樣，同學佐藤收一開了一間高級日本料理店「樂食一辰」，由日本料理界大廚齋藤辰夫大展長才，成為國立的名店。畫廊ESOLA的老闆關益男的同學，則開了名為「66食堂」的美式餐廳，國立成為考驗著美食家智慧的城市。

5　一九三二～一九九〇，漫畫家，代表作包括《寺島町奇譚》等描繪昭和時代氛圍作品，作品多次被改編電影和電視劇。

# 日比谷

　　帝國飯店大廳的咖啡是八百五十日元，加上消費稅、服務費，一杯要一千日元左右，這是日比谷一帶在平成二年的物價。帝國飯店的外國客人也好、日本客人也好，素質都像鄉巴佬，因為很多從外地來的客人，專太郎在裡面戴著黑色墨鏡走路的樣子很像香港間諜。大廳裡飄著咖哩香氣，雖然帝國飯店的咖哩有一定評價，但今天預定要吃松本樓的牛肉歐姆蛋包飯。

　　離開帝國飯店，走進日比谷公園的門口，實際上我已經有十年沒在日比谷公園散步了。十年前，我在入口的日比谷花圃，買

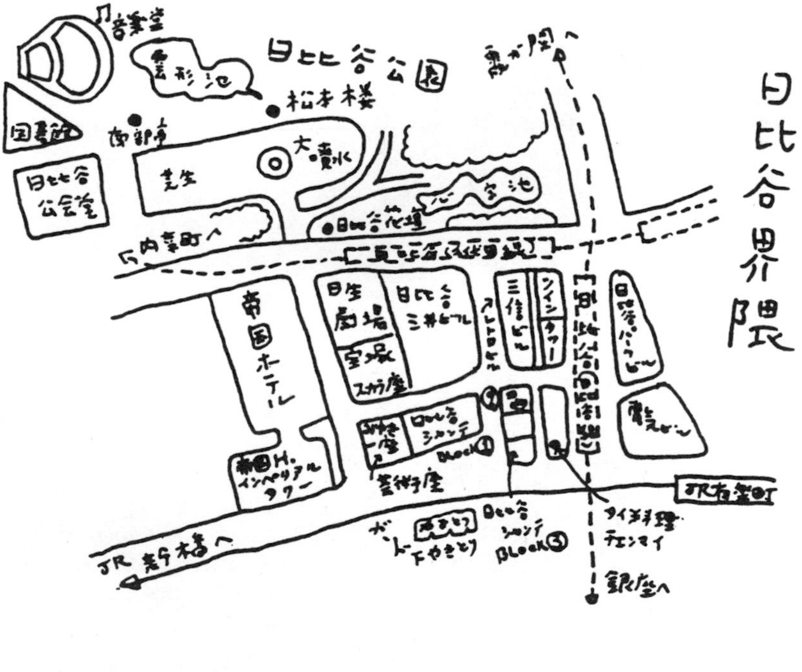

了兩枝牛奶色的玫瑰花，然後走去公園內的松本樓。

我看向日比谷花圃，那裡排列著白色蝴蝶蘭盆栽（一五〇〇〇日元），賣種子的地方，有賣小松菜、毛豆、南瓜的種子。日比谷公園的花卉很多，所以會有想買種子的人吧。

公園入口張貼著探險地圖，上面寫著公園的植物名稱及觀賞路線，專太郎挖苦著說：「這是給偷窺狂用的探險地圖吧。」

我想起了一位考上東大的高中同學，他在入學後跑來日比谷公園偷窺，巡邏中的員警抓住他，質問：「是哪間學校的？」他很高興地回答：「東大！」真不知道該說什麼才好。但我能理解剛考上，無論誰問都想炫耀的心情。

左手邊有小音樂堂，然後我們走進Park Center，有白色瓷磚的露天前院，我們點了炸扁口魚（一一八〇日元）和綜合三明治（四一〇日元），這裡很適合舉辦派對，我把這裡當作一般人不知道可以舉辦派對的好地方，記錄在筆記本上。

雨後的日比谷公園，繡球花嬌嫩欲滴，花圃中玫瑰的顏色也很鮮豔，樹群是濃綠色的。

走著走著，心情很好。

光是在有樂町的旁邊就有一座這樣的公園，這是東京的實力。

公園內的法式庭園，有許多花卉。

松本樓的歷史等同日比谷公園的歷史。

東京有很多綠色，東京的綠比起紐約、巴黎毫不遜色，皇居、明治神宮、日比谷公園……走過雲形池，穿過綠色隧道，就是令人懷念的松本樓。

這是我二十年前的約會地點。我和那時的女朋友，會在公司的午休時間開溜，約在這裡碰面。

吃的東西是咖哩或牛肉燴飯。

即使不講那麼久遠以前的事情，十年前這裡也舉辦過結婚典禮。

南伸坊[1]夫婦與渡邊和博[2]夫婦，利用Grill的二樓舉辦聯合派對，參加禮金是五千日元，前半段的主持是高信太郎[3]，後半段是嵐山光三郎，接待是糸井重里[4]，會計是村松友視，攝影師是荒木經惟[5]，燈光是赤瀨川原平[6]，會場招待是林靜一[7]，場內整理是篠原勝之[8]等，有

---

1　一九四七～，漫畫家、裝幀設計家、散文家。

2　一九五〇～二〇〇七，漫畫家、散文家，和南伸坊都曾師事前衛藝術家赤瀨川原平。

3　一九四四～，漫畫家，亦為電視、廣播評論家，同時也是知名的韓國通，致力推動日韓間文化交流。

4　一九四八～，散文家、作詞家、電子遊戲創作者，也是知名廣告人，曾為吉卜力系列動畫和西武百貨創作文宣。

5　一九四〇～，攝影家、當代藝術家，作品題材包括東京街景、女體、花、天空及人物肖像。一九九〇年代後，其作品獲國際注目，成為當代藝術史中重要人物之一。

6　一九三七～二〇一四，前衛藝術家，著作曾獲芥川獎、野間文藝新人獎等。一九八五年成立「路上觀察學會」，觀察街頭奇怪的建築物和廣告，在日本掀起路上觀察風潮。

7　一九四五～，畫家、導演，作品描繪女性之美，被譽為「當代竹久夢二」。

8　一九四二～，畫家、設計師、繪本作家，曾以《跑吧，海》獲兒童出版文化獎。

一百多位窮人參加。

雖然裡面多少有名的是村松友視，但值得記在歷史上的事件是結婚當事人南伸坊遲到惹來非議，以及篠原勝之沒給錢就參加婚禮。

恰好那時，三浦友和和山口百惠就在正對面的帝國飯店舉辦一億日元的結婚典禮。那邊是一億日元，這裡是一對新人兩千五百日元，不就是一人才收一千兩百五十日元嗎。

我們一邊想著「這到底是怎麼回事」，一邊粗暴地吃著咖哩飯。

其實餐點滋味不錯，但因為對面的帝國飯店有肥肝、魚子醬、煙燻鮭魚、法式清湯、菊苣沙拉等等，而我們這裡只有牛肉燴飯、義大利麵，雖然味道是上等的，涼風卻在背後沙沙作響。

我一邊回想著這些事情，一邊坐在Grill的一樓。

這裡和過去一樣，讓人感到愉悅。

粗壯的銀杏樹圍繞著的Grill，有著寬敞、普通的桌椅，店員也感覺很穩重。

我們點了八百日元的蟹肉可樂餅、一千三百日元的炸干貝、牛肉燴飯（八〇〇日元）和咖哩（五〇〇日元）。蟹肉可樂餅、炸干貝非常鮮美，讓人直點頭，這正是東京的滋味，牛肉燴飯也是，這已經是「會讓記憶融化、在舌尖融化」的滋味，我們只剩埋頭吃飯的聲音。

雖然東京有許多好吃的牛肉燴飯，但松本樓的可以進入前三名。咖哩飯也是令人懷念的滋味，充滿力量、充滿都市的品味。

松本樓於明治三十六年完工，與日比谷公園同時開幕。主廚是法式料理的頂級廚師協會「埃斯科菲耶會」的廚師，一樓的Grill卻維持便宜的價位，有這種遠見真是讓人感到高興。

正在吃牛肉歐姆蛋包飯的時候，從樹林那頭傳來「粉碎！」的示威遊行的聲音。雖然很模糊破碎，但呼口號的聲音也是都市的風情。日比谷公園有著把示威遊行的聲音化為抒情的力量。

松本樓在沖繩日，[9]那天被放火，是昭和四十六年的事情。兩年後重建，然後開始「十日元的咖哩義賣」活動。九月時推出十日元的咖哩（一五〇〇份），這是與日比谷公園一起成長的松本樓特色企畫。

松本樓的庭園前，有「賭上性命的銀杏」。來由是日比谷公園之父本多靜六博士，為了移植本來在日比谷十字路口的銀杏時，他說：「即使賭上性命我也要移植。」

明治的人很有骨氣。

雲形池的前面是野外音樂堂，我常常為了搖滾音樂會來這裡。我還對希臘悲劇的公演（東大希臘研究社）有記憶，專太郎則是記得泉谷茂的公演，而小廣則是記得野坂昭如的演唱會。

9 一九五二年四月二十八日，日本與盟軍和平條約生效，恢復獨立，但對沖繩而言，則是被本土背棄、被盟軍占領的日子，又稱「屈辱之日」。

這裡也曾發生過因搖滾演唱會太過混亂，導致人員死傷的事件。

因降雨而中止的舞台，就像夜間棒球比賽一樣。

音樂堂的隔壁是日比谷圖書館和日比谷公會堂，日比谷公會堂是歌德式的不朽建築，通過前方時，腦海中就會浮現被刺殺的淺沼稻次郎[10]的臉龐，茶褐色的公會堂與焦褐色的新聞畫面（殺手碰地撞上去，淺沼的眼鏡飛出，然後倒下）重疊在一起。

在記憶的斷層之上，也與法式庭園經常會出現的玫瑰重疊在一起。

日比谷公會堂的旁邊，是法式餐廳南部亭，是一棟有瓦片屋頂的房子，這裡的套餐評價很好（七〇〇〇日元），我把它記在下次想來的清單上，路過的青年對我們搭話：「你們是『老派東京』的人吧？」

我們不知為何用充滿朝氣的聲音回答：「沒錯！」

日比谷公園是青春洋溢的公園。

季節的花盛開著，有櫸樹、樟樹、山茶花、厚皮香、歐丁香、法桐、錐栗等，植物種類繁多，白尾灰蜻飛在空中。

六月的蜻蜓。

✽

《凡爾賽玫瑰》的門票全部售罄。

噴水池的對面是日比谷公會堂。

日生劇場正在上演寺山修司[11]的《國王的驢耳朵》，前方是寶塚劇場，寶塚歌劇團的花、月、星組演出《凡爾賽玫瑰》，門票全部售罄。

角色奧斯卡由月組、花組、星組之中的四人輪流演出，四人的奧斯卡扮相呈現在劇照上，這系統和日本全國的學藝會一樣，主角由數人扮演。

寶塚劇場的牆壁上有信手塗鴉，上頭寫著許多狂熱的話語：

「喜歡高汐巴，凰稀這個醜女去死。」

「真央好帥，我獻上我的生命。」

「杜毛秋[12]最棒，想要跟她在一起。」

「深愛著妳，請跟我結婚。」

對面的藝術劇場則有現代劇的演出。這一帶可以說是東京的百老匯吧。

以前的電影街，變成名為Chanter的大樓，國中時，我在這裡看過法國製片人庫斯托的紀錄片《寂靜的世界》。在東寶則有喜劇演員三木乘平演出的東寶音樂劇。

Chanter前方的廣場石磚上，有知名演員的手印與簽名，加山雄三寫著「永遠和你在一起」，其他還有石坂浩二、西田敏行、岸惠子、森光子等名字。一看就知道在笨拙地模仿洛杉

10 一八九八～一九六〇，日本戰後政界重要人物之一，於日比谷公會堂演講時被大日本愛國黨成員刺殺。

11 一九三五～一九八三，劇作家、導演、詩人，作品充滿魔幻寫實風格，具高度藝術性。

12 高汐巴、凰稀、真央、杜毛秋均為寶塚藝名。

磯中國戲院，感覺很羞恥，會被美國人瞧不起吧。

往下逃到對面的三信大樓。粗糙的土黃色大樓就像裡面有古董美術商或偵探事務所，周圍被防止瓷磚掉落的網子圍住。以前渡邊企業的宣傳部在二樓。

大樓裡，樓梯的大理石把手泛著黑色光芒，有五台舊式電梯，這裡也是東京的迷宮。

這棟建築與淺草的東京俱樂部相似，以前的大樓品味遠遠比現在好多了。二樓有名為「警察之友會」的房間。

從日比谷十字路口往有樂町站看過去，山手線的鐵橋是綠色的，鐵橋就像樹林，附近有泰國航空、ＡＮＡ、瑞士航空等航空公司。

從皇居護城河吹來的風，搖動著柳樹的葉子，吹過日比谷一帶，群鴉隨風舞動。

沿著有樂町站的橋下，有廣東料理慶樂、札幌拉麵芳蘭和錦江飯店，在這三間的其中一間吃晚餐，是我的日比谷約會行程。

不過這天我們在橋下的烤雞肉串店喝日本酒。

之後要去大井競馬場看夜間比賽。

有長長拱廊的三信大樓。

Chanter前方廣場上的手印和簽名，感覺很羞恥。

## 日比谷……其後

帝國飯店大廳的咖啡要一千零五十日元，客人越來越在地化。公園內日比谷花圃的蝴蝶蘭要二萬二千零五十日元，大、小蝴蝶蘭都有，日比谷Park Center的露天前院一樣熱鬧，啤酒五百五十日元、綜合三明治六百九十日元、炸對蝦一千四百八十日元，炸扁口魚從菜單中消失了。松本樓一樓的Grill生意越來越好，在公園內散步的紳士淑女會在這裡小憩，蟹肉可樂餅一千零三十日元、洋風牛肉咖哩七百三十五日元、很受歡迎的牛肉歐姆蛋包飯一千零三十日元，炸雞用搖晃的歐姆蛋包住，並淋上大量老店祕傳的多蜜醬汁，其他還有送禮用的咖哩調理包和牛肉醬，是人氣商品。名樹「賭上性命的銀杏」的枝枒也越長越好，每年也都還有咖哩義賣活動，一百日元的咖哩造成排隊風潮。南部亭的套餐有從七千日元到一萬五千日元共四種，活用食材，魚類料理的評價也很好。

# 根岸・入谷

一起來充滿廣告標語的城鎮走走吧。

我四處看看，就看到「根岸寂靜住宅」[1]。

根岸這一帶從江戶時期起，就被說是鶯啼處，有淺草、上野等大商店的別墅，文人也住在這裡。

我們約在根岸三丁目的餐廳香味屋碰面，今天的行程是在根岸附近散步，看看寂靜住宅，並在入谷的牽牛花市買牽牛花盆栽。

香味屋是在大正十四年開始營業的洋食店，吸引了對味道很挑剔的高橋義孝，義孝認為，說到和食就是柳橋的龜清樓，洋食則是香味屋。

香味屋的入口，柳葉搖晃著。柳枝上掛著入谷牽牛花祭的燈籠，上頭有白色的芙蓉花。

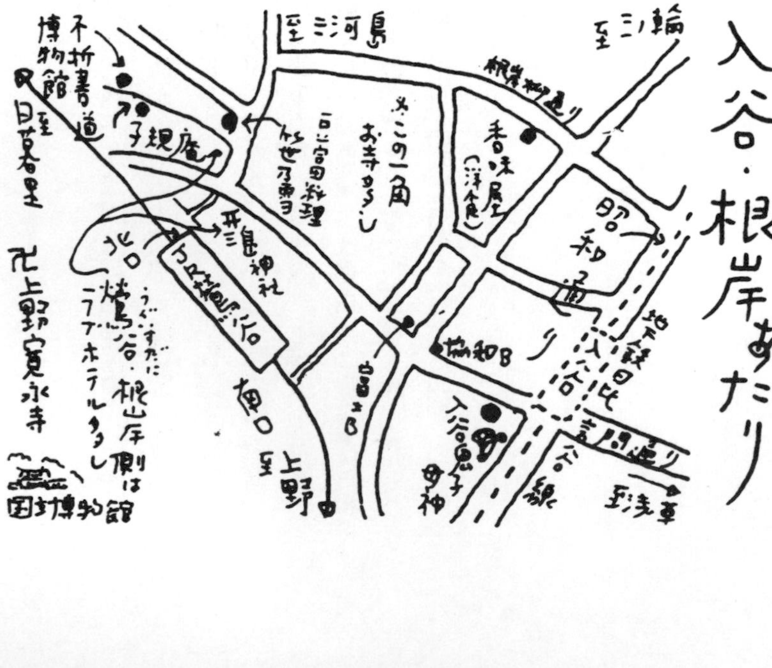

芙蓉木根旁，開著繡球花，花卉的擺設方式也是「寂靜住宅」的味道，樹幹頑強，雖然堀辰雄[2]說：「自然是模仿人工」，但植栽與花卉是「沉默的丈夫」，非常重視傳統與規矩。透過樹木與栽種的花，能區分出每個城市的風情。

說到香味屋，不能不提到兩千五百日元的燉牛舌。長時間燉煮的牛舌與香味屋傳統的醬汁交織在一起，口感柔軟、濃郁，放進嘴裡會慢慢融化，舌尖在跳躍。

只吃一口，就會享受地瞇起眼睛。

專太郎點的炸肉餅（一六〇〇日元），充滿肉汁，我們也不斷吃著小廣點的雞肉可樂餅、漢堡排三明治和洋食便當。

洋食便當是將食物放在兩個三層的漆器木盒裡，有烤牛肉、可樂餅、炸物、烤蝦、蛋、沙拉、香腸、烤雞等菜餚，將值得信賴的菜色各放入一點，是讓人怦然心動的味道。

這麼說來，從以前就有的洋食店，像資生堂餐廳也好、松本樓也好，都有當店獨有的深度，和創新的法國料理比起來，這些餐廳的味道骨架是強韌的。

料理是誠實的。

忠誠的味道深邃幽遠，令人懷念，使胸膛發熱。

而且這些店盛在盤子上的東西，也不給人威脅感。香味屋的料理放在白瓷的盤子上，高

---

1　此句同時也是慣用俳句的一部分，常在落語表演中出現。

2　一九〇四～一九五三，昭和初期新感覺派代表作家，吉卜力動畫《風起》即改編自其創作。

雅，價格又便宜。桌布是淡粉色的。

我們周遭的客人，大多是老人，二樓的座位都坐滿了。

香味屋一樓的玄關，並排著要給常客的牽牛花盆栽。

香味屋對面的高勢壽司前，也放著約一千盆左右，要給捧場客人的牽牛花盆栽，整體氣氛非常妖豔。

想寄宿在這附近，想住在寂靜住宅裡，內心深處湧上了這股念頭。

腦海中浮現正岡子規[3]的句子：

在澡堂裡，聽到的是牽牛花的傳聞。

來香味屋前，我們先去了入谷牽牛花市集。牽牛花祭開始時，從入谷十字路口到根岸一丁目的十字路口（約三百公尺），會成為行人專用道，但時間還早，光走路就快往生，大家摩肩擦踵，根本談不上買牽牛花。

滿滿的人潮，光是走路就很花力氣，而且傍晚回去時又沿原路再走一次，好不容易才抵達香味屋。

走進金杉路，人流減少，路上有很多具歷史感的店家。

洋食「香味屋」是傳統的味道。

柳樹搖曳的根岸一帶。

日用品店松本屋的倉庫、魚板店和泉屋，這些瓦片屋頂的房子都建於明治時期，走在東京，會經過從戰火中殘存的古老家屋。走在這些屋子坐落的巷內，隱約飄來的是明治的芬芳。

從香味屋所在的根岸三丁目，再走到鶯路，我們故意繞遠路去牽牛花市集。因為是鶯路，沿路有著畫了黃鶯的招牌，這也是「寂靜住宅」的感覺。路上寺院很多，寺廟旁是白色牆壁的下谷醫院。小廣嘆道：「這是我十年前住院的地方。」從醫院的窗戶可以看到墳墓，小廣的寂靜住院。

一旁的寺廟是真言宗的千手院，門前七夕的竹葉晃動著，再前面是蕎麥麵店鐵舟庵，我在三年前來過這間蕎麥麵店，裡面有山岡鐵舟[4]的書法。

我在路旁買了牽牛花的電話卡。上面有著紫、紅、粉的牽牛花圖案，以及入谷牽牛花祭的字樣，隔壁的店賣有牽牛花圖案的浴衣。

店家慫恿道：「花會枯萎，但圖案不會喔。」

我正猶豫要不要買而拿出錢包時，路過的婦人心動地靠過來說：「我也要買。」

3　一八六七～一九〇二，俳人、明治時期重要文學家，為夏目漱石摯友。

4　幕末到明治時期的幕臣、政治家、思想家，精通劍道、書法。

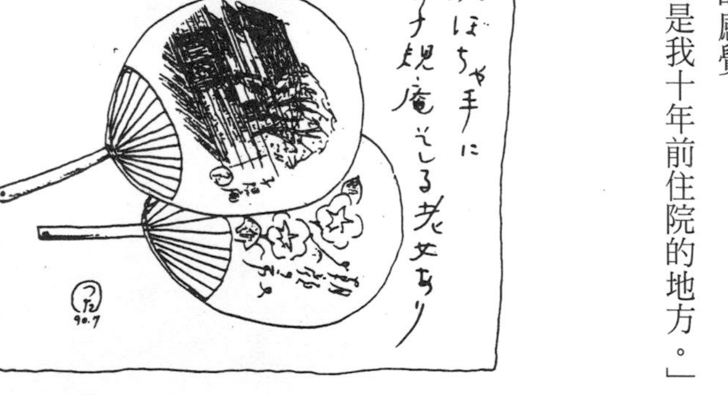

我因為被學了感到很掃興，沒有買就離開了。就是會發生這種事情吧。結果婦人又說：「你不買了嗎？那我也不買了吧。」

牽牛花祭的燈籠一盞盞亮了，黃昏漸漸降臨。

在路邊小學旁的根岸庚申塚上有水漬，由於拜的是猿田彥，塚上刻了三隻猿猴的石雕，代表「不看、不聽、不說」。

塚的隔壁，根岸小學的牆壁上貼有銀色的松樹，牆壁的另一面雕有松樹形狀的浮雕，寂靜住宅的根岸，從這一帶開始變成陰陽交界處。

大樓上，松樹的靜脈交織。

黃昏時分，漸漸可以看到奇妙的東西。根岸小學前有豆腐料理笹乃雪。

正確來說，是江戶名產「豆富料理」[5]。

根岸的笹乃雪，是明治、昭和文學家內田魯庵和獅子文六都稱讚的老店。元祿時代（一六八八～一七〇三年）開始營業，有悠久歷史，對味道很挑剔的專太郎頗富深意地說：「這間下次再吃吧。」

從笹乃雪旁進入巷子，朝子規庵走去。

正岡子規是寫《仰臥漫錄》、《病床六尺》的作家，也是主持根岸派短歌會的人，子規一直到明治三十五年去世前，都住在這裡。

掛著葦簾的木造平房小屋，門扉緊閉著。只有星期三開館，這裡和市川荷風舊宅的裝潢相似，非常質樸。如果沒有「東京都史蹟」的看板就會錯過。

從縫隙中偷看房子裡面，看到小小庭院中，開著白色的芙蓉花，聽說屋內展示有子規的遺物，我們正在窺視的時候，路過的白髮婦人說：「這是很無聊的地方喔。」

附近的人似乎都這樣想。

子規庵的斜對面是書道博物館，這是畫家中村不折的宅邸，今天也休息。宅邸中有夏蜜柑的樹，果實纍纍，也看得到枇杷樹。

附近有男女幽會的旅館街，所以這一帶的古蹟都被愛情賓館包圍著。

聽說REST代表「休息」，LODGING則代表「住宿」。

附近的寺廟立起了七夕的竹子，有人在許願的卡紙上寫著：「希望能夠做愛（十次）。」

沿著逐漸暗下來的街道上，走到入谷的鬼子母神堂。陌生城鎮的黃昏，讓胸口局促不安。

如果能早一點暗下來就好了。

5 由於日本人認為「腐」字印象不佳，有些店家會以「豆富」稱呼豆腐。

根岸也被愛情賓館包圍著。

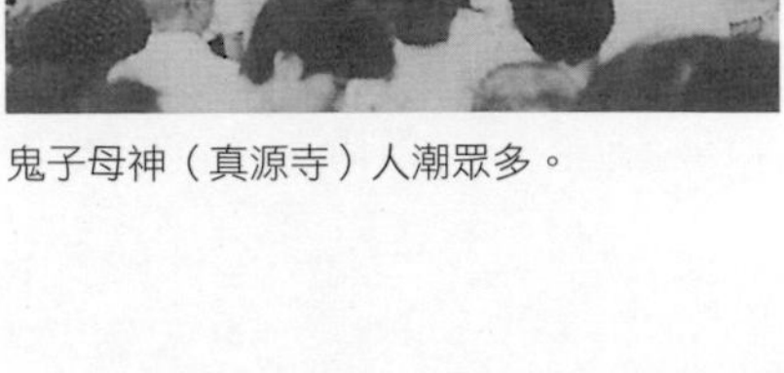

鬼子母神（真源寺）人潮眾多。

鬼子母神前的馬路上，有交通管制，變成行人專用道。

這樣比較好走。

「可怕入谷（誠惶誠恐）的鬼子母神」[6]。境內入口有一排牽牛花祭的燈籠，入谷警察署的麵包車停在一旁。

鬼子母神堂的道路上，約有五十攤在賣牽牛花的業者。

紅白的帳幕下有電燈，架子上擺滿牽牛花的盆栽。

穿著慶典的和服上衣的賣家，熱情洋溢地叫賣著。平均一間店在三天內可以賣四千盆左右，五十間就是二十萬盆，三天內有二十萬盆的牽牛花被賣出，營業額是三億日元。

最常見到的就是將三種顏色的牽牛花養在同一盆中，牽牛花的藤蔓纏在盆栽中間的圓柱上。

其他還看得到蔦蘿松、矢車菊、桔梗、夕顏花、清子姬等名字，客製化的盆栽也有四千至五千日元的價位。

因為有宅配，我買了一盆三色牽牛花送到家裡。雖然我想要那個牽牛花的花盆，但提著花盆走路太麻煩了。

也有一個人就提了兩、三盆，但他們一定住在附近。年輕女孩對攤販說：「請幫我選兩盆好的。」

攤販一邊說「是是，選好的、選好的」，一邊挑選的樣子似乎很

入谷牽牛花市在每年七月上旬舉辦。

快樂。賣方與買方都像在遊戲。

也有客人抱怨：「都找不到別人手上的那盆。」或是攤販說：「不可以剪掉藤蔓喔！藤蔓會往圓柱上纏去，這是天性，水也不能加太多。」專太郎買了三色牽牛花，提著走。專太郎講解：「拿著一盆走著，感覺自己很了不起。」原來如此，提著牽牛花盆栽的人，大家臉上都是高興的表情，就像是完成了一件工作，神清氣爽。

在混雜的人群之中，堆著牽牛花盆栽的推車來來去去，切身感受到子規的句子：「從入谷出來的是牽牛花推車吧。」

大街上很熱鬧，有一整排賣著章魚燒、涼菸糖、味噌關東煮、彈珠汽水、水果糖葫蘆的攤販，然後在陰暗處擺滿牽牛花盆栽，這正是入谷的奇妙之處吧。

九號、十號是隔壁淺草的酸漿花市舉行的日子，下旬則有隅田川煙火大會。七月的這一帶，像浮世繪一樣熱鬧。

## 根岸・入谷……其後

走進根岸柳通，突然香氣撲鼻而來，前方就是香味屋。燉牛舌三千二百三十日元，炸肉餅

---

6 雙關語。由於「恐れ入谷」（可怕入谷）的發音和「恐れ入り」（誠惶誠恐）一詞相似，「恐れ入谷の鬼子母神」就變成俗語，表誠惶誠恐或可怕之意。

二千零七十日元，想帶父母來這間店以盡孝道。走到鶯路的寺町，小廣曾經住院過的下谷醫院已經消失了，變成用金屬柵欄圍起來的一片空地，蒲公英在風中搖曳，聽說未來會變成公園。笹乃雪的六道豆腐料理套餐是二千五百日元。子規庵變成只休星期一，比較容易造訪了，門票是五百日元，從子規過世的房間往外看，庭院懸掛著枯萎的絲瓜，子規絕筆的句子是：「絲瓜水也不及治好我一斗的痰。」我本來以為桌子是遺物，結果是複製品，真正的遺物會在九月絲瓜忌[7]時展出。書道博物館重新裝潢，門票五百日元，而且對面有林家三平紀念館、根岸三平堂。鬼子母神牽牛花市的舉辦日期是七月六日、七日、八日三天，只要聽到牽牛花的叫賣聲，東京的盛夏就到來了。

7　即正岡子規的忌日，九月十九日。

# 神田舊書店街

我從九段下散步到神保町通、駿河台下，這一帶是舊書街。

雖然只是大約一公里的街道，但土地商的攻勢猛烈。這裡是神田名產，被稱為書城的舊書街。我懷著現在若不逛以後就逛不到的急切心情，踉蹌地從俎橋走過。

可怕的酷暑。

流經高速道路下面的神田川，看起來是深綠色的，從以前灰色的河水到現在變得乾淨，有鯉魚和鴨子在游泳，但其實還是很髒。有人在神田川上泛舟而下，河川想必很臭吧，不禁同情他們。

河川美化都已經做到這裡了，明明再努力一下就

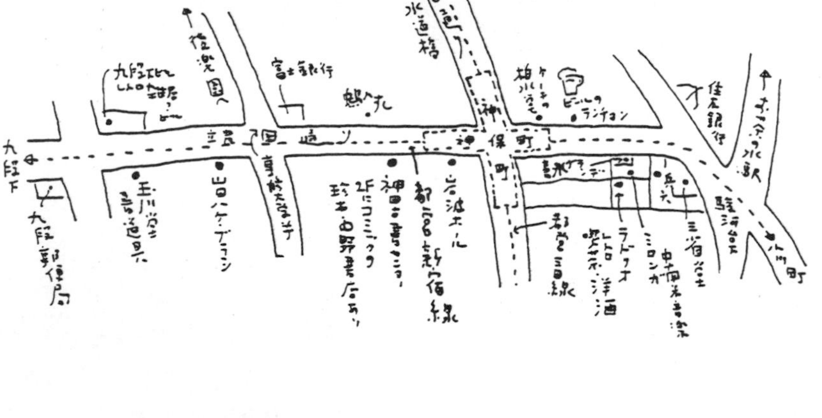

能讓河川完全變乾淨，但下水道仍不斷流出髒水灌注到神田川。

俎橋的對面是中根式速記的建築，正當我想著這附近的景色會改變時，舊建築與舊招牌就映入眼簾，也正因為覺得之後就會消失，所以在這以前都不會注意到的景色，變得惹人憐愛了起來。

天地食堂的歷史悠久，木製櫥窗裡有午間菜單，我凝視著排骨定食、漢堡、薑燒豬肉（附味噌湯）。食堂隔壁的書店結束營業了，三合板上寫著「停業通知」，請有需要的顧客移駕至大宮店。

它的旁邊，是企鵝文庫的建築，這間店也因為土地商的緣故歇業了。大正摩登的結構就是破壞，令人遺憾。

前方是筆墨店玉川堂，往玉川堂的櫥窗裡頭看，那裡有赤繪龍紋的陶硯，由於和永清文庫（細川家）[1]中所收藏的硯相似，我嚇了一跳。

帶著驚訝，我問了店家詳細的購買資訊，才知道是中國景德鎮製造的仿品。玉川堂是在文政元年（一八一八年）創業的老店，老闆齋藤彰去中國收購文房四寶，再把名硯用適當的價格賣出。

玉川堂原本是毛筆店，夏目漱石、永井荷風都是這間店的忠實顧客。走進店內，空氣中飄著絲絲墨香，客人的氣質都像文人，香味讓人打起精神。

小廣買了毛筆和便箋。

玉川堂隔壁的服飾店，正在進行結束營業的拍賣，一千五百日元的男性白襯衫再打七折。

這條道路上的店主們，都沒什麼精力，很難生存下去。這裡的地租不像話的高，如果把地租算進來，只是單純地做生意的話應該很難做下去，一間店的氣氛從店面就看得出來。

再前方是山田毛刷店。

這間店蒐集了各式各樣的毛刷，有各種用途，如裱褙、製書、皮革黏縫等。

此外還有料理用毛刷、唱片刷、衣服的清潔刷、寵物刷、按摩刷、頭梳、指甲刷、清掃風扇的刷子、人偶用清潔刷到牙刷等，從硬毛刷到軟毛刷應有盡有。

我買了一個圓形的塑膠刷（用來刷頭的那種），正當我因這間店對硬毛刷與軟毛刷的執著感到驚訝時，老闆出聲對我說：「這間店從江戶時代就有了，父母就是賣毛刷的，所以沒得選。」

然後一臉不甘心地指向玉川堂說：「但還是沒有毛筆店古老。」

老闆是純正的江戶之子。

從這一帶開始，舊書店就變多了。以前我曾用極為便宜的價格賣出難以割捨的書籍，看到冬樹社出版的《坂口安吾全集》全套，價格

1 位於東京都文京區的日本古典美術館，收藏舊熊本藩細川家的美術品、古董等。

活版印刷的據點能持續到何時呢。

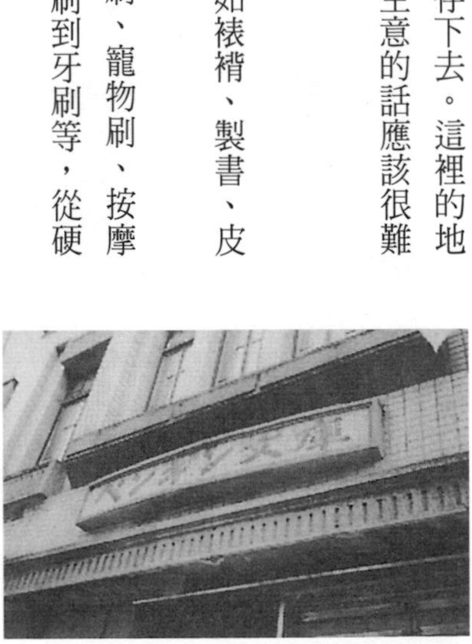

店家結束營業了，只剩招牌還在。

低廉，小廣為此發出嘆息。而《岩波講座日本歷史》二十三卷，價格更是低到不像話。平凡社出版的《大事典》十三卷，賣七千日元，這些全集像是從哪裡的圖書館收來的，書背有圖書館借書卡被撕下的痕跡。

小學館百科事典十三卷是三千五百日元，一本的單價在三百日元以下。這樣說來百科事典真是悲慘，一本不到三百日元，比運費還便宜，我不禁考慮到編輯的心情，這樣不如出版社買回去銷毀，還對書的名聲比較好。

進入舊書店，深深吸了一口氣，空氣裡都是香氣，像流浪在森林裡的悠遠香氣，也因為空氣很涼，鼻子不自覺擤了一下。

與此相對，賣新書的書店，則是甜味四散，是書的花園。

它們各自都有獨特的香氣，外文書專賣店又是另外一種味道。

外文書店有甘甜的香味，甘甜中又帶點油膩，像是歐洲的濃郁芬芳，油膩香甜的奶油味，置身在裡面的時候，會有奇妙的苦悶哀愁感。

當我走進外文書店北澤時，就聞到這種香味。只是看到「Shakespeare 1.2」，我就感覺自己置身在倫敦。

正當我這樣想時，就看到芳賀書店一樓的成人文學區中，攝影家篠山紀信的《TOKYO NUDE》混在其他包有封膜的書中。

明明只是走到神保町十字路口，五百公尺的距離我卻花了三個小時。

街道的密度太濃。

店的濃度又太厚。

所以只能一間一間慢慢看。

在路上逛的人多是學生，戴著中國解放軍帽子的學生，牛仔褲配運動鞋。

也有大學教授、學者。一看就知道是學校老師的人，戴著高近視度數的眼鏡，在書架尋尋覓覓，提著紫色的布包。

外國人也很多，這一帶的外國人都是樸素的學者類型，不像青山或六本木的外國人那樣華麗，但感覺很穩重。

這裡是學術之城。

也是堅持活版印刷人們的據點。

神保町十字路口有岩波劇場，正在上映波蘭革命家的電影《羅莎・盧森堡》，下回則是印尼電影《Tjoet Nja' Dhien》的首映。

劇場的後面是岩波書店，二十年前是爬滿常春藤的木造建築，現在的建築則長得像倉庫的靈骨塔。

被說像Q太郎[2]的小學館建築，雖然蓋好當時覺得「好厲害」，但現在重看，就是一棟隨處都有的建築。

小學館隔壁是集英社的大理石建築，這棟也暗暗的，出版社這種東西，簡單來說，無論如何都很灰暗就對了。

從神保町往駿河台下的道路，右手邊是舊書店街，左手邊則是各式各樣的店。

走在左邊，會看到民俗學家池田彌三郎推薦的糖漬栗子店柏水堂。前方是運動用品店，再往前走一點，我們進到Beer Hall・Luncheon。

在神保町散步，就要去Beer Hall・Luncheon，這是固定行程。客人都是從舊書店晃過來的，有許多看起來是大學教授的人。

寬敞沉穩的店，只有在神保町才有吧。喝著生啤酒，然後點了一千二百日元的黃油炸鮭魚、德式馬鈴薯，還有一千五百日元的炸蝦。

學生時，這一帶是理想的學術街，走在這裡就能變得聰明，我那時想要藉由走在神田舊書街，得到一些籠統的知識。

走在新宿時是流氓，走在澀谷時是神經病，而走在神田時是聰明人，因為城鎮的不同，會將不同的自己展現出來。

所以我的青春仍然害羞、感到難為情地在這一帶殘留著。

這裡曾是對活版印刷有理想、對學術滿懷希望的時代烏托邦，但

Beer Hall・Luncheon的店面。

鋼筆醫院「金筆堂」。

在網路時代的現在，烏托邦慢慢移至鄰近的秋葉原。

一邊喝著生啤酒，和小廣、專太郎好像很偉大似地議論著：「因為媒體發展所以發生這個那個的事情，也太隨心所欲了。」

從Luncheon二樓窗戶可以看到對面的舊書店街，店家像是古老油畫中的灰泥建築，一間間並排著。

走出Luncheon，去了瀧井種苗店，裡面有多摩川的河石展，形狀好的河石一個一千日元，最好的要八千日元，趣味橫生。

旁邊是金筆堂，名字取得真好。

上頭掛有「鋼筆醫院」的招牌，能夠修復壞掉的鋼筆。

架上陳列著都彭、威迪文自來水筆與萬寶龍等高級鋼筆。能調整筆尖，將外國製的鋼筆變得易於書寫日文字，也是金筆堂的特色，金筆堂做事細心，技藝精湛。

在戶外走得很熱，我們走了三步又馬上進入一旁的店裡。因為待在有冷氣的店家，步伐一直無法前進。

這間店有有川旭一的漫畫《平頭君》，要兩萬五千日元，手塚治虫的《平原太平記》是二十三萬日元，漫畫雜誌《GARO》（從創刊號開始共二百七十五冊），則是十六萬日元。

---

2 藤子・F・不二雄和藤子不二雄A早期合作作品《怪物Q太郎》的主人翁。

賣劇本的矢口書店，有《電影旬報》從創刊號開始的完整系列，順手拿起一本，是三百日元（一九八一年出版）。

逛到興致上來，就買了浮世繪。

浮世繪終結期的代表繪師豐原國周的芝居繪[3]三張一組，我買了七組。然後去隔壁的店，同樣的國周芝居浮世繪，要十五萬日元，我買得太划算了。這附近還有很多可以挖掘的浮世繪寶物，不過我不想太詳細地告訴大家，我想留著自己炫耀，心情感到雀躍。

書泉書店的後巷，有三間名店。

燒酒的兵六。

拉丁音樂的MILONGA。

咖啡和洋酒的LADRIO。

無論哪間店都很有格調、寧靜，都是優秀的店。我們在LADRIO喝啤酒，這裡就像用磚蓋成的古老洞窟，桌子搖搖晃晃，入口的木製門是古董。

戴著草帽的老人坐在吧檯的圓椅上，喝著維也納咖啡。這畫面還挺像一回事。

感覺是含著淚水的舊式時髦，我們相互舉杯無數次。

古老的名店在後巷。

## 神田舊書店街……其後

中根式速記建築被蓋上防塵網，後面的牆壁被鑿去，但仍頑強地存在著，不過天地食堂消失了。玉川堂的櫥窗內，有八萬日元的新端溪硯。靖國通在日本泡沫經濟崩壞後，土地商的攻勢沉寂了下來，但最近大樓建設又開始動工，感覺會改變城市景觀。大學的新校舍很顯眼。神保町十字路口附近的再開發，已經到了一個段落，但因為有東京Park Tower大樓、神保町三井大樓的聳立，小學館Q太郎建築的品味越來越好。作為世界最大的舊書店街，老店們卻很遺憾地一間間消失，不過新加入的店也在慢慢增加，進入戰國時期。特別是靖國通兩側的後巷中，有很多知名舊書店，位於瀧井種苗店的後方，作為新一波舊書店風潮的帶頭者，雜誌《彷書月刊》編輯部附近非常有趣。我常去的白山通旁的日本書房、專修大學旁的西秋書店，第二、三代老闆都還在持續經營。Beer Hall・Luncheon生啤酒五百九十日元，黃油炸鮭魚、炸蝦都是一千六百日元，午餐的漢堡與炸鮭魚拼盤是一千日元，很划算。

3 江戶到明治時期的浮世繪樣式之一，內容是歌舞伎或劇場。

# 九段・北之丸公園

我們約在九段下的壽司政碰面，三人點了五人份的高級握壽司，分量剛好，高級握壽司裡有芽蔥口味，如果花更多錢點頂級握壽司的話，就沒有芽蔥了。壽司政創立於一八六一年，有一百三十年的歷史，大正二年時搬到九段下。我還在公司任職時，這間店就在我的散步路線上，所以經常在這裡吃午餐。我在壽司政吃飯時總是白天，白天的酒，白天的壽司。

拘謹地坐在收銀台的老闆娘，是我認識了二十年的人。

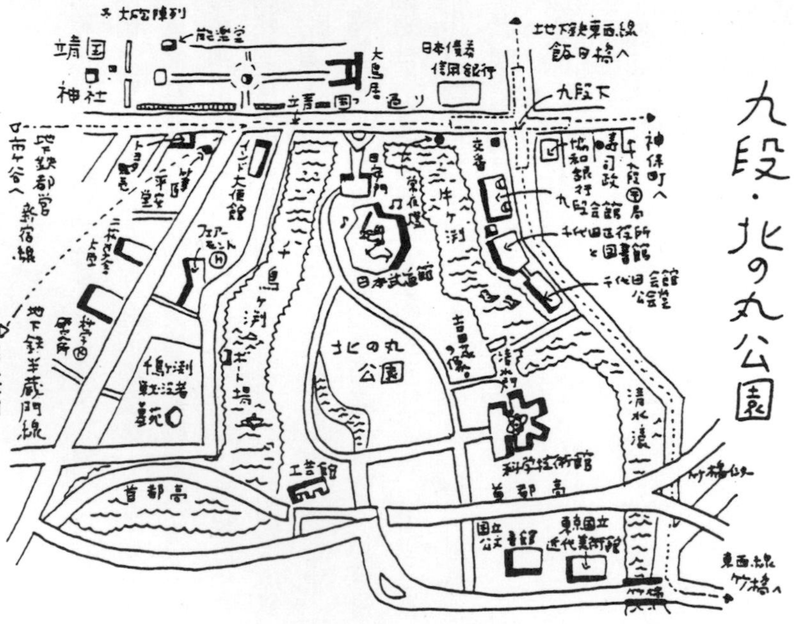

在壽司政填飽肚子後，我們走到竹橋，進入近代美術館。吃得超飽，大腹便便地走著，感覺很好。

我們看了手塚治虫展，此次展出一千五百張手塚治虫的原稿，館內都是年輕人，近代美術館好久沒這麼多人了。

除了原稿，還有《新寶島》、《火星博士》、一九四七年發行的《怪盜黃金棒》初版漫畫，以及《原子小金剛》，展覽非常充實，見識了手塚治虫的偉業。

我曾在阿拉斯加的機場看過手塚治虫，雖然想要簽名，卻不好意思。他的兒子手塚真，有成為日本史蒂芬・史匹柏的才華，以前的手塚迷，都會睜大眼睛注視手塚真的電影。

上到四樓，是咖啡店，我們在那裡喝冰咖啡。被禮品店的婦人詢問：「漫畫也是藝術喔？」我回答如果能像手塚治虫那樣的話，就是藝術。我擦著汗，看向玻璃窗外，卡車與巴士塞在高速道路上，車窗亮晶晶的。

高速道路沿岸的樹叢一片綠油油，生命力旺盛。

盛夏時分。

走到三、四樓的常設展。看完特展之後，正好可以來人潮比較少的常設展。

日本畫家古賀春江的春、岸田劉生的麗子像、速水御舟的牽牛花、小林古徑的玉米，每個都是在教科書或畫冊上常見到的作品。

速水御舟的牽牛花作品命名為〈拂曉開的花〉，是紅色的牽牛花。血色的花在未明的清晨，緩緩地綻開，是令人毛骨悚然的畫。

專太郎感嘆地說：「川端龍子的作品和我的相似。」

然後他看了橫山大觀的畫，則甘拜下風道：「大觀畫得比我好。」

大觀的作品是〈暮色〉。

離開近代美術館，爬上坡，會看到舊近衛師團司令部的紅磚建築，這裡變成近代美術館的別館，長期展出陶瓷、染織、竹子、樹枝、玻璃、漆器等工藝品。

造訪別館的人很少，可以悠閒地慢慢逛。從本館到別館途中，右手邊有內閣文庫，裡面有江戶幕府的和漢古書，我專攻的《徒然草》一書的原本，也在內閣文庫裡。

蟬像痛打我的耳朵那樣鳴叫著，既有「嗚、嗚」像電鋸的聲音，也有會使胸口緊縮的「唧、唧」聲，寒蟬混在裡面爭風吃醋。蟬之耳鳴。

從別館到科學技術館一帶，都是蟬蟬蟬蟬蟬蟬蟬，雖有深山幽谷的意趣，但其實這裡是東京的正中央，北之丸公園，也就是江戶城內。

樹蔭下，有機動隊[1]的車子停著，隊員正在讀書，機動隊員在這種地方讀著誰的書呢？偷看了一下，原來是漫畫。

國立近代美術館，常設展、別館都很有趣。

在武道館舉行少年柔道、劍道大會。

旁邊慢跑的男子經過，我看了時間是下午三點，在平日這種時間於皇居周圍慢跑的男子，到底是在什麼公司上班啊？

在這樣的酷暑中，汗流浹背、眉頭深鎖地跑著，是總在白天出現的行徑特異人士嗎？還是患了跑步病？恐怕是哪個政府單位的人吧！

科學技術館的門票是五百一十五日元，五層樓建築，展出自行車、電腦、電力、通訊、科學、食糧、宇宙探索等內容，十年前這裡曾有機器人展，後來就是現在這個樣子了。一樓正在舉辦「水」的展覽會。

在展覽會場可以免費喝到富山的水，問會場的人「日本哪裡的水最好喝」時，對方回答我：「故鄉的水。每個人故鄉的水都是最好喝的。」

原來如此、原來如此。這個人好像被問了很多次同樣問題的樣子，回答地很熟練，很有說服力。

在四樓看了地震秀，人很少，所以我一停下來，就有人上前為我說明，很難拔腿就走，對方還帶我看了地震時高樓大廈會如何搖晃的模型。如果是在都廳大樓的一樓放這個的話，應該會很受歡迎吧。又做了避雷針放電的實驗，才離開科學技術館。

北之丸公園就像熱帶叢林，夜晚應該很多情侶，但蚊子也很多。在白蓮花、紅蓮花、珊瑚

---

1 日本的武裝警察部隊。

樹、樟樹、麻櫟、櫻花之間，黑色鳳蝶飛舞著，拿著網子要採集昆蟲的少年走過吉田茂[2]銅像的下方。

白尾灰蜻飛著，蒸溽的夏天。如果沒有後方的大樓，這裡是上高地[3]，但這是一個四面被高樓大廈包圍的公園。

穿過森林，眼前是武道館。這棟建築似乎很讓外國人在意，我曾經好幾次被詢問：「這是清真寺嗎？」

武道館正在舉辦東京少年柔、劍道鍛鍊大會，柔道少年與劍道少年在入口進進出出。

館內充滿汗水，在武道館特有的氣味中，正舉行練馬對上三宅島的劍道團體賽，練馬以四比三獲勝。武道館地下室的武道餐廳，咖哩飯五百八十日元，日式拿坡里義大利麵六百日元，雞肉抓飯似乎是五百日元，價格什麼的其實無所謂，只是我有看到價格就記下來的習慣。

武道館入口正在招募警官，正確來說，是警官資格考的申請地點，這裡的警官也人手不足。被警官拜託說：「有適合的，就介紹一下吧。」

從武道館出田安門，覺得石牆真的很氣派，不愧是江戶城，我也去過鄉下的城下町[4]旅行，參觀城門，但比起來田安門還是比較高級，畢竟是江戶城。

這裡的護城河，春天會開油菜花，秋天會開彼岸花。護城河旁的燈座，也是常常在江戶浮世繪中登場的知名地點。

✽

我在九段的平安堂，買了紙和毛筆。

我有看到文具店就要進去的毛病。店內陳列著文房四寶（筆、墨、紙、硯）和紙鎮、硯水壺、筆筒、筆架、墨台、硯台盒等。

因為還要去靖國神社參拜，不能買太多。我以前散步時也會經過靖國神社，我會在梅花盛開的季節前來賞梅。

神社境內的商店，賣著玉音放送[5]的錄音帶、軍人敕諭[6]、教育

2 一八七八～一九六七，日本前首相。
3 日本長野縣西部的飛驒山脈南方的旅遊勝地。
4 江戶時代，以大名居城為中心的市街。
5 一九四五年由天皇所廣播的終戰詔書，因天皇的聲音被稱為玉音，又稱玉音放送。
6 一八八二年明治天皇親自向陸軍卿頒授的軍人訓誡。

平安堂，光是看到就很高興的文具店。

祭祀二戰往生者的靖國神社。

敕語[7]，也有賣陸軍軍階的徽章。

許多前來參拜的遺族會購買這些替代遺物。

社務所旁的看板上，寫著陸軍伍長的話：

「生前所說的話都是遺言。」

這個人在二十八歲時戰死：

「深深感謝生前的援助，我沒有遺言。」

我讀著這個就哭了。

境內也賣種苗，一盆三百日元。

梔子花、八角金盤、紅淡比、厚皮香、銀杏、金合歡、櫻花，都是在境內的植物園所栽培出來的，可說是神木。

上面說明：「在各地培育神木的種苗，希望能助國土綠化一臂之力……」

雖然不是很清楚，不過境內有戰艦大和號四六釐米主砲的砲彈，是裝備在陸奧軍艦上的砲，也有於嘉永二年（一八九四年）所鑄造的大砲，還有九七式中型戰車。

不過讓我嚇一跳的是，這裡有自殺攻擊武器載人魚雷「回天」，我到現在才注意到。專太郎評論這是：「戰鬥的單人房間。」

靖國神社境內的載人魚雷「回天」。

小廣說：「是突擊的膠囊旅館。」

無論哪種，想到要進去就覺得討厭，神風特攻隊從空中突擊有其美感，但載人魚雷只是潛伏殺人，令人毛骨悚然，討厭又可怕的武器。

「回天」旁邊的長椅上，貼有富國生命保險的廣告。我們一邊討論著如果靖國神社的椅子上貼著可口可樂、ＩＢＭ、美國運通之類廣告的話會很困擾吧，一邊走向九段會館。

九段會館就在壽司政的附近，等於我們繞了北之丸公園一圈。九段會館的頂樓有露天啤酒座，非常棒。

琉璃色的屋瓦，自成格調，是現在的其他露天啤酒座不能比的，眼前是護城河，其後是武道館，再後面是靖國神社的大鳥居。

在江戶浮世繪裡喝著啤酒，九段坂的空中花園。

夕陽很美，在橘色漸層的浮世繪中，札幌啤酒的燈籠搖曳。

啤酒五百五十日元，黑生啤八百日元、毛豆三百日元、總匯披薩六百日元。

蟬聲隨風傳來，夏威夷的曲子悠揚，都市的風吹拂著。

開心的是有穿著黑絲襪的兔女郎在。

沒有什麼好抱怨的了，也因為是九段會館，所以餐點的水準很高，在這頂樓喝著啤酒，我不禁感嘆著東京這座城市的厲害，科學、漫畫、英靈也好，全都被這座城市吸了進來。

---

7　日本明治天皇頒布的教育文件，為戰前日本教育的主軸。

## 九段・北之丸公園……其後

壽司政白天一人份從一千八百日元起跳。近代美術館的門票是四百二十日元，可以從外面進入附設餐廳，露天座可以看到皇居的平河護城河，內閣文庫現在是國立公文書館。科學技術館的門票是六百日元，商店裡滿滿都是科學玩具，為了不在孩子面前示弱，父親們都變成科學少年之眼。武道館地下一樓的武道餐廳的咖哩飯九百九十八日元，但味道不會讓人為之一振。文具店平安堂的一字印章很美，二千五百日元。從平安堂前的內堀路往南前進，左手邊會看到大樓的一樓，是從日本橋搬遷過來的山種美術館。靖國神社境內的商店，已經沒在販售玉音放送的錄音帶和軍階徽章了，而在境內的戰車或回天，展示在翻新的遊就館裡面，大廳有零式艦上戰鬥機、蒸汽火車頭等，從大廳入館的門票是八百日元。九段會館的露天啤酒座從五月中旬到八月末為止，啤酒（M）五百五十日元、（L）六百五十日元、毛豆三百日元、總匯披薩六百日元，想要盡情喝酒的話，喝到飽是兩小時二千日元，盼望已久的開幕之日來到時，嗜喝啤酒的人會全部蜂擁而至，在森巴舞者的舞步中，咕嚕咕嚕地喝空啤酒杯。

# 原宿

走在原宿感覺很羞恥。

會走在原宿的都是小鬼，聰明的高中生會避開這一區，原宿被視為是幼稚的城鎮。

這樣說完全正確。

即使如此，老實說，我還是玩得滿高興的。

真是嚇我一跳，原宿會讓人一頭熱，正是因為會讓人如此興奮，我懂了為什麼日本鄉下的男男女女都想要來原宿看看，簡單來說，因為這裡亂七八糟。

這種亂七八糟就像用麵粉和水，把巴黎、明治神宮、烏賊天婦羅、迪士尼、章魚燒和學園祭揉成一團放到鐵板上，然後加入大阪燒醬汁調味。

略微奇妙的焦味。

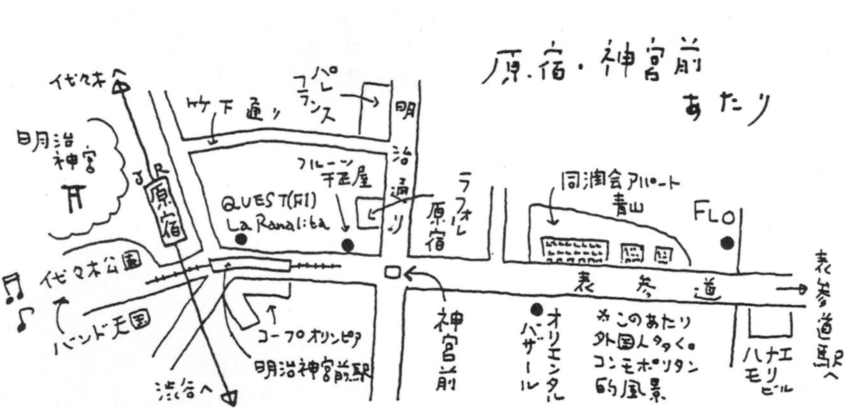

這是東京的壓力。

日本第一次出現這樣的鬧區，與新宿不同，與澀谷、池袋不同，也與六本木不同，原宿是閃電落下後化成廢墟的市場。

當我看到徒步區時，是這樣想的。

原宿徒步區的街頭表演，是從車站到代代木深町的十字路口，在奧林匹克通上，於星期天舉行。

非常奔放。

在我來之前，不知道這裡這麼讓人想上廁所。約一千公尺的奧林匹克通兩側，搖滾樂團排成一列演奏，有將近七十組的樂團，不，如果把擠到外面的人也算進去，可能有一百組左右。樂團的人將頭髮染成紅色或紫色，像海膽的刺一樣尖尖地立起，他們站在啤酒箱上唱歌，周圍的狂熱粉絲又扭又跳地手舞足蹈，非常驚人。

像是二戰結束後黑市的盛況。

路邊有許多巨大的音響，還有搬運音響的拖車，拖車上有樂團的名字，沒有寫名字的拖車大概是租來的吧。

每個搖滾樂團都各自演奏自己的曲子，聲音混在一起，不知道各自在唱什麼，音爆形成漩渦直升天際。

即使如此，每個樂團的粉絲還是像空手道一樣揮舞著手，或蹦跳著，像大姊頭的狂熱女粉絲，坐在車頂上，抽著Lucky Strike的菸。

老實說，這裡看起來像不良分子聚集的場所。走在路上都會碰撞到觀光客和粉絲們的肩膀，很難前進。這種盛況，是以前全共鬥[1]的遺緒。搖滾和龐克取代了意識型態，變得受歡迎；龐克頭和黑皮衣取代了全學連[2]的安全帽，成為流行。

道路不遠處，有奇妙的變裝五人家族正在跳舞。六十歲左右的父親吹著笛子，像魔法師的母親在跳舞，背著書包的胖女兒坐在一旁，精神感覺有些異常。

徒步區表演的演變歷史為：①表參道的暴走族→②竹之子族[3]→③搖滾族→④跟風族→⑤業餘樂團。

與其說和一開始比起來氣勢似乎沒那麼猛烈，不如說變得越來越瘋狂。這種徒步區風氣要延續到什麼時候，應該只有原宿警察署才知道了。接下來又會開始流行什麼呢？

外國觀光客非常多。

1　一九六八至六九年，發生在日本的學生運動，各大學內部紛紛成立「全學共鬥會議」，簡稱「全共鬥」。學生們罷課、占領大學校園，當時幾乎所有的學生與教職員都投入此運動。

2　一九四八年成立的「全日本學生自治會總連合」之簡稱，為二戰戰敗後，日本學生為展開教育復興運動所組成的組織。

3　一九八〇年盛行的原宿街頭文化表演，特色為演出者穿著極誇張服飾。

我來這裡的前一天，國立町內會的瀧田祐去世了，享年五十八歲。瀧田出生於寺島町，一直在創作和庶民風情有關的漫畫。

我來到原宿時還不知道瀧田過世的消息，是在與小廣、專太郎碰面的咖啡店裡，知道了這個消息。

我在森英惠大樓的露天咖啡座，從小廣帶來的運動新聞報紙裡，讀到瀧田的過世報導。

我非常悲傷，心情亂成一團。

我帶著這樣的心情，去了FLO。

FLO是巴黎的傳統餐廳，歷史悠久，布紐爾[4]、沙特[5]、阿拉貢[6]等人都有來過，是新藝術運動的店家，挑高的天花板、巴洛克風的石牆、還有吊燈，原宿店重現了巴黎店的裝潢，是現在的年輕女孩最想來的店。

專太郎點了蝸牛，我點鵝肝醬，小廣點蛤蜊鍋。店內裝潢豪華，但價格不貴，因為是由SKYLARK所經營的。吃了一口蛤蜊鍋的小廣說：「好鹹！」臉都皺了起來。我也嘗試吃了一口，結果鹽像電流痲痺了舌尖，我嚇到整個人往後仰。

「這鹽的分量加錯了吧？」

「原本這道料理不就是這樣？」

聚集日本年輕人的原宿車站。

戰前就存在的同潤會青山公寓。

「詢問的話好像也不太好。」

我們三人頭靠在一起竊竊私語地討論，最後決定將餐點全部剩下來然後離開店裡。我們把這道菜命名為「死海沿岸風格的超鹹燉鍋」。這間店應做不長久吧。

ＦＬＯ的隔壁是由大洋漁業所經營的海鮮餐廳MAN BOSE，再隔壁是樂雅樂的高級店Appetito，這附近有許多由知名企業所開的高級店。

表參道旁有同潤會青山公寓，幾乎全變成服飾店，也有畫廊、針灸醫院的招牌。

同潤會公寓是戰前的公寓，連浴缸都沒有，但還是有人住在那裡，是一棟搖搖晃晃的水泥建築。也由於破破爛爛的，乍看之下像組合屋，但其實還很堅固。

小廣二十年前想買這裡的房子，聽說要三百五十萬日元。但因為同潤會沒有浴缸，所以買了附近的古川公寓，古川公寓後來改名為PLAZA青山。

表參道的迴轉壽司元祿客滿。

迴轉壽司的隔壁，是像紅色平等院一樣的Oriental Bazaar。

和服七千日元、浴衣兩千四百日元、旗幟三千日元、盤子一個八百日元到十萬日元不等，

---

4　Luis Buñuel，一九〇〇～一九八三，西班牙超現實主義導演，代表作包括《青樓怨婦》、《中產階級拘謹的魅力》等。

5　Jean-Paul Sartre，一九〇五～一九八〇，法國哲學家、作家，為二戰後存在主義思潮領軍人物。

6　Louis Aragon，一八九七～一九八二，法國詩人、小說家、編輯。早年參加達達主義和超現實主義文學運動，後加入法國共產黨。

Oriental Bazaar很便宜。浮世繪的複製畫（寫樂的）六千日元（附框），這個很划算。

我買了畫有知名風景的明信片三張（七〇日元），富士山、櫻花、新幹線。由於殘暑還是很熱，開著冷氣的Oriental Bazaar十分好待。

我逛了一下Kiddy Land，看見對面有「反派商會」[7]的人在招攬客人，從這一帶開始有不好的預感。

我們走回徒步區的奧林匹克路，又嚇了一跳，耳鳴不管怎樣都不會停止。

徒步區的樂團，是最吸睛的。

很有一看的價值，原宿總有一天會成為荒原，而奧林匹克路，是平成二年的裂縫。

從這裂縫中，時代的毒噴發出來，這是東京的本性，溫和日本人被壓抑的本性，化成怪物噴發出來。

我們背對徒步區的樂團，走向明治神宮參拜。

踏著碎石路，前往外拜殿、本殿，但徒步區樂團的曲子所颳起的旋風仍然吹到這裡，許多曲子交混在一起，聽起來就像是「咚咚咚咚咚——」的瀑布聲，像是瀑布落到深潭時所響起的地鳴。

寶物殿正在舉辦紀念皇紀二六五〇年，歷代天皇肖像畫展。

傳統與現在的皮膜背對背靠著，這就是原宿。有許多外國人走在路上，三人裡就有一位外國人，歐洲人、美國人、阿拉伯人、黑人，各式各樣的人種都有，這城市像是巴黎或紐約，還有會被認為是日本人的台灣人、泰國人。在原宿，外國人是會移動的背景。

竹下通有許多藝人的店，隨便回顧四周，就看到可樂餅、Wink、宮澤理惠、聖飢魔II、CAROL、中森明菜、北野武、George Tokoro、BAKUFU-SLUMP、鶴太郎、山田邦子、酒井法子、加藤茶、田代政、山瀨麻美的店。

我們逛了塔摩利的店，T恤要一千日元，牙刷組三百二十日元、杯墊一百八十日元、襪子三雙兩千日元，在店門口有「禁止飲食」的告示。

占卜館內擠滿了高中生（二十分鐘，二一〇〇日元）與國中生（十五分鐘，一一〇〇日元），可以看手相、占星、塔羅牌、吉普賽占卜等，共十二間店，乍看之下，氣氛很像泰國的紅燈街。

占卜內容最多的是「戀愛的煩惱」，再來是「親子關係」、「報

7 由飾演反派角色的演員組成的團體，領頭是前職棒選手、演員八名信夫。

大受外國觀光客歡迎的「Oriental Bazaar」。

徒步區的樂團，受歡迎的程度也不同。

考」、「考試」等，國中女生、高中生一臉消沉，一動也不動地排隊等待。世上的父親們很有必要來這裡看看。

我一直處在驚嚇狀態，到這裡再附送一個讓人嚇到腿軟的事。我們最後走到表參道的義大利餐廳。既然來原宿，心想吃完義大利料理再回去吧，結果點了青醬麵和無醬義大利麵，卻因為太難吃眼睛都快要瞪了出來，是被蚊子叮的味道。

原宿是玉石混雜、老幼並存、黑市復活、餐廳詐欺、人種多元的城市，每天都是世紀末的學園祭，冷靜沉著的只有表參道路旁的行道樹而已。有一天這種模仿外國的虛榮城市，會延燒到東京的哪裡吧，或許是六本木一帶？

## 原宿……其後

原宿沒有徒步區樂團了，成為一座熱情冷卻後的城鎮——雖然我想這樣說，但其實這裡一如往常的喧囂。明治通正在做地鐵工程，聯結池袋—澀谷，預定二〇〇七年通車。同潤會公寓被拆除，正在蓋新的大樓，看了建設看板，這裡預定蓋一棟地上六層、地下六層的建築，設計者是安藤忠雄和森大廈，工程圍籬上種有很多植物，也有地

竹下通。人潮洶湧，很難前進。

圖及時程表。ＦＬＯ變成名牌店，表參道的義大利餐廳變成藥妝店。Oriental Bazaar仍然以沒什麼改變的價格賣著和服和浴衣，盤子依舊不貴，小盤子二百日元左右，大盤子也不超過一萬日元。竹下口的Palace France貼有停業告示，這裡的工程圍籬上是金融風格的人物照。竹下通的藝人店都不見了，占卜館變成高中生三十分鐘，四千日元；中學生十分鐘，一千日元。沿路商店流瀉出來的音樂、店頭大姊叫賣的聲音，以及警告強行拉客的廣播聲交織在一起，吵鬧得不得了。遠離此處走到太田美術館，才安靜下來。用在地下室的手帕店隨手購入的圓點手巾擦汗，終於覺得涼爽一點了。

# 人形町

因為想去人形町的喜樂吃炸牛排，於是和其他人約在東京車站的銀之鈴碰面。喜樂的炸牛排是很受歡迎的料理。

雖然從東京車站坐計程車去人形町，只是跳表一次的錢而已，但在八重州口等計程車的人就超過五十人。若從丸之內口出來的話，能馬上搭到車；但從八重州口出來，就要排隊等很久，而且只是去鄰近的地方會被計程車司機討厭的，所以我們走到車站旅館前的馬路上招車。在人形町十字路口下車時，才發現星期二是喜樂的公休日，門上的小

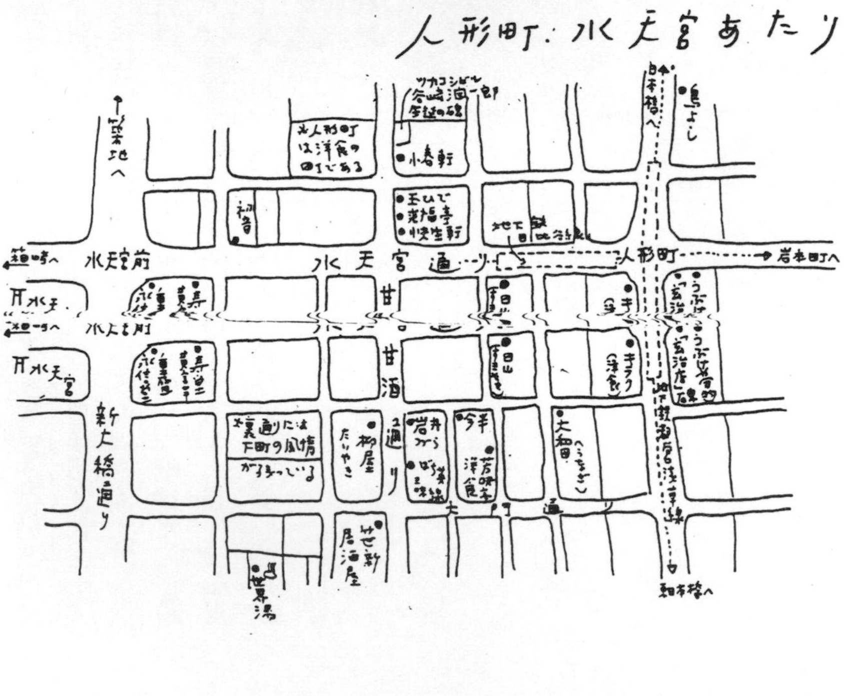

窗貼著紅字的告示，上頭寫著「手、臉不要靠近窗戶」。

既然如此，我們改去西餐廳芳味亭。芳味亭的燉牛肉（二四〇〇日元）能讓肚子非常歡喜，牛肉入口即化，長時間熬煮的美味熱乎乎的。

芳味亭是昭和八年就創立的洋食店。坐在榻榻米上、用筷子吃飯。一踏入玄關，香氣撲鼻而來，身體都輕飄飄了起來，我們上到二樓的座位，除了燉牛肉，還點了可樂餅（一〇〇〇日元）、雞肉飯（九五〇日元）、午間套餐（一六五〇日元）、豬排三明治（一二〇〇日元）等分著吃。

燉牛肉中加入了芹菜並搭配義大利麵，如果是一個人來，點上等便當（二三〇〇日元）的話，也會有燉牛肉。

這時的小廣已經胖了兩公斤，專太郎胖了三公斤，而我胖了五公斤。

午間套餐有兩尾炸蝦、漢堡肉、玉子燒、馬鈴薯沙拉，每一道都讓人讚賞，是令人懷念的古早洋食味。

從喜樂走到芳味亭的一百公尺的道路上，有壽喜燒店日山和今半、鰻魚飯店大和田等許多想去的店。這一帶老店林立，在東京奮戰到底的老店，都集中在人形町一帶。當走進香味濃郁的芳味亭玄關時，還看到八角金盤和竹子的盆栽，就像是新派劇的舞台。

走進甘酒橫丁，會看到岩井葛籠店[1]，整排的竹籠被貼上和紙並上漆，黑色葛籠的側面，

1 葛籠，一種傳統日式衣箱。

寫有德斯蒙德、亨利等外國人名，是外國客人下的訂單吧。

岩井葛籠店旁，是撥子英，這裡專賣彈奏三味線用的撥子。

撥子英的前方有鯛魚燒店柳屋，有八位客人在排隊，柳屋對面是中華料理店生駒軒，再過去是蕎麥麵店東嶋屋。傳來輕盈好聞香氣的，是森乃園的焙茶，店家正在賣剛煎好的茶。

人形町底蘊深厚，每間店都讓人想去，東張西望。如果是三個人同行的話，會不小心往三個方向走。

我們決定晚上在笹新喝酒。通過水天宮通，我們進入於大正七年開業的咖啡店，喫茶去快生軒。

喜歡探聽別人隱私的專太郎說：「這裡有美女姊妹在。」

店內開著冷氣，像白雪公主的美女服務生穿著大正時代的咖啡館圍裙（迷你裙）走過來。店裡坐滿了客人。

分量很多的咖啡（三五〇日元）是古早的味道，加了很多牛奶和砂糖，店內放著約翰・柯川[2]的歌曲，我發呆地看著美女姊妹，差點就弄翻了咖啡。

要離開的時候，我問美女姊妹：「誰是姊姊？」

她們說：「我們不是姊妹。」

專太郎亂說。

「快生軒」完全就是大正時代咖啡店的樣子。

「玉日出」的午餐親子丼非常有名。

雖然亂說，因為是美女就算了。

喫茶去快生軒的隔壁是來福亭，這也是一間坐在榻榻米上用餐的西餐老店。再隔壁是親子丼的發源地玉日出。

這裡是日本第一家做出親子丼的店，以前吃的時候是八百日元，味道稍甜。午餐時間的親子丼從上午十一點半到下午一點，然後就沒有了；晚上是雞肉料理套餐。

從十一點半開始，為了吃親子丼的人排成長長的隊伍。這間店創業於寶曆七年（一七六〇年），現在的老闆是第七代。店頭掛著「準備中」的牌子。

玉日出的前面，有酒店田五作，店前的看板寫著「藝者・東家田五作之店」，這一帶很多壽司店、酒店、雞肉料理店。

「只要是風流雅士都知道的東家田五作」，今日推薦的是奶油煎烏賊，店前有紅色的旗幟，上面寫著「九月十二日是免費日」。

現在還有「免費日」，真的還假的。

玉日出與田五作中間的甘酒橫丁的行道樹是楓樹。楓樹之間，還有梔子花、枇杷、茶花等樹，道路寬敞。

閒適的江戶之美。

玉日出的隔壁是洋食店小春軒，大正摩登的色彩濃厚，小春軒隔壁的塚越大樓，是谷崎潤

---

2 John Coltrane，一九二六～一九六七，美國薩克斯風手和作曲家。

一郎[3]誕生的地方。潤一郎的祖父在此地經營谷崎活版印刷廠，其妻松子所書的「谷崎潤一郎誕生之地」碑，就立在大樓的旁邊。我在看那黑色的石碑時，塚越大樓的女性工作人員走過來張望，說：「我不知道有這個呢。」

然後跟著一起凝望石碑。

旁邊有一個小小的雜居公寓，裡面有裏千家[4]、珠算私塾、一粒最中[5]、牙醫診所，這裡本身就是谷崎的文學世界。從雜居公寓右轉，還會看到賣最中的湖月和人形町藪[6]蕎麥麵店，藪蕎麥麵店前的玄關有藤棚，每間店都很酷。

通往水天宮的水天宮通上，有壽堂，我在那裡買了黃金芋，是一種表面塗滿肉桂、芋頭形狀的點心。店家提供我們冷麥茶喝，並拿出卡紙對我說：「請簽名。」

這種時候就是不要囉唆，簽就對了。簽完後，我們得到四個黃金芋，我才了解到我有畫圖的簽名板，原來值四個黃金芋。

再走一會，會看到人形燒店重盛，人形燒就是要在人形町吃。金幣形狀的豪華仙貝（兩百公克）是七百日元。

水天宮前的攤販在賣糖果，花生糖、鹽糖、咖啡糖、肉桂糖，還有切過的仙貝被分裝在袋子裡。

水天宮是奉祀治水與安產的神明。

境內有賣童裝的攤販。

水天宮通上，有孕婦裝的專賣店。

年輕的父親們，努力用手摸著子寶犬像。小廣想買御守給臨產的女性友人，結果被專太郎教訓：「不要買，又不是你的孩子，這樣會被誤會喔。」

水天宮前方就是箱崎系統交流道，是往成田機場的高速道路入口。我要去成田機場時，都從水天宮前的箱崎上高速道路，換句話說，人形町是日本與外國的交界之城。

水天宮境內前，皇家花園酒店和被漆成紅色的高速道路擋在前方。

返回水天宮通，順道去了賣刀具的初家屋，這間店在天明三年（一七八三年）就有了，有兩百年以上的歷史，我買了五百日元的指甲刀。

3 一八八六～一九六五，小說家，為唯美派文學代表人物，曾六度獲諾貝爾文學獎提名，代表作包括《細雪》、《春琴抄》等。

4 茶道的流派之一。

5 一種紅豆餡日式點心。

6 「藪」為蕎麥麵店的流派之一。

初家屋隔壁，是人形町的寄席[7]「末廣亭」的遺跡，這附近是以前的玄冶店，歌舞伎「刀疤與三」中，與三郎和阿富再度相會的地方就是玄冶店。

這裡有「高大的黑牆」與「越過黑牆的松樹」，以及好久不見的阿富，以前小學的時候，我不知道玄冶店的由來，只會一直唱「玄～冶～店」。

現在這個謎底終於解開了。

從玄冶店走到原吉原（以前的吉原）的大門路，在路上遇到樋口修吉。

江戶時代到現在的歷史經歷好幾層的塗改，使得城市的樣貌深沉，光是走在路上，就會深陷在城市的深度裡。

閒逛的時候，我們看到大眾澡堂「世界湯」，就走進去了。大眾澡堂是昭和的文化遺產，我一看到就會趕緊進去。

在櫃檯租了毛巾，澡堂的壁畫是富士山。

在散步途中敏捷地進入澡堂是一門訣竅，快速地洗個熱水澡，從進去到出來只花了十五分鐘。

離開世界湯時，已是人形町的黃昏，騎著自行車的豆腐小販吹著喇叭。

竟然有「免費日」的「田五作」。

水天宮。境內有賣童裝的攤販。

明明是日本橋人形町，卻感覺身在某個遙遠的城鎮中。

我哼著歌，進入居酒屋笹新。我們點了黑鮪魚生魚片和柴魚生魚片，炸竹筴魚是將剛炸好的竹筴魚沾上醬油。味噌口味的蘘荷要配酒喝。

雖然是十七人左右就坐滿的吧檯，但笹新是代表東京的居酒屋之一。

人形町具有深厚的包容力。

酒像晚霞般浸潤到胃中，時間一點一滴地靠近胸口。

我們又點了水雲、松茸豆腐，還有照燒紅鮒。

隔壁的客人在兜町的證券交易所上班，和我們搭話。我們和初次見面的客人悠閒地聊著天，聽說股票接下來會暴跌，日本會越來越不景氣。

有點無情的聊天內容。

酒很好喝。但這一夜我因為「一直如此幸運，這樣真的沒問題嗎」的想法，而變得不安了起來。

大眾澡堂「世界湯」的入口分成男湯與女湯。

7　日本傳統說書、表演才藝的地方，主要用來表演落語。

## 人形町……其後

喜樂的炸牛排一千五百五十日元，白天經常要排隊，所以要在晚上收攤前去，是在地常客才知道的祕訣。芳味亭的燉牛肉一樣是二千四百日元，可樂餅一千日元，雞肉飯一千日元，榻榻米座位很舒服，吃完就忍不住想睡午覺。柳家的鯛魚燒一百三十日元，外皮很脆。喫茶去快生軒的咖啡四百日元，是刺激著鼻腔的香氣，人也沒變，仍是兩位美女服務生。玉日出的親子丼仍然是八百日元，晚上的套餐從四千五百日元起跳。東家田五作搬走了。壽堂的黃金芋一個一百七十日元，重盛的人形燒一個一百一十日元，豪華仙貝（兩百公克）一樣是七百日元。水天宮境內有昭和四年門前一帶的照片，能一探當時的繁榮。初家屋仍是被時光銘刻的店鋪，指甲刀從九百四十五日元起跳。世界湯的湯溫設定在攝氏四十五度，暢快洗個熱水澡是散步訣竅。笹新吧檯的水煮魚顏色豔麗，銀鱈魚六百三十日元、鰈魚七百三十五日元，佐島的章魚八百四十日元，會彈牙，無論隔壁客人點了什麼，我都很在意，蔥鮪鍋的熱氣讓人暈眩。

# 大久保・新宿黃金街

二十年前，我第一次在新宿黃金街喝酒，在那以前，我不是在區役所路上的店，就是在爵士樂酒吧喝酒。

KIYO、明石屋、木馬、DUG、CAT，光是站在這裡，就有好幾間店浮上心頭。以前新宿的記憶是，伊勢丹、三越、東映、KOMA劇場、木造的紀伊國屋書店、父母親約會的中村屋二樓。

不過，新宿印象彷彿是由不同的區域所組成的拼圖，滿滿地塞在腦中，無論拿起哪一片，都有深厚的記憶。新宿是所有人的城市，這裡纏繞著多重謊言和薄倖，非常錯綜

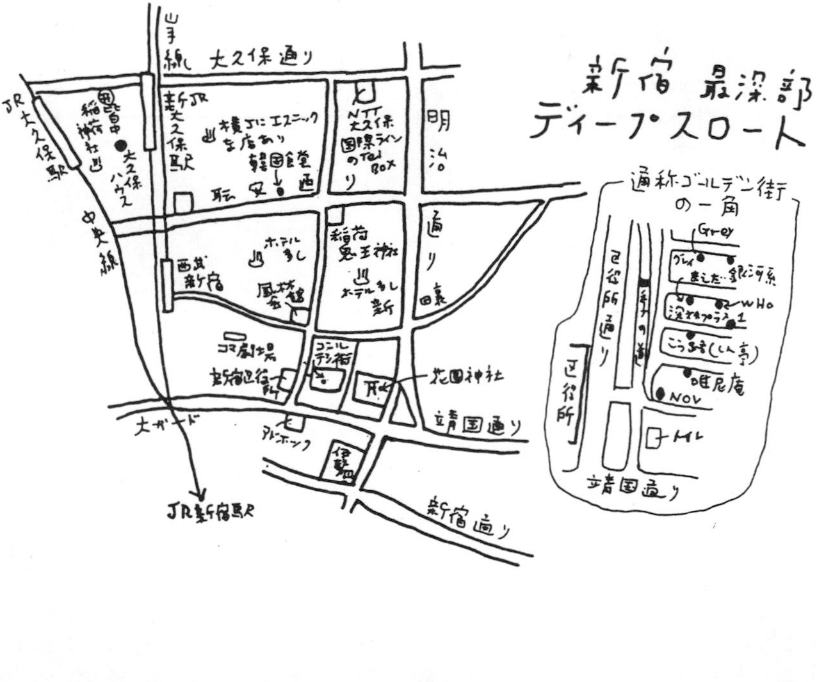

複雜，色彩鮮豔濃密又頑強，也因此身在其中特別令人眷戀。

雖然有許多地方可去，但我們最後還是朝著黃金街走去，到底是為什麼呢？

①對因為土地商而逐漸消失的區域的感情。

②昏暗狹窄的吧檯讓人感到安心。

③價格便宜可以連喝好幾間。

④與店內女子的私人情愛。

⑤在新都市中唯有這裡殘留過往的依戀。

我想只有這些理由了。但事實上，是黃金街所擁有的時代陰影吸引我前來喝酒。從前新宿擁有的黑市美夢與人生劇場，現在僅殘留在黃金街中。

黃金街愛恨交織，走過一間店、一條小巷，就有許多往事湧上心頭。過去的時間，張貼在被土地商封印的三合板上。

這一天，小廣、專太郎和我三人，呈現一個歪斜的隊伍，決定先繞遠路，再去黃金街。天空是庸俗的灰色，聽說這被叫做新宿的陰天。

新宿很適合陰天，是喝酒的好日子。我們從充滿汽油味的大久保二丁目十字路口出發，走在大久保通上。這條路上愛情賓館和公寓林立，住著新宿的賣春姊姊們。這裡燈紅酒綠，我也有二十年前徘徊在這一帶的記憶，小廣指著粉紅色霓虹燈的旅館，似乎很懷念又自豪地說道：

「我住過這裡兩次。」

我也想起來：「我曾經送過陪酒女郎到這裡的公寓。」

現在住在這裡的，多是從菲律賓或泰國來的女性，NTT前有八座國際電話亭。

國際時刻表上顯示了倫敦、巴黎還有馬尼拉的時間（比東京早一個小時），上面寫著打到馬尼拉是三分鐘一千零八十日元，因為打到馬尼拉的人很多，這裡的電話亭，是全日本最多可以打國際電話的地方。

路旁有置物櫃、燒肉店、台灣料理店、飲茶店、點心店、外帶壽司店、日語學校，還有三間教會。

走進小巷裡，會看到東京少年合唱團的木造房子，這裡有甲酚的味道，開著粉色的紫茉莉。小巷的盡頭可以看到新宿摩天大樓。

愛情賓館的服務時間從早上十點到下午五點，會在這個時間入住的情侶，都是買賣春的人。

專做外國人生意的 OKUBO HOUSE，是一間像公寓的灰漿旅館，懸掛著萬國旗，兩位外國人站在玄關交談。

往職安通的方向，有韓國食堂、雜貨店、美容院、泡菜拉麵、苦椒醬、韓國電影院、韓國教會、韓國雜誌。

走進韓國食堂，菜單上有韓文和日文，我們點了九百日元的韓國

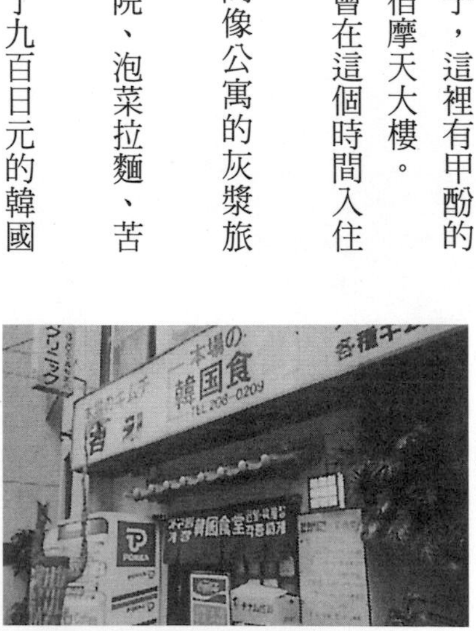


韓國食堂。大久保一帶很多韓國招牌。

飄著萬國旗的OKUBO HOUSE。

煎餅（韓國的大阪燒）、炒內臟、肉膾、海鞘生魚片，再追加燉牛筋（九〇〇日元），牛筋入口即化，一下就滑進胃裡，完全是首爾食堂街的氣氛，這裡也有賣馬格利（濁酒），醃鱈魚內臟（醃鹹魚）的味道更是強勁地拍打著胃壁。

還有兩天，黃金街小路的桃子就不做了（因為生孩子），專太郎還買了花束和紅酒要送給桃子。

走進職安通的小巷，菲律賓的姊姊們站成一排，像是以前新宿的紅燈區，也像色情電影的場景。大姊們沒有對我們出聲，很小心謹慎，是我們先問她們「多少錢」，而她們回答「三萬日元」。

拿著花束走到黃金街，但小路還沒有開，先去了街口的NOV，我上次來NOV已經是十年前的事了。

NOV的媽媽桑是信子，和我是老朋友。信子開店已經十八年了。明明已經十年沒來了，我和信子卻像只是三天沒見到面那樣聊著往事。信子是時尚設計師，十年前約好要做內褲給我，卻還沒有做好。

信子反問我說：「十年前你偷了我的醬油對吧？」

我感到很抱歉，走出店內。曾經是美人的信子也變成婦人了，而我也上了年紀。

信子的店裡，有在賣原平[1]畫的T恤，上面寫著「守護黃金街」。至今為止，還有賣過黑田征太郎[2]、林靜一[3]、瀧田祐畫的T恤，所得作為活動資金。

黃金街有一半都被土地商買走了，店關了三分之一。關店的店面前有M振興事業、O建設、N房地產等土地業者的看板，在結束營業的店家中間，仍有三分之二的店家在持續營業。這是異質的風景，黑市的權利於平成時代復活。

黃金街原本是攤販和餐飲業的黑市，昭和二十五年，成為做美軍生意的私娼街，是非法的紅燈區。

《賣春防止法》實施之後，這裡有一百五十間左右的餐廳，一間店面大小約三、四坪。

土地商開始收購這塊區域，是昭和六十一年的事了。昭和六十一年四月，原因不明的火災燒燬了七間店，大家都偷偷傳說這原因不明的火災其實是「人為縱火」。

おつかれさま!
'90.9.28
「こう路」のももちゃんも弟分にバトンタッチ

1　一九四三～二〇〇六，漫畫家。
2　一九三九～，旅居紐約的日本藝術家，曾獲講談社出版文化獎，作品中有著濃濃的反核及反戰思想。
3　一九四五～，生於中國滿州的日本藝術家，擅長和風美人畫，作品類型包括漫畫、動畫、繪本、散文等。

好的店家幾乎都消失了。

我常去的文庫屋，老闆娘小黑在店收掉以後，就嫁給了位於三越後方、Nadja的老闆安保，也是有這種可喜可賀的例子。

我會在文庫屋喝酒，然後叫黃金街上的長崎屋送拉麵外賣，但長崎屋也沒有了。

這裡曾有壽司店、蔬果店、雜貨店，但也都消失了，只剩下一些厚臉皮的店。香菸店不見了，岡留安則[4]經營的雜誌店不存在了，流連在這裡喝酒的瀧田祐過世了，熟悉的店家的媽媽桑也死了。

走在巷子裡，回憶起很多以前的事情。

像是招牌店爪八。這裡的媽媽桑小一，被說是黃金街的原節子[5]。我在這裡和熊（篠原勝之）喝酒時，塔摩利來了，造成很大的轟動，那是十五年前的事吧，後來就沒看過他了。

爪八的隔壁是同志酒吧真紀。我在路上碰到真紀大姊，他用沙啞的聲音對我說：「順道過來啊。」真是可怕。畫大濃妝的真紀也是我的老朋友。

我用眼神和真紀打過招呼後，走進前田，前田是黃金街的文壇酒吧，這間店常有人打架，我也和唐十郎他們在這間店打過好幾次。

實際上黃金街很常發生暴力事件，在暗巷踹人、用利器互毆、滿

黃金街的小巷裡，滾動著沉重的回憶。

新宿黃金街的入口。

身是血地走來走去。我也曾因打架被逮捕，從派出所坐著警車移送至四谷署，最後大家以和解落幕。

雖然不是經常，但還是做過一些危險的事情，也有因互毆、打架而變成朋友的傢伙，但現在的時代已經不適用這種愚蠢的方法了。

前田的客人素質都很差，所以前田的老闆娘非常可怕，客人經常被怒罵：「混帳！」前田老闆娘因為得了癌症，喉嚨開刀，出院後又繼續營業，在店裡幫忙的是唐十郎劇團的女演員。

出院後的前田老闆娘變得非常消瘦，像梅乾一樣。

坐在前田的吧檯時，會感到一半的血在沸騰，另一半卻很冷靜，並清晰地感受到時間的流逝。

現在回想起來，那時的暴力是很甜、很甜的口感。

離開前田後，去了小路。

專太郎不知道什麼時候去了別間店，只剩我跟小廣兩人。

✽

4 一九四七～，記者、雜誌發行人。
5 一九二〇～二〇一五，有映畫「四大女優」之譽，代表作包括《東京物語》、《晚春》等。

還有好多喜歡的店。

每一間店都有從前的氣息，進去裡面時，就是去見從前的自己。聽說會是桃子的弟弟小新繼承小路，在吧檯，我邊喝酒邊說：「還剩一天呢。」

許多熟客拿著花束趕來，小小的店內，堆滿了數不清的花束。

即使在聊了一堆有的沒的之後，還是有許多人拿花束進來。桃子生日時，專太郎曾送風信子過來，我將這件事情當作靈感，寫下短篇小說《G街的幽靈》。

在這間店發生過許多事情，明天晚上就是桃子正式說再見的日子。

曾有人說在新宿黃金街一邊喝著劣等酒，一邊蹲點的記者是最差勁的，這我也能理解。在這種暗處裡喝得醉醺醺地，實在很不像話，的確是如此。

我從吧檯站起來，想說「去內藤陳的深夜Plus1」吧。

因為那間店的客人都很冷靜，我伸了伸懶腰。

## 大久保・新宿黃金街……其後

皆中稻荷神社旁的巷子裡，能夠聽到澄澈的歌聲，那是東京少年合唱團的建築，這一帶留下了舊房子和公寓。OKUBU HOUSE不見了，那塊地蓋了福利設施。韓國食堂的韓國煎餅八百日元、炒牛筋九百日元，我點了九百日元的馬格利，分量大概是中杯啤酒瓶七分滿，我將酒冷卻，酒的酸味和料理的辣味於舌尖融合在一起。黃金街抵擋了上一波土地商的攻勢，開始復甦，雖然前田、ＮＯＶ都不在了，但小路再度營業，成為現在我很常去的店，媽媽桑桃子變得更加豔麗，小路在二樓，一樓是新亭，老闆小新是桃子的弟弟，也就是本書中幫忙導覽築地的廚師。新亭的菜色很見工夫，小廣常常在這裡喝酒，建築物內部這兩間店是相通的，所以在新亭喝酒，然後爬上店內的樓梯，就是小路。小路有一搭沒一搭地閒聊時，轉啊轉地，回憶的旋轉門就開啟了。

# 上野公園

上野公園是日本最大的城市公園。如果要將公園內的博物館、美術館、紀念館仔細地逛完，足足要花上三天的時間。要有足夠的技巧，才能在半天內逛完。

技巧之一是，一個館只集中看一個點，例如西洋美術館就是看羅丹像（從外面看免費）、科學博物館看木乃伊、國立博物館看光悅[1]的舟橋蒔繪硯箱。

另一個技巧是，在散步開始前，先去位於不忍池西面、池之端的伊豆

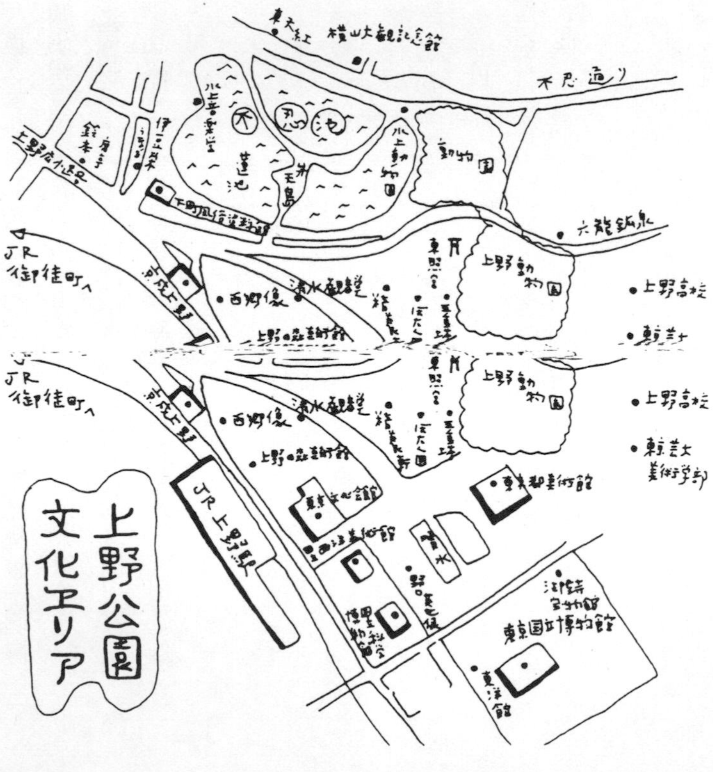

榮吃鰻魚飯。從江戶時代開始，兩百六十年間，伊豆榮專注在做鰻魚飯，這間店的鰻魚有江戶海口的清爽，而且有力量，是森鷗外、谷崎潤一郎、川口松太郎[2]等文人喜歡的多情滋味。

我吃了伊豆榮便當（二〇〇〇日元），生魚片和鰻魚飯的組合，吃完了就有幹勁。

走過不忍通，來到不忍池，這裡的蓮葉比人還高，滿滿一片，隨風搖曳，是蓮花森林，柳葉垂下的遠方依稀有大樓的影子。

景色幽美。

蓮池前是下町[3]風俗資料館。付了兩百日元後，進入裡面，可以看到明治末期的商店樣貌，有木屐店、長屋和巷弄，二樓則展示白鐵做的玩具，不過我對一樓的曬尿布情景嚇了一跳。館內有賣日光的照片，我買了一張。

台東下町祭正在舉辦的活動有今昔活動館、模型展等，模型展的審查委員長是岡本太郎[4]，一整排讓人驚嚇的物品模型立在池畔，非常離奇。

模型是根據遊客的投票決定名次，旁邊還有票選用的紙張，我忍不住想問岡本太郎那作用到底是什麼，但不要執著在這問題上比較好吧。

---

1　本阿彌光悅，江戶時代著名畫家、書法家、漆器革新者、刀劍鑑定家、園林設計家。

2　一八九九～一九八五，小說家、劇作家，為直木獎第一回受獎者。

3　指庶民區。

4　一九一一～一九九六，為日本享譽國際的前衛抽象派藝術家，最有名的口號是「藝術就是爆炸」。

我避開京成上野站恐怖的陰暗，來向西鄉隆盛的銅像打招呼。和西鄉銅像比起來，跟隨在旁邊的狗非常瘦弱，聽說狗是後來由別人做成的。

西鄉的銅像穿著草鞋，身著便宜的和服，聽說銅像完工時有被西鄉的遺族抗議過。雖然打造銅像的人想強調西鄉的清貧形象，遺族卻認為很羞恥吧。

上野公園有非常多的銅像，比起騎著馬的大將，西鄉像比較有人氣，因為西鄉像既是銅像又是藝術。

上野的森林，是明治文化的黑洞。

所以西鄉像也是藝術化的明治。

上野公園也有野口英世像（西洋美術館後面），他舉著試管，仰頭看向天空的一角，短腿粗腰、頭髮凌亂、嘴巴上邊的鬍髭、不合腳的大鞋、微胖的身材，和我滿相似的。

野口英世像下方的長椅上，有流浪漢正在睡午覺，旁邊的長椅上，有情侶緊緊抱在一起。

秋天的氣息滲入上野森林裡。

羅丹的〈沉思者〉，不自然的姿勢。

日本最大的城市公園。

我們到清水觀音堂參拜。

東叡山的觀音堂，就是比叡山的關東版本。

坡道和小觀音堂，都是京都清水寺的縮小版。回憶湧入，我還記得從觀音堂眺望出去的上野公園的春天很棒。

櫻花像森林大火似地綻放，夜櫻映照在不忍池上，從那裡聽得到從動物園傳來的獅吼聲，有點恐怖。

清水觀音堂有彰義隊戰爭[5]時的砲彈，還有因為戰爭而有彈痕的鱷嘴鈴[6]，將歷史完全承擔下來的觀音堂，同時也是知名的送子觀音。

由於本尊的觀音像將於十月十七日移走，所以住持推薦我再往上爬。

參拜完後，我們走到西洋美術館，看了威廉・布萊克的展覽。

威廉・布萊克是在倫敦平民區出生的藝術家，以詩人、畫家聞名，作為倫敦平民區商人之子的布萊克，和上野很搭。不慌不忙地快步走著，大約十分鐘就可以看完。

雖說是看特展，卻只是從這走到那，非常不像話。我們快步走著，只看比較吸引人的部分，這是文化集團的行為（暴力集團的對比稱呼）。

很順利地只花十分鐘就看完了布萊克，但接下來的常設展卻很花時間。雷諾瓦的裸婦、莫

5　又稱上野戰爭，發生於一八六八年七月四日，交戰雙方為明治新政府軍與舊幕府軍彰義隊，彰義隊幾乎全滅。

6　一種垂吊於佛堂正面的佛具。

內的睡蓮、庫爾貝[7]的〈落入陷阱的狐狸〉。

西洋美術館是我第一次接觸到西洋名畫的殿堂。在這昏暗之中，我享受著一個人的藝術體驗，沉浸在成為文化人的氣氛中，並嗅著巴黎的氣息，彼時閃閃發光的感動被喚醒。小廣和專太郎似乎也和我一樣，眼神回到了少年時代。

小廣看見美術館外羅丹的〈沉思者〉，潑冷水說：「右肘放在左膝上的姿勢真不自然。」我也嘗試擺了一下。

果然很奇怪，肌肉緊繃，感覺要拉傷了。這樣看來，這個雕像雖然是沉思的樣子，實際上卻是在比賽健美吧。

西洋美術館前是東京文化會館，我常來這裡聽演唱會。文化會館曾是眩目的純白建築，但久久沒見，這棟建築突然變得好髒，經過歲月洗禮後的髒汙和我本身的質變重疊在一起。

公園內有慢跑的人。

還有一群穿著深藍色制服的校外教學的學生，女高中生的頭上綁著五花八門的蝴蝶結，蝴蝶結在上野之森的綠林中飛舞著，讓人感覺離開高中時代只是上星期的事情而已。

走進上野動物園看熊貓，用機器買票，成人票四百日元。悠悠、東東、菲菲、歡歡，大家慢吞地來回走著。

小廣是第一次看到熊貓，像這樣落伍的人很多吧。住在東京的人請務必要來看熊貓，真正的熊貓又大又可愛，我在北京、上海、成都都有看過熊貓。

上野動物園的熊貓像住在南青山高級公寓裡，豪華的兩房一廳。熊貓館旁有大象，其上有無數的烏鴉飛舞，並「啊—啊—」地啼叫。上野烏鴉的叫聲不是「卡」而是「啊」，不斷重複大叫「啊—啊—啊—啊—啊—啊」，非常吵，令人火大。

我們看完熊貓後就離開了動物園，如果有時間的話，還想看河馬。如果河馬從水中離開，開始在陸地睡午覺的話，就表示秋天到了。在上野動物園，這是秋天的暗號。

然後我們又去了國立科學博物館，門票三百六十日元，本館一樓是恐龍館，我記得帶兒子來過。

另外還有二號館（探險館）、三號館（科學技術館）、四號館（自然史館）、五號館（航空宇宙館），這間博物館的實力是日本第一。逛完全部的話要花上一天的時間，但我們只看了自然史館的木乃伊，成人女性與孩童的木乃伊是由墨西哥贈與的，另外還有南美洲厄

7 Gustave Courbet，一八一九～一八七七，法國寫實主義畫家。

科學博物館販賣的化石和貝殼標本。

瓜多的人頭標本。

一號館正在播科學電影。

博物館地下室在賣化石，有三葉蟲（美國・猶他州）、菊石目（法國北部）、鯊魚牙齒（美國・佛羅里達州）的三合一組。鯊魚牙齒的年代是兩千五百萬年前，菊石目是一億五千萬年前，三葉蟲是五億年前。有國立科學博物館掛保證，所以不是贗品。

走出科學博物館，周圍變得非常昏暗，博物館、美術館開放到四點半，四點是最後入場的時間。

上野森林和庫爾貝的畫很像，森林畫出一幅西洋畫，我們穿過聞起來像油畫顏料的陰暗，進入東京國立博物館，這裡又被稱為東博，我還在公司上班的時候，時常會來這裡。

在博物館清冷的展示間中，存在著看不見的妖怪，祂們讓來參觀的人發瘋。

本館一樓展示雕刻、金屬工藝、武具、陶瓷；二樓則是繪畫、漆藝、書法；東洋館有東南亞、埃及、中國的美術作品，東博也是一座美的迷宮，要仔細逛的話能花上一天的時間。

比起舉辦特展，只有常設展的時候比較空，可以慢慢逛。由於館內正在準備日本美術名品展，沒辦法上二樓參觀。

東京國立博物館。美的迷宮。

被整面蓮葉覆蓋的不忍池。

我們走進一樓，櫃檯的老婦人什麼也沒說，就把「閉館」的牌子擺出來。明明還沒四點，真不愧是有東博勢力的老婦人。

沒辦法上二樓，我們就在陶瓷間觀賞光琳・乾山[8]合做的觀鷗四角盤，盤上有宋代詩人黃山谷遠眺鷗鳥圖，圖是哥哥光琳畫的，盤子則是弟弟乾山燒的，是夢幻逸品。有霉味的陶瓷間十分寂靜，是秋天的感覺。這種寂靜的時間與空氣讓人心慌，甚至想尋求慰藉。

因為思緒太混亂了，所以我們去看了秋草蒔繪，讓心情冷靜下來。

黑色木箱上有秋草蒔繪，是一個有金箔的黑色短冊箱[9]。仔細看的話，金箔的稻穗像在隨風搖曳，非常眩目，讓看的人感到月夜的不安，而秋草反射著月光，染上一層金色。

我不禁陶醉地發出「啊——」聲。

因為館內太過安靜了，在一片無聲當中，我聽到「唧唧」的聲音，我想那是蟲鳴吧。

我抓著小廣的肩膀離開，此刻需要喝啤酒讓心情回復。我們去了外觀有金鯱裝飾的東天紅，那裡正在舉辦上海螃蟹祭，一隻上海蟹兩千兩百日元。

從東天紅俯瞰不忍池，看著夕陽染紅了池塘，鴨子在池面上游水。我們繞了公園一大圈。寫著「江戶開府四百年慶典」的旗幟在風中飄舞，與蓮葉纏繞在一起。現在是吃不忍池蓮藕的季節了。

---

8 尾形乾山為江戶時代日本「三大陶工」之一，其兄尾形光琳為琳派藝術集大成者。

9 有三層隔板的攜帶式小木箱，用來放置茶具。

## 上野公園……其後

長年整修的上野車站終於完工了，車站內變成賣場，廣小路路口的高架橋下附近，設有「啊～上野站」的歌碑，透過歌詞所描述的援助團體就業，能追憶起當年上野站的樣貌[10]。西鄉隆盛像旁，多了一個說明銅像由來的介紹看板：「西鄉銅像於明治二十六年動工，由高村光雲所作」，上頭並寫著「敬天愛人」四個大字。清水觀音堂受理人偶供養，從三千日元起跳。伊豆榮的便當是二千六百二十五日元，鰻魚飯（松）是最便宜的，一千五百七十五日元。此處我大概說明一下公園內設施（常設展）的票價：下町風俗資料館三百日元、西洋美術館四百二十日元、上野動物園六百日元、國立科學博物館四百二十日元、東京國立博物館四百二十日元。上野動物園的熊貓有公熊貓陵陵和從墨西哥來的母熊貓宣宣，大家都期待在上野誕生第四隻熊貓寶寶。我也順道去了精養軒，店面重新裝潢，牛肉咖哩飯、牛肉燴飯都是一千三百六十五日元。不忍池畔的東天紅，十月、十一月是上海螃蟹的季節，時價為一隻二千五百日元。花半天逛上野一圈，是愉快的旅程，不過若能從這裡再加把勁，走去附近湯島的居酒屋紳助，會是更享受的時光。

---

10 這首歌原名為〈ああ上野駅〉，內容描述在上野站看到等待「團體就業」的少年們。「團體就業」為日本經濟高度成長時期特有的就業現象，從鄉下地方大量吸收低學歷的勞動人口，來到都市從事二級產業工作。

# 東京巨蛋

東京巨蛋是東京的新地標。

從家鄉第一次來到東京的人們，會選擇去原宿、澀谷，或是水道橋的東京巨蛋。東京巨蛋很受來東京校外教學的學生們的歡迎。

我因為買到了日本大賽第六場的門票，於是放下心來，只要等待比賽之日到來就好，但小廣卻有股奇妙的直覺，認為不會打到第六場（事實上也真的是這樣），所以我們又買了第一場的門票。

水道橋車站前，不斷湧入戴著棒球帽的粉絲們，人們被寫著「BIG EGG」的建

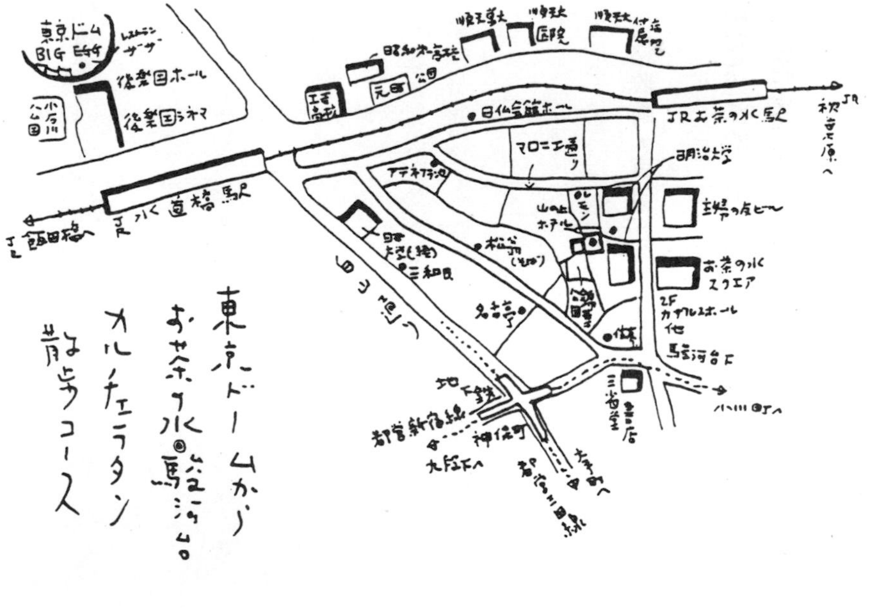

築吸進去。

從車站前的神田警察水道橋派出所，傳來有如黃鶯的女聲廣播：「請不要買黃牛票。」並且不斷地重複播送。

賣黃牛票的人則用蓋過廣播的嘶啞聲音說：「有票喔！」

黃牛票販形成誇張的人龍，因為今天是日本大賽GL決賽[1]的第一天，正是黃牛票販最賺錢的時候。

白天的東京巨蛋像巨大的海螺，這個海螺漂浮在名為東京的宇宙中，讓人聯想到UFO或太空船。

天花板瓷磚是三角形的模樣，由黑色、藍色、灰色、酒紅色所組成。來看比賽的人用雙手緊緊握著門票，一邊看著門票的號碼一邊走路，緊緊拿著的樣子，就好像門票是鈔票一樣。想必是非常辛苦才拿到的一張票吧。

「多～的門票、多～的門票。」

聽到這聲音，還以為是哪裡的同鄉會[2]，但其實他是說「多的門票」，也就是收購多餘門票的意思。聽說他們會用門票的半價或十分之一的價格收購，再用五倍的價格賣出，如果是日本大賽甚至會賣到十倍的價格。

黃牛票販公然在警察面前進行買賣，雖然這絕對是違法的，但如果只是收購多餘的便宜門票，再以高價賣出，則屬於自由經濟範圍。如果只是將空位賣給想要的人，算得上合理的行為，所以警察好像也不會抓。

比賽前要在哪裡吃午餐好呢？

巨蛋三樓屋頂下的*Zaza*，是著名的小酒館，聽說這裡的超辣家鄉咖哩很棒，還加入泰國椰奶，無法想像棒球場裡會有這種餐廳，牛排咖哩則是把咖哩淋在牛排上享用。此處雖然是東京巨蛋吃飯的好地方，但我們大意點了失敗的午間B套餐，而每一道菜都上得很慢，讓人焦躁不已，怕會來不及看比賽。

只有午間B套餐被吃剩下來，我們走出店裡，前往巨蛋。我身在巨大的貝殼劇場中，感到很興奮，有點羞恥。

黃牛票販一樣煩人地在身邊晃來晃去，我突然想到名為「販賣人生門票的黃牛票販」的小說。

結婚的門票、離婚的門票、入學的門票、就職的門票、自殺的門票，然而對於販賣各種門票的違法詐欺師來說，他自己的門票，又到底在哪裡呢？

我開始想像自己就是黃牛票販。

1　指讀賣巨人隊（GIANTS）與西武獅隊（LIONS）的比賽。

2　日文的「門票」（券）與「縣」（県）同音，乍聽之下容易誤以為是「〇〇縣」。

在看不見天空的球場裡喝啤酒，很沒滋味。

讓人聯想到巨大太空船的東京巨蛋。

巨蛋的觀眾席是坐滿的，從淡藍色的天花板降下白色的照明。綠色的人工草皮、深綠色的牆壁、藍色的座位。計分板旁，有巨大的電視牆，選手的表情會出現在那裡。巨人迷戴著橘色的帽子，西武迷中則有兩成的人坐在三壘方向的外野席上，揮舞旗幟。由東京都知事開球，比賽如期舉行。

突然間，巨人先發投手槙原寬已的球被打擊出去。

巨人非常沒用，整場比賽完全是西武的步調，巨人迷很沮喪。

看比賽的時候，感覺像在玩任天堂的棒球遊戲，雖然展現在眼前的是貨真價實的比賽，但還是沒有存在感，來回奔跑的選手和電視遊戲的角色們沒有太大差別，看起來像映像管內的設計圖。坐在看台的自己，也只是電視螢幕中的人偶。

賣麒麟啤酒的小販是穿紅色衣服，賣朝日的是藍色。啤酒大杯是六百日元，也有賣葡萄酒。

巨蛋的啤酒不怎麼好喝，因為看不到天空。在都市的啤酒景點中，原本棒球場應該是喝啤酒最好的地方。

巨蛋球場剝奪了球場的樂趣，換得即使在雨天也能打棒球的便利。

①看不見夜空。②所以也看不到星星。③沒有風吹。④不能抽菸。⑤沒有遼闊感。⑥啤酒不好喝。⑦沒有場外全壘打。唉唉。

這樣想的話，神宮球場比較好。對棒球來說，「因為雨天中止」是非常重要的一件事情。

大家是為了支持而去的，如果只是要看比賽，看電視還比較好。加油聲、嘆息、歡呼聲有淨化作用，並被無垠的天空涵納進去，意義同等於在露天劇場演出希臘悲劇。加油與拍手聲形成漩渦，升至夜空；輸了的不甘也一樣成為漩渦，被吸進空中，觀眾因而感到暢快，情感得以宣洩。

東京巨蛋則是巨大的密室，無論支持或悔恨都被巨蛋內部吸收，歡呼聲被悶在深處，真是可怕。

安打沒有距離感，選手也不像人，東京巨蛋只是一個名為球場的攝影棚，在這裡度過的時光，和玩遊戲、在神宮球場看比賽有本質上的不同。也就是說，和東京巨蛋匹配的不是運動，而是像「美空雲雀秀」、「麥可・傑克森秀」或是企業的「新產品發表會」。感覺對東京巨蛋來說，日本大賽也只不過是一個展示發表會而已。

我們在第八局，四比〇的時候，離開了座位，走出巨蛋。

走出巨蛋，心情瞬間變好，因為終於離開了蛋，能看到藍天。

紅蜻蜓飛舞著。

我曾看過還沒變成巨蛋的後樂園球場的最後一場比賽

（也是日本大賽，巨人對西武，最後西武獲得勝利），那時的球場裡，也有紅蜻蜓飛舞。

我一邊想著東京巨蛋應該將天花板改成開闔式，一邊走向水道橋車站。

後樂園遊樂園的遊樂設施降落傘塔正在上上下下，以前從後樂園球場，也能看到這座塔和雲霄飛車。

沿著道路前進，路旁坐著一排人，正在排明天第二場比賽的現場入場，他們一邊聽著收音機，一邊玩著撲克牌，比起實際去看比賽，這樣感覺更開心，真是年輕啊。

現在的東京巨蛋別館是拳擊協會在使用，以前這裡是健美比賽的練習場。二十年前，我曾在這個健美中心遇見三島由紀夫[3]。身材短小的三島由紀夫在這裡訓練肌肉，汗流如注。

前方是都立工藝高中，富特色的校舍在黃昏中慢慢地融入黑暗中。

從這裡穿過水道橋車站的橋下，沿著鐵道旁的坡道往上走，風景逐漸變成拉丁區的模樣。

坡道旁的行道樹是歐洲七葉樹，沿路牆壁上的塗鴉，是克利[4]或米羅[5]的風格，這裡有東京寫真專門學校、東京設計學院的大理石建

歡呼聲和熱氣都被悶在巨蛋裡。

築，前方是白井晟一[6]設計的雅典娜法國文化中心的紫色校舍。

眺望坡道下的景色，有元町公園的森林、昭和一高，都立工藝的前方，是銀色的東京巨蛋，黃色總武線、橘色中央線的電車從眼前駛過。

高級的黃昏。

在這一帶像粉彩畫的夕陽中，我走過陡峭的女坂，一邊看著左手邊爬滿長春藤的文化學院，一邊走下男坂，還看到無情的出版健保的白色大樓、紅磚的雜誌協會大樓，以前常經過，感到很懷念。

從景華坂走到公園，有八對情侶坐在長椅上，此外還有一對老夫婦、一位身著西裝像業務的男子。我一坐在藍色的鞦韆上，就聽到從後方的明治大學校舍傳來長號的樂音。

3 一九二五～一九七〇，小說家、劇作家、評論家，三度獲諾貝爾文學獎提名，代表作有《金閣寺》、《假面的告白》、《豐饒之海》四部曲等，於一九七〇年切腹自殺。

4 Paul Klee，一八七九～一九四〇，瑞士裔德國藝術家，畫風深受超現實主義、表現主義等流派影響，為二十世紀最具影響力藝術家之一。

5 Joan Miró，一八九三～一九八三，超現實主義畫家代表人物，女人、小鳥、太陽、星星為其主要創作符號。

6 一九〇五～一九八三，建築家。

路旁都是歐洲七葉樹的坡道。

燉肉很好吃的「名舌亭」。

我們在附近的炭火燒肉店名舌亭，吃烤牛舌配啤酒，這間店的燉牛舌味道也很濃郁，店裡全都是學生。這間店爽朗、單純，有著開在學生街店家的特色。我們喝著酒，像是回到學生時代，有些羞怯。

因為店裡太擠了，我們離開店裡，想再去山之上飯店的酒吧喝一杯，不巧的是酒吧也滿了，於是我們去了飯店地下室的酒館。

這裡的吧檯有三個空位。

在桌椅區，作家山際淳司正在和妙齡美女吃飯，讓我們很不甘心。山際也去看了日本大賽，他告訴我們第一場的結局是五比〇。

人氣作家從球場離開後，就馬上來山之上飯店，真是行家。

而男子三人組的我們，吃著藍黴起司配著便宜的白酒，互相乾杯，絕不露出不甘心的表情，既偉大，又悲慘。

## 東京巨蛋……其後

東京巨蛋後來蓋了東京巨蛋飯店，還有溫泉設施 LaQua，景色為之一變。這些年裡，巨人隊也從藤田教練，換成長嶋教練、原教練、堀內教練，而我也變了不少。東京巨蛋內的小酒館 *Zaza* 已經不在了，如果要吃咖哩，就只有商店裡賣的，咖哩飯六百八十日元，便當從八百日元到兩千日元不等，啤酒（L）八百日元、（M）六百日元，仍然沒有滋味，況且在巨蛋看棒球會想睡，大概是因為這裡空氣不流通吧，或是純粹因為比賽太單調無聊了，過於繁瑣的隨身行李檢查，也讓人很不高興，只是想單純看個棒球而已。名舌亭的燉牛舌依舊活力滿滿，五百二十五日元，鹽烤牛舌八百四十日元，烤雞肉串二百一十日元，這間店不光只有肉，還有魚、蔬菜，都讓人感到開心。山之上飯店的酒館氛圍裡，漂浮著時間的重量，在這裡遇到的山際淳司於一九九五年突然去世，享年四十六歲。

# 神田須田町・淡路町

時序進入十一月，像是催促著我吃火鍋。

想吃江戶火鍋。

居酒屋的火鍋料理，放入大量的白菜、蒟蒻、茼蒿、蔥、豆腐、香菇、魚等，是學生料理，沒有將食材整齊鋪好的美感。

我一直猶豫要吃伊勢源的鮟鱇魚鍋好，還是牡丹的雞肉火鍋，最後我選擇了牡丹，並且也在其他神田須田町一丁目的老店中，品嚐江戶的味道。

伊勢源於天保元年（一八三〇年）創

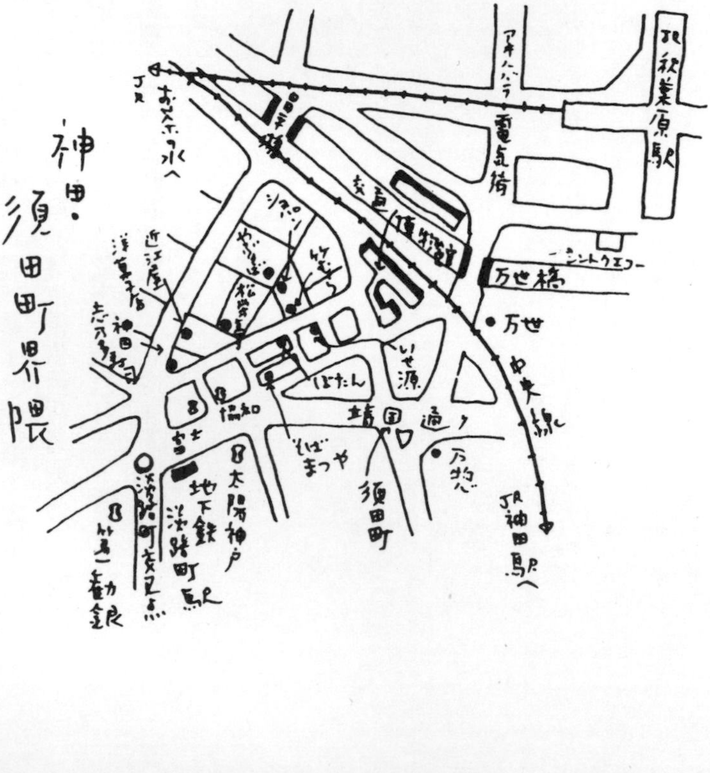

業，牡丹則是於明治三十年創業，兩間都以老字號為豪。

神田須田町、淡路町一帶，有一群倖免於戰爭災害的老店，全是祖先代代都在這片土地上做生意的老店，販賣著江戶之子的味道與心意，開闢神田料理味道的新道路。

只要進入這區，就會不知道該進入哪間店才好，因為每間店都擠滿了人。

我的計畫是，晚餐吃牡丹的雞肉鍋，午餐則吃兩間店。

走進的第一間店是松榮亭，是明治四十年開幕的洋食店，我知道這間店是十六年前的事，是池波正太郎告訴我的。

比起須田町、淡路町，池波更喜歡舊地名連雀町。長慶年間（一三六八～一三八三年），有專門製造商人行李背帶的人住在這裡，因此得名叫做連雀町[1]。

根據昭和五十年的池波筆記，一份嫩煎豬排、一串炸物、一份炸什錦、一份咖哩、一份絞肉咖哩、一份蛋包飯，還有四瓶酒（三人吃得很飽），共是三千六百四十日元。因為太便宜了，讓池波很驚訝。

平成二年的價格則為，知名西式炸什錦七百五十日元、炸肉餅五百日元、蛋包飯五百八十日元、馬鈴薯沙拉四百六十日元，我也嚇了一跳。在二十二種不同的餐點裡，最貴的是炸蝦，九百日元。

松榮亭的西式炸什錦有以下的由來（轉引池波的話）：

1 背帶的日文「連尺」，發音與「連雀」相同。

松榮亭第一代老闆堀口岩吉，與明治中期從德國被東京帝國大學招聘來的Von Koeber有一段往事。堀口曾是麴町的知名餐廳寶亭的廚師，但後來成為Koeber的私人廚師。有一天，夏目漱石與幸田延子（露伴[2]的親妹妹）來Koeber家拜訪，於是堀口被要求「做點稀奇的東西吧」，他就用手邊現有的食材做成了炸什錦，因為獲得許多好評，之後就變成松榮亭的料理。

這是用麵粉裹住絞肉和蛋，然後灑上鹽炸的料理，麵粉炸到酥脆後會有肉桂的香氣，這是明治的浪漫。由於分量很多，我們三個人合吃一份，味道是復古的西洋味。

松榮亭裡人很多，店外還有排隊的客人，午餐時段為十一點到兩點半，店內重新裝潢後雖然增加了桌椅，仍無法容納全部的客人。

因為有兩人的空位，我和小廣先進去，喝著啤酒，等隔壁的座位（專太郎的）空下來。座位旁就是吧檯，所以我們把炸肉餅「呲呲」的聲音當作下酒菜。

在松榮亭，啤酒加四道菜是三千五百六十日元，我們還留了點肚子，為了等下去蕎麥麵店松屋吃飯，松屋也是池波的愛店。

松屋於明治初期開業，關東大地震後由小高政吉繼承。

附近有非常有名的藪蕎麥麵店，但我和松屋比較投緣，而且神田

從池波正太郎那裡知道的洋食店「松榮亭」。

超級名店「藪蕎麥」，外地食客很多。

藪蕎麥是超級名店，全日本的人都會來吃，但松屋只有東京當地人或是住在下町的人會來。

池波曾說：「超級名店附近隱藏著一間好店。」

松屋就是一個例子。松屋的玉子燒和烤雞肉串非常厲害，當然蕎麥麵也是一絕。但當我們興奮地走向松屋時，門前卻掛著「今日臨時休業」的木牌。

所以我們還是去了藪蕎麥。店裡客滿，不過能在候位室裡等待，前面有全家一起來的、年輕男女、外國人，再來才是輪到我們。

中庭的竹葉隨風搖曳，店前有樹叢，中庭的葦簾也一樣隨風舞動，東京的雅致讓身體放鬆了下來，想要進店裡喝酒。

在藪蕎麥，沒有烤雞肉串或玉子燒，取而代之的是烤鴨（烤合鴨和蔥），我們把菜單上有的一個個都點了：烤鰻魚、天婦羅、烤海苔、蕎麥麵壽司、魚板，還有酒。

櫃檯的女性會拉長音唱出菜單：「三盒麵、三位——」

像唱歌一樣重複菜單，是這間店的特色表演，聲音澄澈，像是宮中歌會始[3]的儀式。來吃飯的客人都很悠閒地喝著酒。

池波很喜歡這一帶的老店，應該是因為這裡老店所擁有的風格，還有這些老店的厲害和瀟灑，無論哪間店的老闆，都像《劍客生涯》中的主角老劍客，雖然安靜謙卑，卻緩緩地釋放出

---

2　幸田露伴，一八六七～一九四七，小說家，以《五重塔》、《命運》等作確立其文壇地位。

3　皇室舉辦的短歌會，於年頭舉行，故稱歌會始。

透明的殺氣。

喜歡池波小說的粉絲，只要在這一帶散步，無論進入哪間店，都會不住感嘆：「啊，莫非我身在小說場景中？」並突然感覺到梅安或鬼平[4]的小說氣氛。

我們吃完蕎麥麵（六〇〇日元），走出店裡，前往咖啡店蕭邦。說到蕭邦的咖啡，就是香氣濃郁、充滿懷舊的滋味。啜飲一口，腦中就像變成咖啡的黃昏時刻，寬敞的大椅子與彩繪玻璃充滿蕭邦風格，在蕭邦咖啡店的大樓裡，也有蕭邦美容院。

以炸饅頭聞名的竹村也是池波喜歡的店。竹村雖然是賣紅豆湯的，但也有在池波的時代小說中出現：「下級官吏帶著面若桃花的女孩進入小和室，一面吸著她的紅唇，一面玩弄她的乳房。」

店面的裝潢古老雅致，很符合時代小說的背景。專太郎一邊說著：「酒後的栗子紅豆湯……」一邊望向店內，但店裡是客滿的。明明是甜點店，男客人卻非常多。

洋食↓蕎麥麵↓咖啡，其實我們已經很飽了，於是去了附近的交通博物館，成人門票是兩百六十日元。

我上次來交通博物館是三十年前，高中時我帶了兩個弟弟來，在火車弁慶號前拍照的照片現在都還在家裡。

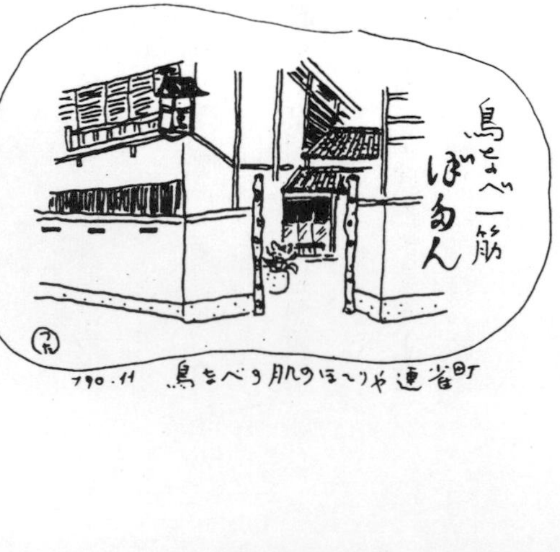

弁慶號在博物館外。

館內有二〇五型通勤電車的模擬機（可以體驗開電車）還有全景軌道模型，即使是大人也會為此著迷，可以開模擬電車真的很不錯，結果我們三人不小心就分開了。電影館中正在播放「最後的蒸汽火車C57」（八分鐘）、「回憶的標津線」（四十五分鐘）。

一樓是鐵路、二樓是船和汽車、三樓則是航空相關，對喜歡交通工具的少年來說，這裡就是夢想的博物館。

剛才不知去向的專太郎，拿著銀色新幹線的紙鎮走了過來。我問他：「在哪裡買的？」原來入口有小商店，裡面販賣著北斗星號的車牌、銀色徽章，專太郎找到這個真是天才，他是買東西達人。

走廊上有一對帶小孩來的家長，父親正被母親斥責。「就是因為你不在，所以明明輪到小新了，他卻沒有辦法上去開車！」

似乎是老爸在重要時刻卻不知道跑去了哪裡的樣子，母親有點歇斯底里。

4 兩者皆為池波正太郎小說中的知名人物。

連大人都會著迷的交通博物館。

炸饅頭很有名的紅豆湯店「竹村」。

小廣同情地說：「不管去哪裡，父親都會被罵啊。」

離開博物館，走到神田舊書市集的途中，我在神保町流了鼻血，好像是因為在短時間內吃了太多東西、精力太過旺盛的緣故。於是我走進咖啡店Sabouru，點了冰咖啡，用咖啡的冰塊冰著鼻子。

看到手帕上的血跡，咖啡店的美少女服務生對我說：「我幫您洗一下吧？」

我感激地「咦？」了一聲，因為太受寵若驚，鼻血也跟著止住了。在現在這個時代，竟然還有這樣純真的女孩，而我也因為白天喝了酒，處在半醉半醒之中。

小廣和專太郎在我休息的時候去逛舊書店，止住鼻血的我後來也去逛了一間，買了歌川國芳[5]的浮世繪（八〇〇〇〇日元）和其他的作品。骸骨賞雪圖。

因為我太癡迷於翻找浮世繪了，其他人吃驚地在外頭等我。為了表示歉意，我各買了一張一萬日元的井上安治[6]版畫送給他們。

我抱著浮世繪回到須田町，進入牡丹。

牡丹就像是泉鏡花小說中會出現的老店。

連房間的天花板都充滿火鍋的味道。

牡丹的雞肉火鍋，是使用國產雞的壽喜燒。

走到鋪有竹席的小房間，裡面已經有三位客人在吃火鍋，有兩張紅色的小桌子，房間裡的火盆中放著備長炭，鐵鍋置於其上，醬油湯頭裡煮著雞肉。

除了雞肉外，配料只有蔥和蒟蒻絲，是國產雞的壽喜燒。浸潤在醬油裡的蔥和日本酒很搭，酒滲入胃的深處。

讓人昏昏欲睡的味道流過喉嚨，在神田老店的昏暗中，全部的東西都太美麗了，反而讓人坐立難安了起來。神魂顛倒的時光。

想要做點什麼壞事，令人心癢的夜晚開始了。

## 神田須田町……其後

在這一帶，當時所去的店全部還在。松榮亭原址一帶變成福利設施用地，原店移至隔壁大樓的一樓繼續營業，白色的暖簾十分清爽，炸什錦八百五十日元，炸肉餅六百五十日元，蛋包飯七百三十日元，咖哩飯七百三十日元，絞肉咖哩六百五十日元，嫩煎豬排八百日元，炸物串六百五十日元，炸蝦一千一百日元，由「翼」公司製作的辣醬油，一罐二百五十日元。神田松屋的清蕎麥麵五百五十日元，芝麻蕎麥麵七百日元，鴨肉蕎麥麵一千六百日元，藪蕎麥麵六百

5 一七九七～一八六一，江戶末期浮世繪師，為歌川派晚期大師之一。

6 一八六四～一八八九，明治前期浮世繪師、版畫家。

日元，南蠻風味鴨一千五百日元。神田藪則有各種季節蕎麥麵，三月菜單上會有銀魚蕎麥麵一千五百日元、幼筍蕎麥麵一千三百日元，能聽到店裡的人說「謝謝啦」的聲音，藪的對面大樓地下室，有炸物串店「飯亭」，這間店是湯島飯亭的分店。竹村的樣子依然沒變，但隔壁正在蓋大樓。交通博物館門票三百一十日元，電車模擬機非常受歡迎，大人們也很喜歡，會確實地做出手勢、啟動電車。在牡丹，客人一坐下，店家馬上就準備好對應人數的鍋具，加上啤酒，一個人大概是七～八千日元，油脂浮在鐵鍋中，用鍋緣把蛋打破並且倒入鍋中，此時夜風從開著的窗戶吹了進來。

# 奧多摩

我常經過青梅的街道，卻從來沒有仔細逛過青梅。

青梅頻繁地登上報紙版面，是因為二月中旬的青梅馬拉松，多達一萬五千人參加。一萬五千人，簡單來說，因為數量太龐大了，大家會在擁擠的月台上互相推擠、想盡辦法穿越人群，我實在不擅長應付這種狀況。

青梅美麗的地方在於三月的梅，以及青梅之名的發源地金剛寺。從青梅再過去兩站的日向和田站下車，渡過神代橋，會有吉野梅林，那裡非常不錯，可以遊賞兩

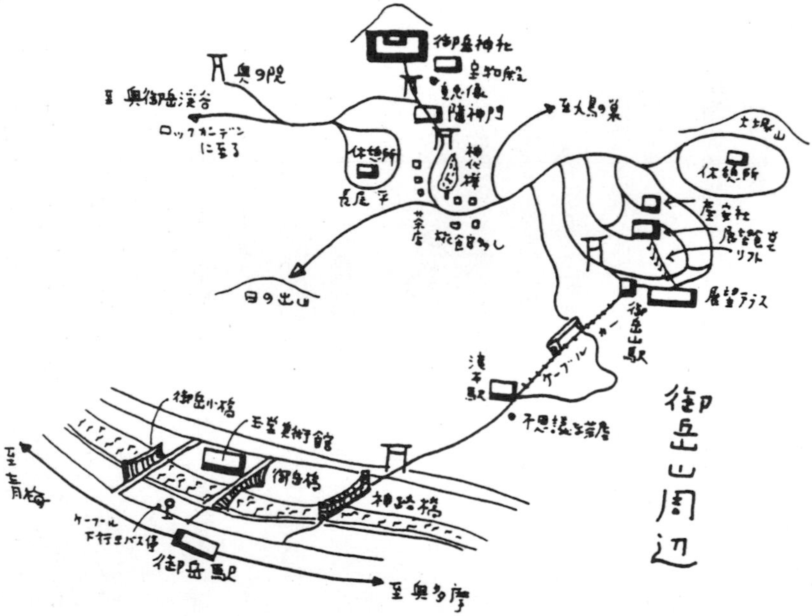

萬株的梅花。一邊聽著鶯啼聲，一邊散步在梅林裡。

從JR立川站出發，經由青梅，前往奧多摩的青梅線，從有羽村堰的羽村一帶，沿著多摩川的上游行駛。電車經過青梅之後，穿過宮之平隧道，一口氣就來到深山幽谷。一過隧道就是日向和田車站。

這次要賞楓紅，所以我們在再過去兩站的二俣尾車站下車，車站月台上有「歡迎來到青梅」的看板，並標記有周邊名勝，如海禪寺、即清寺、愛宕神社。

從車站階梯看出去的紅葉很美，不像觀光地、只是普通城鎮的紅葉。明明距離新宿只有一個半小時的車程，卻像來到非常遙遠的城市。想在車站前的店家買旅遊雜誌，但架上只有賽馬報紙。沿著鐵道走過青梅街道，會看見橫跨多摩川的奧多摩橋。

多摩川呈S型流過橋下，橋非常高，由上往下看感覺有一百公尺，但實際上才一半左右吧。河流因為天空呈現深藍色，閃耀著粼粼波光，峽谷間有紅、黃、朱紅色的楓葉，從橋上做紙飛機往外拋，紙飛機無拘無束地飛行著，大約十二秒後落在水面，隨著河水流走。

附近有很多木材場，木材庖丁的味道瀰漫在路上，已經轉紅的地錦爬上一旁被立起來的木材上，柿子隨風搖曳，路旁有菊花，快要枯萎的三色莧還殘留著夏天的餘韻。有人家門口正曬著切過的芋頭和芋頭莖。

一棟老房子的黑色圍牆上，有水原弘為強力殺蟲劑代言的廣告看板，和由美薰的代言是一組的[1]。我們不被從前的風景絆住腳步，而是走在從前的月曆之中。

當感覺宮本武藏會從道路對面走過來時，就會看到吉川英治[2]紀念館。成人門票是三百日元。

穿過玄關會看到主房，旁邊則是書齋，書齋前紅葉垂落，雖然鮮豔但氣氛嚴肅。中庭巨大的苦櫧樹黑壓壓地俯瞰著四周，樹的生命力繼承了作家的精神。

紀念館深處的展示間裡，有原稿、插畫、文具、匾額，以及座右銘「吾以外皆我師」的紙板。

還有，文化勳章。

文化勳章近看的話，像是木茼蒿，白色的花瓣。

吉川英治從東京赤坂疏散到這裡時是昭和十九年，土地兩千坪，赤坂的吉川宅邸就在我工作地點的旁邊，那是非常壯觀的宅邸，現在正在蓋新大樓。這個紀念館，是於昭和五十二年設立在吉川宅的草思堂。

一群中年的大叔大嬸團，排著隊進入紀念館，我為現在吉川英治仍受歡迎的模樣嚇了一跳。

吉川紀念館的背面是愛宕神社，登上像瀑布般筆直的石階，會看到多摩川清澈的河水。「一起散步吧」的團體，正在神社境內舉辦豬肉火鍋會。

1　水原弘和由美薰均為昭和時代明星。

2　一八九二～一九六二，歷史、時代小說家，被譽為「日本國民作家」，著有《宮本武藏》、《新・平家物語》、《黑田官兵衛》等膾炙人口作品。

愛宕神社是賞杜鵑花的名勝，從神社大殿到參道，有由數千株杜鵑所組成的通道，想必到了杜鵑花的季節會很美。走下參道時，專太郎在路旁蹲下來，擺弄著什麼。專太郎把泥土推開，露出下水道的蓋子，上面有梅花和黃鶯的圖案，蓋子的設計出類拔萃，有明治時代的風雅。

我們三人，一時入迷地看著圖案，驚嘆於這個山村深厚的文化底蘊。這區域果然是貨真價實地位於東京都，連一個孔蓋都有文化實力。像這樣賞梅也是東京旅行的樂趣，變得突然想要喝酒。

我們走在吉野街道上，如果就這樣一直走下去，大概走四十分鐘，就會看到寒山寺，然後渡過楓橋，有小澤製酒廠。但因為走路太麻煩了，我們回到二俣尾車站，搭乘電車前往澤井。

等待電車的途中，我在車站前的雜貨店，買了上頭印有淺間字樣的洗澡用輕石（一二〇日元）。也因為想快點喝到酒，焦躁地一直在原地踱步。

從二俣尾到澤井，坐電車只要五分鐘，澤井是無人車站，一到車站，月台上就飄著日本酒的甘甜香氣，車站前有小澤酒廠的釀造所，旁邊細長坡道的左側是工廠，右側是香橙田，香橙是淡黃色的，樹上果實纍纍。

吉川英治紀念館的玄關。

澤乃井直營餐廳「飯事屋」的寬廣庭園。

走下坡道，酒麴的香氣越來越濃郁，光是走著就有點微醺了。小澤酒廠是於元祿十五年（一七〇二年）創業的老店，我是澤乃井清酒的粉絲，無論怎麼說這都是東京的清酒，我一定會支持。

澤乃井是使用從秩父古生代地層的洞窟中所湧出的名泉，如果來工廠參觀的話，很可能會有免費的酒可以喝，所以想趕快進去。結果來賞楓的客人太多了，隊伍很長，我們就放棄了，改走進就在前面的澤乃井直營的餐廳飯事屋。

飯事屋是有著寬廣庭園的餐廳，但也客滿了。面向多摩川的庭園裡的樹木都轉紅了，和京都嵐山的渡月橋相比，這裡毫不遜色，不，京都嵐山有太多藝人亂開的店，變得極其庸俗，這裡還比較有風情。

雖然豆渣飯便當、五穀便當、豆餅便當可以不用等，但因為這裡的豆腐料理很有名，我們還是排隊等待，吃了三千八百日元的豆腐套餐。

冷盤、炒豆渣、芥末拌豆皮和姬菇、花便當（八樣菜）、豆餅、豆腐茶碗蒸、糯米蒸飯、水菓子[3]。

酒是無過濾的生酒，六百五十日元，有甘甜香氣，非常順口。小澤酒廠還送了手帕、月曆、甚至是醃漬山葵等伴手禮，非常大方。通常像這種店，店員的素質會比較不整齊，但這裡卻沒有這種現象，對客人十分親切、動作迅速。

---

3 含水分較多的甜點。

我為了醒酒，喝了庭園內釀酒用的天然水，這是從鑿至地底超過一百公尺深的洞穴中湧出來的水。

從飯事屋沿著多摩川，有一條細長觀光步道名為「林間陽光小徑」。沿著步道往前走，會看見多摩川上游的水速逐漸加快，清溪上映著紅、黃色的楓葉，非常涼爽，風景透明又靜謐。

走出小徑，馬上看到一位裸男站在草叢間，走在前面的女性發出尖叫。這是朝倉文夫[4]作的〈青年像〉，不過放在這裡似乎稍嫌猥褻，不過這也是可愛之處。這條觀光步道，是開著花的溪谷之道。

十一月，各種品種的菊花是主角，另外還有豬牙花、一串紅、撫子花等，以及蒲公英、牽牛花等非當季的花盛開著。

沿路的紅葉之下，走著老登山客，也看得到外國人的身影。路過的人都有酒臭，微醉地賞楓，也有步伐搖晃的年輕女性，來爬山卻從白天就開始喝日本酒，這種散步行程也是滿稀奇的。

楓葉染紅，往來人們的臉頰也是紅的。儘管如此，這裡風景會這麼美麗，是因為這條步道所擁有的自然之力吧。

走了四公里左右，會看到鵜之瀨橋，那裡的櫻花樹葉也轉成紅色了。這條路在櫻花的季節裡，一定也很豔麗。到了春天的話，酒量也會增加，喝醉的人會躺在河灘上睡覺吧。

鄉村宴會料理很好吃的「河鹿園」。

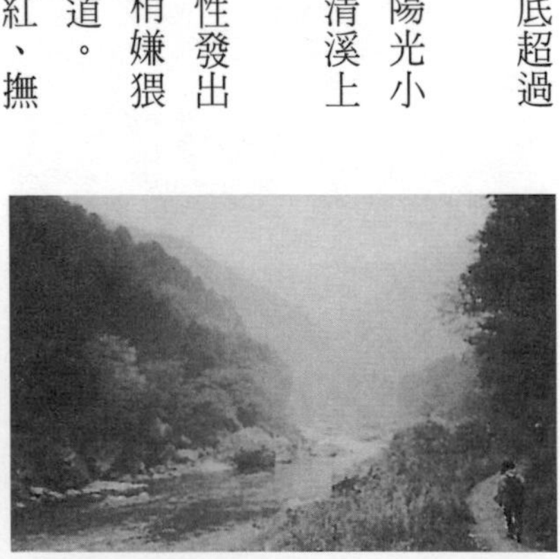

多摩川的楓葉正紅。

看見有人在釣魚，我問他在釣什麼，他說是山女鱒與珠星三塊魚。川流很急，濺起白浪，有兩人在泛舟，這附近也有泛舟場，以及泛舟聯盟教室。觀察下來，這裡真的有很多景點。

田旁邊的無人店面，放著從田裡摘來的蔬菜，名為佛手瓜的綠瓜兩個一組，一百日元。再往前走，是御岳小橋，才發現原來多摩川的對岸也有小徑。河川寬度越來越窄，河灘上有各式各樣的人，有人在寫生、有人煮火鍋、也有在睡覺的人。

橋上就是JR青梅線御嶽站，從這裡搭電車的話，兩小時內能抵達新宿。我平常都是從這裡回去，然後在新宿喝酒，但今天晚上我們決定住在河鹿園。

河鹿園是已經營業六十五年的旅館，我從以前就一直想住住看。這個旅館有提供鄉村料理，以前就聽過這裡的宴會料理評價很好。

由於太晚預約了，沒訂到河川旁的房間，我們住的房間，一個晚上一萬五千日元。

黃昏中，河鹿園的房間電燈發出朦朧的光暈，旅館是

4　一八八三～一九六四，明治至昭和時期日本雕刻界的代表人物。

木造的三層樓建築。旅館的晚餐菜單從山葡萄酒開始，然後是拼盤、鯉魚生魚片、蕪菁湯、朴葉烤合鴨、炸物、姬菇飯、雪酪。最後出的姬菇飯，用樹皮包著，上面裝飾著野菊、山葡萄、斑葉蘭的紅果實，女性應該會很喜歡。

房間內有川合玉堂[5]的掛軸，旅館也很用心地安排走廊的燈具。

走下長長的迴廊，進入大澡堂，我在黑夜中看見茶梅，想著：「偷情時不要把它摘下來啊。」一邊想像一些色情的事。

早上，打開旅館（河鹿園）的窗戶，眼前是水墨畫的風景，被霧籠罩的漆黑山林浮著一層光暈，沿著河川能看見白色的玉堂美術館。玉堂美術館的周圍，紅、黃、橘色的紅葉包圍著，紅葉以微妙的漸層染紅森林。玉堂美術館前的銀杏樹十分顯眼，鮮黃色在空中亂舞，眼前只有一片黃色。

吃完湯豆腐早餐後，渡過御岳小橋，進入玉堂美術館。黑瓦與白牆的玉堂美術館，看起來像是被杉木包圍的劍道場，館內有禪風的石庭，澄淨雅致。

館內以奧多摩水墨畫為主，也展示了書齋和畫具，川合玉堂在昭和十九年因戰爭疏散至此，之後就在這裡過世。

美術館入口播放著玉堂生前的影片，影片中，八十四歲戴著草帽

玉堂美術館。左側的庭園很美。

登山電車約六分鐘抵達山頂的車站。

的玉堂，在木造吊橋上寫生，玉堂作畫的速度非常快，一瞬間畫布上就出現了風景。

玉堂所畫的山水畫有力又纖細，帶有氣勢卻很溫柔，豪爽抒情，是劍術家的氣質。吉川英治筆下的宮本武藏，原本也是水墨畫家，武藏所畫的芒草圖的筆鋒有一股不尋常的殺氣，培養水墨畫家武藏成為劍術家，就是吉川英治的創作力。

那麼他應該也能創造出一個劍豪川合玉堂，但玉堂不是像武藏那樣的眼睛瞪得大大的鄉下人，而是有著更瀟灑的魅力。

玉堂十五歲時畫的茄子圖（明治二十一年），就已經非常優秀，石頭魚圖、葡萄圖，都給人早慧畫家的印象，從十八歲時的千鳥圖、蘑菇圖，畫到絕筆的牡丹素描。牡丹素描是他在病床上描繪皇太后所賜牡丹的一幅小品。

玉堂使用的顏料，是將天然石磨成粉末，再用溶劑溶解而成的。玉堂也有用魯山人[6]所做的印章落款。

離開玉堂美術館，有學生坐在多摩川的岩石上寫生。河灘上也有正在準備烤肉的一家人，以及登山客、釣客、攝影師、拍片的人等來自各地的人，告示牌上寫著：「危險！河川上游十九公里處有小河內水壩。會有洩洪警告。」

河灘旁的商店有賣芥末岩石海苔，上頭說明，是將生長在海邊岩石上的海苔與芥末加在一

5 一八七三～一九五七，活躍於明治至昭和時期的日本畫家。

6 一八八三～一九五九，藝術家、篆刻家、書法家、陶藝家，亦為知名美食家，將藝術與美引進日本的食膳文化。

起，ＮＨＫ的旅行節目曾報導過。我想買一個，但專太郎制止我：「不要再吃奧多摩的芥末了。」

取而代之，我買了炭烤糰子，宿醉的小廣在自動販賣機買了蜂蜜檸檬飲料，店頭還有鹽烤山女鱒及生姬菇。

ＪＲ御嶽站附近有照相館，我們本來想拍紀念照，但因為沒有時間就算了。在無人計程車招呼站有專用電話，可以打電話到多摩京王計程車站。我和對方約在御岳山登山電車的山腳，對方卻說：「沒有司機。」在電話裡拒絕了我們。

電話的牆壁上貼有危險分子的懸賞照，後面走來的一群女學生討論著：「哪個男生比較帥呢？」

我們在多摩川仙貝店前的巴士站搭巴士，御嶽站—自然野草園—登山電車，七分鐘會抵達目的地。

巴士全部坐滿，絕大多數都是來爬山的婦人。因為是擁擠的超載巴士，輪胎空氣不足，巴士搖搖晃晃地行過御岳橋、經過吉野街道，我的屁股因為顛簸的路況而發麻。

山腳有間賣麵疙瘩的御岳茶屋，店門是關的，不知道是結束營業了還是今天休息，專太郎一面看著無人的店，一面說：「如果結束營業的話我想買下來。」

這是陳列著鐵製面具的奇妙的店，在信仰之山的山腳下，有這麼古怪的店，證明了東京這個地方真的是迷宮與填字遊戲。

登山電車三十分鐘一班，來回一千零五十日元，通勤月票是一個月七千五百日元，學生是四千八百二十日元，由此可知有許多人住在御岳山上。

從山腳的瀧本站搭上登山電車，來觀光的婦人們互相聊天：「紅葉真不錯」、「我喜歡向下俯瞰」、「現在是賞楓最好的時候」等等，真有活力。

這麼說來，我想起母親在九月時為了參加「聽長瓣樹蟋聲音」的活動，而來到這裡。長瓣樹蟋是大約一公分的綠色的蟲（蟋蟀科），牠的音色是秋蟲中的王者。像小黃瓜種子的蟲，會發出悲傷又澄澈的聲音。

樹枝形狀的竹節蟲、灰色黑點的琉璃星天牛也是御岳山珍貴的昆蟲，鍬形蟲、螳螂、豔金龜、蜻蜓、日本暮蟬，蝴蝶則有琉璃蛺蝶、紅灰蝶、大紫蛺蝶。這一帶是昆蟲寶庫，當然也是野鳥的樂園。

夏天有白腹鶲、藍歌鴝、褐鷹鴞；冬天有靛色的藍尾鴝，紅色的黃尾鴝。山麻雀、啄木鳥、山鳩在那裡飛來飛去。

春天有聽普通鴞啼叫的活動。我們搭乘的登山電車青空號，在紅葉之海中一口氣爬上御岳山站，再換乘登山吊椅，可以到更高處去。

因為是腳可以碰到地面的登山吊椅，如果能夠整合這一路的設施，老人家也能輕鬆地登山參拜。下了吊椅後，有標本室，裡面有狸貓和鳥的標本。

在山頂眺望奧多摩群山。

從登山電車換乘登山吊椅。

冬鳥錫嘴雀的標本，眼睛瞪得大大的。

御岳山也以飛鼠聞名，如果躲在杉樹下，聽到「嘰嚕嚕——」令人感到不適的聲音，就是飛鼠的叫聲。飛鼠是松鼠科的夜行性動物，可以張開手腳間的膜，像滑翔機那樣滑行。是在空中飛的坐墊。

若要觀賞飛鼠飛行，需要住在御岳山頂一個晚上。牠們棲息在大樹的樹洞中，夜晚才飛行，天狗的原型就是飛鼠吧。觀察的時候，不要用強光驚擾牠們，手電筒上要包紅色的玻璃紙，是對飛鼠的禮貌。

大相撲的最後一場比賽時，若比賽的結果出乎意料，觀眾會向土俵丟坐墊，那也是國技館的飛鼠，國技館除了力士之外也有天狗。

飛鼠進食時會將樹葉對摺，所以吃過的痕跡會呈現月亮的形狀，走在御岳山步道，可以找到這種痕跡。

御岳山有非常多的昆蟲和野鳥，也是稀有動物飛鼠飛翔的自然動物園。

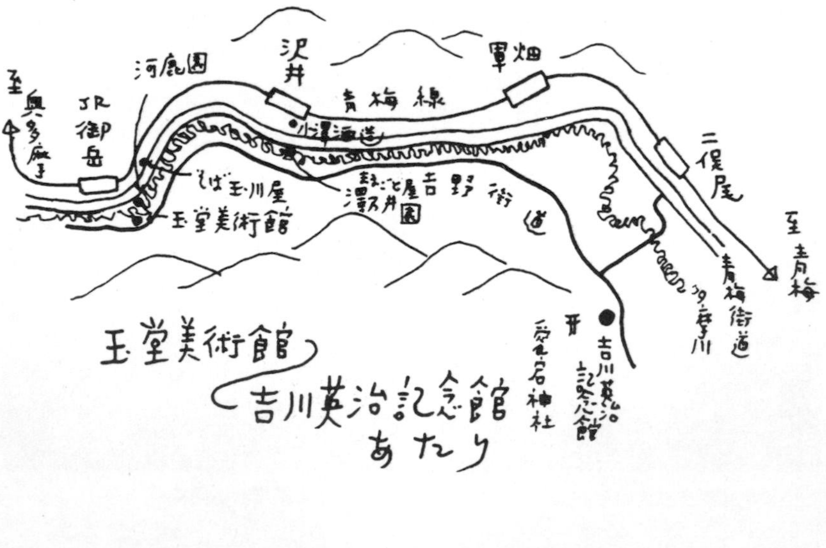

走下登山吊椅，離御嶽神社還有五百公尺左右。我們不說話地快步走在安靜的參道上，完全變成小學時參加自然觀察活動的少年。

參道平穩，沿路都是楓紅，空氣冰冷又透明，體內像吃了薄荷糖一樣痛快。

這一帶的水是河川源頭的水，品質上等，我想用這種水泡咖啡喝，結果商店裡就有在賣研磨咖啡，真是開心，一杯四百日元，乍看之下，深山幽谷中有廟宇的神聖地方和咖啡很不搭，但這就是東京，所以無所謂。我們也順便分著吃了咖哩飯和泉州番薯。

走出知更鳥商店，就是御嶽神社的山門，從這裡到山上神社大殿的石階約三百階，一路是平穩的石階。

石階的兩旁是大量由信徒捐獻的石碑，也有刻有「三十三次成功登頂」的石碑。多數是從東京、埼玉、橫濱捐獻的石碑，也有從廣尾、惠比壽等，試著數了一下，超過一百七十座。

根據御嶽神社的社史，神社在兩千多年前創立，始於日本武尊東征時將武具藏在山頂上。

歷史很悠久。現在的神社大殿是元祿十三年（一七〇〇年）建造的，經過了兩百九十年的歲月，社內的國寶所藏有赤絲縅大鎧和螺鈿

從山門到神社大殿的石階，竟然有三百多階。

御嶽神社本殿。立有來自關東各地捐獻建造的石碑。

鏡鞍。

這裡也有從鎌倉時代延續下來的日之出祭、從古代就有的太占祭（不公開）、太太神樂等祭神活動。

我在本殿參拜後，抽了籤筒的籤交給神社人員，結果他看向旁邊，並把我的籤收起來了。我再重抽一次，是三十二號吉。剛才的號碼應該是凶籤，廟方的親切使我感到很高興。

聽說從山頂望出去的夜景，遙遠的東京看起來是不夜城，閃爍的燈火就像夢境一樣。我決定下次要在這裡觀察飛鼠並且投宿在神社，神社有二十六間房間。

天空降下小雨，我們走下御嶽神社，有樹齡千年的欅樹。這是國家指定的天然紀念物，樹幹的直徑有八・二公尺，是威風凜凜的老樹。

參道的兩側，有日本雙蝴蝶的紅色果實和日本茵芋的果實。黃瓜菜也綻放著黃色的花，這片土地也是野草的寶庫。

我一邊這樣想著，一邊看著參道沿途的花時，啊啊啊啊啊，山櫻竟然開著！明明是十一月，卻有山櫻花。山櫻下面是繡球花，這到底是怎麼一回事？繡球花旁開著蒲公英，就算氣候再怎麼溫暖，這到底是什麼樣的光景啊？我出生以來第一次同時看到蒲公英、櫻花、繡球

手工蕎麥麵店「玉川屋」的燉肉料理味道濃郁。

花和楓紅。

我敬畏地想著，因為御岳山籠罩在天神降臨的磁場之中嗎？

在回去的參道商店裡買了麥芽糖，三個人一邊分著吃一邊下山。回去的登山電車是日之出號。

從登山電車下來，搭巴士到御嶽站，然後去了車站旁邊的蕎麥麵店玉川屋。古老的蕎麥麵店是坐在榻榻米上，隔著夕陽西沉的奧多摩風景，喝著溫暖的熱酒，紅葉慢慢地融解在黑暗中，真是極好的時光。玉川屋明明是蕎麥麵店，燉肉味道卻很濃郁。

坐電車的話，兩個小時能回到新宿，在蒼茫的夜色中，紅葉與橘色的葉子，看起來像是新宿黃金街的霓虹。

## 奧多摩……其後

吉川英治紀念館的門票是四百日元，禮品店中寫有「我以外皆我師」的紙板是一千八百九十日元，吉川英治在寫下座右銘時，好像有「吾」和「我」兩種用法。飯事屋的套餐從三千九百九十日元起跳，酒有從特別純米（五七五日元）到純米大吟釀（一四七〇日元）數種。攀登多摩川沿岸巨石的團體增加了，是一種叫做抱石的新手運動。河鹿園根據季節、人數、餐點內容的不同，價格有所不同，不過大概在一萬三千日元以上，從川面吹起的煦風，會吹進河岸房間。玉堂美術館十分幽靜，門票四百日元。御岳山的登山電車，座位變成階梯狀的，來回一千零九十日元，順帶一提，通勤月票是八千六百一十日元，漲了非常多。走在步道上看到豬牙花。知更鳥商店的咖啡是五百日元，看著店外飛來飼料檯的野鳥，心情會很放鬆。御嶽神社的捐獻石碑在平成年後又增加新的，神社本殿正在進行整修工程。玉川屋的空間一下子變大了，坐在裡面吃著五百二十日元的燉肉，山裡的空氣也同時沁入身體裡。

# 柴又

坐京成電鐵可以到柴又。從上野池之端走入京成上野站的昏暗地下道，感到戰慄般的興奮，有著潛入夢中地下道的快感，及走入地下色情電影院的緊張感。陶醉地沉入夢中，黑暗的城市不斷地引誘人走過去，讓人有著被奪去什麼的失落感。

地下車站月台的柱子上，貼有京城上野的貼紙，其中有幾張剝落了。

車站整體充滿濕氣，卻不覺陰森，可能因為目的地是柴又，是新年喜劇電影《男人真命苦》裡「瘋瘋癲癲的阿寅」的故鄉。

我不知道何時看過一篇報導，說有一群人

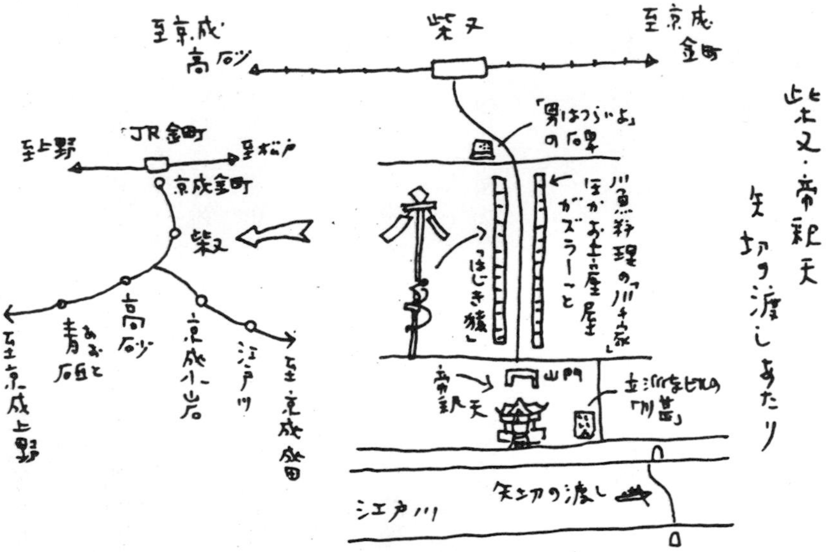

在京成電車上賭博被抓。賭徒把車廂淨空用來賭博，然後騙其他乘客說在拍電影。騙人的人很天真，被騙的乘客人也很好，感覺有種阿寅的痞樣和傻氣。

地下鐵的牆壁很舊，像莫斯科藝術劇場的舞台，也讓人聯想到前段時間左翼劇場的舞台裝置，從看慣了都營地下鐵的新車廂與通道的眼睛來看，這裡是古董，牆壁多處都已剝落了。

電車從昏暗的地下冒出到地面上來，是日暮里站，突然間就看到墓地。

從日暮里站上車的乘客很多，穿著灰色夾克的工人、橡膠長靴的工匠、穿著華麗紫色短裙的女孩、頭髮染成紅色的大嬸，全是看起來很厲害的乘客。

電車駛過荒川後，會看見白鐵皮屋頂的家屋，藍色、綠色的鐵皮屋頂，像積木一樣擠在一起。公寓的窗戶邊曬著花朵圖案的棉被，電線桿和電線十分密集，是人們聚集在一起生活的城市。

我們在青砥站換乘到金町的普通電車。電車一直不發車，不過乘客們還是悠閒地等待著，麻雀停在月台上。

轟隆轟隆地行走的電車，經過中川，來到柴又。我們來到這一區，看到有人家前的樹木已經結成夏蜜柑，寺廟的墳上有百合假花。

從上野來到柴又，花了二十五分鐘。

柴又月台的名勝介紹看板上，有柴又帝釋天、八幡神社、出世大黑天、蕎麥麵店地藏、金町淨水廠、七福神。千葉銀行和餐廳川甚的廣告看板旁邊，貼有京成名畫座電影院《男人真命苦・寅次郎的休息日》的電影海報，是第四十三集。

我們在月台深處看見小小的檢票口，阿寅的妹妹櫻花追著阿寅跑的那一幕就是在這個大家熟知的檢票口。我的右腳，有一半踏進了電影之中。

車站前是賣仙貝的柴又屋，專太郎一手拿著素描本，一邊說：「好像登山電車的山頂車站。」

的確如此，柴又車站前，有觀光地的氛圍，而且因為是阿寅電影中的如實場景，我們腳步雀躍，情緒高昂。

帝釋天參道入口的櫻花樹旁，有渥美清[1]捐贈的石燈，帝釋天的活動時程表上則有紅色燈籠，旁邊有山田洋次[2]導演所題的碑，像跳舞般的文字寫著大家耳熟能詳的開場白：「我於東京葛飾柴又土生土長，出生時在帝釋天廟洗身，姓車、名寅次郎。」

松竹電影公司《男人真命苦》的第一集，始於昭和四十五年，我二十八歲的時候。還記得第一集出來的時候，覺得有趣又興奮，讓人捧腹大笑，追憶起遙遠的過去，那已是二十年前的事了，當時還是東映黑道電影的全盛時期，我則是看著阿寅的電影，一邊瞠目結舌地想：「這

1　一九二八～一九九六，男演員，以主演《男人真命苦》系列喜劇的主人公車寅次郎為大眾熟悉，有「東方卓別林」之稱。

2　一九三一～，導演，《男人真命苦》系列的腳本與導演，曾執導「武士三部曲」（《黃昏清兵衛》、《隱劍鬼爪》、《武士的一分》）等作，有「日本庶民劇大導」之稱。

樣還是個男人嗎？」

後來即使東映的黑道電影結束了，阿寅還存在著，我從阿寅身上學到如何以愚蠢的男人之力活下去。愚蠢是強悍的。

參道的惠比壽屋賣著甘草糰子，也有賣葛餅。在高木屋，賣阿寅仙貝的店旁邊，貼有「歡迎埼玉商工會議所謝恩之會」的告示。再隔壁，井石井漬物店的二樓屋頂曬著棉被，帝釋天福豆[3]也讓鼻子蠢蠢欲動。

朝帝釋天前進的參道沿途，有糯米糰子店、鰻魚飯店、仙貝店、天婦羅店、佃煮店、玩具店、糖果店等，大家都和電影裡的場景一樣。

小廣買了五個三百八十日元的元祖・矢切渡口的最中（舟的形狀）。

於明治元年創業的松屋的糖果，喉糖（有放珍貴藥草）三百日元，很受歡迎，也有賣黃豆糖，可以看到店裡正在切糖果。

園田佛具店有賣玩具彈猿[4]（七〇〇日元）。市河屋的食用昆布（三五〇日元），是能輕撫喉嚨的味道。

這些老店都是在阿寅電影出來前就有的店，但當電影開始模仿現

柴又車站。有觀光地的氣息。

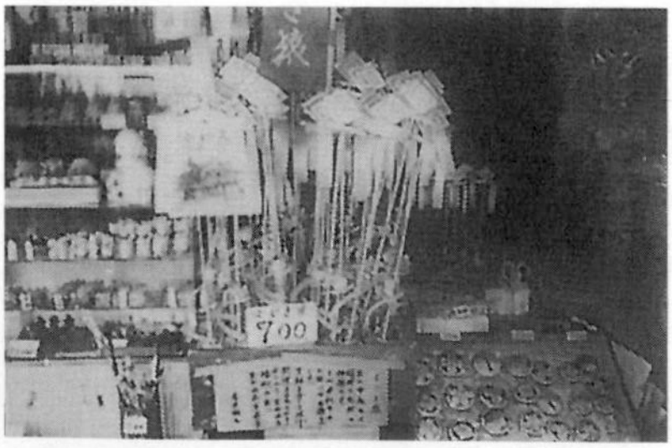

名產「彈猿」，能祛除災難。

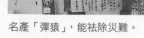

實，現實因電影這面鏡子的反射而放大時，現實變成二重虛構的事物。到處都有渥美清所飾演的阿寅照片，現實與虛構互相反射。

擠著一排懷舊店家的參道，是危險的虛構風景，這一點無疑是東京特色。松竹版本的現實電影村。

阿寅電影中的女神角色，第一集是光本幸子，再來是佐藤緒理枝、新珠三千代、栗原小卷、長山藍子、若尾文子、榊原留美、池內淳子、吉永小百合、八千草薰、淺丘琉璃子、岸惠子、十朱幸代、樫山文枝、太地喜和子、檀文美、真野響子、藤村志保、木之實奈奈、大原麗子、桃井薰、香川京子、伊藤蘭、松坂慶子、岸本加世子、石田步、田中裕子、都春美、竹下景子、中原理惠、樋口可南子、志穗

3 一種炒豆子，意為驅鬼。

4 一種傳統的鄉土玩具，一隻猴子抱著竹棍上，藉由拉彈竹棍可讓猴子升降，意為祛除災難。

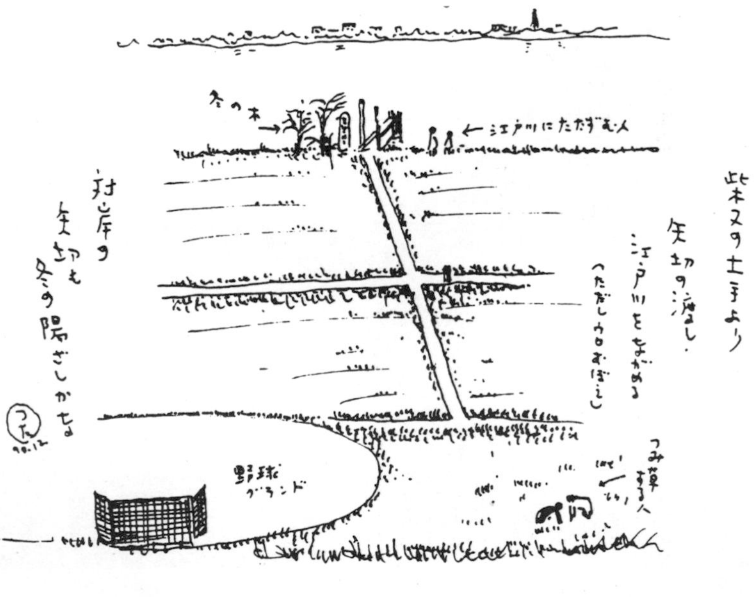

美悅子、秋吉久美子、三田佳子、後藤久美子等，集合了日本女演員陣容，驚人的人數與時間。

這些女演員走在虛構的城鎮中，甩了阿寅。柴又這座城鎮與阿寅電影互相反射的光陰，停留在參道上，參道也還在上演著電影。

✽

帝釋天始於寬永六年（一六二九年），傳說是日忠上人草創的日蓮宗寺廟，正式名稱是經榮山題經寺，帝釋天原本是印度婆羅門教的神，是雷神、勇武之神。後來被佛教涵納，成為佛法的守護之神，擁有驅退邪魔的力量。

穿過二天門，就是帝釋堂。

脫掉鞋子走上帝釋堂，格窗的浮雕細緻精密，上頭雕刻著「佛教法話」中第十話的內容，我看了房子著火的圖，想起檀一雄[5]的小說《火宅之人》。

婦人們坐著，用心地祈禱，這裡一年的祈福費是五千日元，看著格窗的小廣，發出奇怪的感嘆：「灰塵也積太多了吧！」

堂內有格格不入的吊燈，但因為是混搭，還算協調。

離開帝釋堂，老松樹的旁邊有松樹的「根御神水」，水源源不絕

二天門，帝釋天的入口。

阿寅在帝釋天廟洗身的御神水。

地湧出，婦人們用塑膠瓶裝了滿滿的水，我試著喝了一口，飽滿的味道，感到很溫暖。

我抽了籤，結果是九十六號凶：願望不會實現、等的人不會出現、找不到遺失物、姻緣破裂、買賣失利，全部都不好。

帝釋天真是直截了當。

一出寺廟，我們就去河魚餐廳喝啤酒。店內的鰻魚飯，老實說，讓人感覺胃部要燒焦了，小廣也似乎很嫌棄地吃著三層的和風便當，鰻魚內臟湯兩百五十日元。

帝釋天後面有藍毗尼幼稚園，是《男人真命苦》第三集裡，女神栗原小卷任教的幼稚園，看著右手邊的幼稚園，再走兩分鐘，會看到餐廳川甚，這裡因為曾作為尾崎士郎[6]《人生劇場》中的柳水亭而廣為人知。

經過川甚，會看到江戶川的土堤，有「江戶川健行步道」的路牌，土堤上方有腳踏車經過。我們爬上土堤，江戶川一覽無遺，這片廣闊的風景，也是《男人真命苦》裡的知名場景。土堤下方就是矢切渡口。

矢切渡口因為伊藤左千夫[7]的《野菊之墓》（電影《妳似野菊》）而為人熟知，不過對現在

5　一九一二～一九七六，被稱作「日本最後的無賴派作家」，曾獲直木獎，於本書作者擔任編輯時相交成為摯友，後文提到的《火宅之人》為其遺作。
6　一八九八～一九六四，小說家，於報章上連載的長篇小說《人生劇場》備受好評。
7　一八六四～一九一三，歌人、小說家，代表作《野菊之墓》被視為現代純愛小說的原型。

的年輕人來說，細川貴志[8]唱的歌謠還比較有名。

土堤下方有兩位婦人正在採野草，我本來想說那應該就是野菊吧，走近一看，原來是車前草的葉子，聽說煎來喝能保護內臟。

江戶川沿岸有兩座棒球場，河鷗飛在無人的棒球場上空，棒球場旁有水原秋櫻子的句碑：「葛飾啊，桃籬在水田邊。」

這一帶有許多江戶川、荒川的支流，葛飾以前叫葛西，山口素堂[9]流派的人就住在江戶葛西，他們做的俳句被稱為「葛飾風」。只要一開口吟詠「葛飾啊」，腦中就會浮現出浮世繪的風景。葛飾是美麗的地名，十分別緻。

撫摸著句碑的專太郎說：「『葛飾啊』這句最好。」

句碑的旁邊是有植株的田，這裡有各式各樣的田，葛飾區公園課的看板上寫著：「請享受油菜花的盛開。」

矢切渡口的碼頭今天休息。從江戶時代開始，這裡的渡船聯結柴又和松戶市矢切之間，也是東京唯一殘留的渡船。冬季只有星期六、日會開船，成人費用一百日元、孩童五十日元。這是到對岸僅花五分鐘的江戶情趣。

碼頭寫有但書：「當強風日、水流快時，渡船是用動力行駛，敬請諒解。船夫上」。

矢切渡船口。冬天只有星期六、日出航。

渡河之後，會看到《野菊之墓》的碑，小說中政夫和民子山盟海誓的銀杏樹已經不在了，原地立有一座紀念碑。

從川岸往上游看，在夕陽中看見橋的黑影，橋上行駛的卡車和汽車，變成了剪影，天空中候鳥成群飛走。

人們悠閒生活的江戶川一帶，即使蓋了大樓仍有美麗之處，時間讓這個地方重新上妝，再一次粉墨登場。

## 柴又……其後

京成上野站重新整修了，但不可思議的是陰森的感覺仍舊沒有消失。換乘車站不是這章寫的青砥站，而是前一站京成高砂站，白天有「京成高砂—金町」之間的往返電車。柴又站前蓋了阿寅像，一九九九年蓋的，台座上記有山田洋次的話。元祖・矢切渡口的最中四百五十日元、松屋的喉糖三百日元、黃豆糖五百日元，和當時一樣。園田佛具店的彈猿八百五十日元。市河屋的食用昆布四百日元。帝釋天境內在週末時，也會有扮成阿寅的演員，帝釋天一年的祈福費是一萬日元。矢切渡船一樣是一百日元，四月到十一月，每天出航，其他時間只有星期

8　演歌歌手。
9　江戶前期的俳人。

六、日出航，天氣不好的時候會取消。荒川河堤附近有阿寅紀念館，門票五百日元，一走進館內，就看到寅次郎家的電影布景，裡面還有展示立體模型、揭示板、戲服、小道具、海報等，當時拜訪柴又時正是第四十三集播出的時候，但沒想到再五集之後，電影就結束了。

# 深川

當地人簡稱門前仲町為門仲，在地下鐵門仲站下車後，往東口出去，會走到深川不動堂的仲見世通的入口。

象牙店、炸饅頭店、漬物店、羊羹店等店家林立，我們在中藥店成田堂旁邊的六衛門吃深川丼。

深川丼是將蛤蜊和蔥一起煮的丼飯，味道清淡，是江戶特產，上頭還有漬物和紅味噌醬，清爽風雅的味道，最近奇

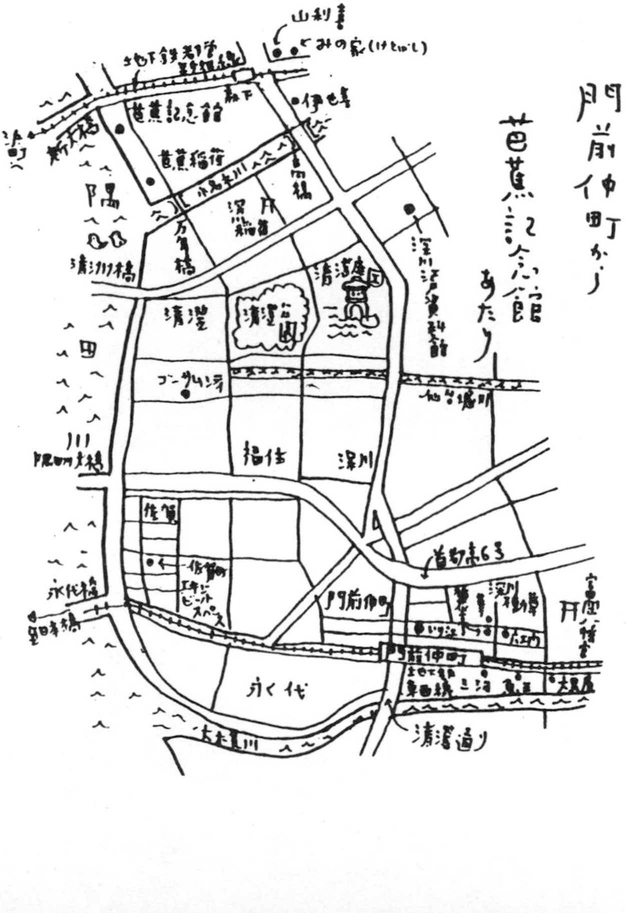

妙地頗受歡迎。

店裡客滿了，我們等了十分鐘。

我詢問店家：「深川丼的炸豆腐是不是比較多？」老闆娘回答：「仔細翻找下面的料。」炸豆腐下面有被蔥遮住的蛤蜊，共七個。

六衛門前是賣茶點的梅花亭。我一走到外面，就有人向我打招呼：「嗨！好久不見。」原來是高中同學佐藤。

我在其角買了辣仙貝。

深川不動堂是成田山不動堂在江戶的分堂，由第五代將軍德川綱吉所建造。走入境內，就聽到吹法螺的聲音，境內正在焚燒護摩木[1]，堂內一百多人正襟危坐，肩上斜掛著法會的布條，大聲的誦經聲像斥責般，砰砰地響徹背脊，感覺很有效果。

江戶的庶民之間，因為歌舞伎團十郎，很流行成田山信仰。在祛除癌症、成就戀愛的護摩木中，還混有收驚的護摩木。

護摩儀式的費用特別高，捐獻燈籠則是一般的祈福方法。我們往賽錢箱投入錢幣，發出很有氣勢的嘩啦啦聲響。

不管是不動尊還是八幡大人、日蓮宗還是什麼的，我們的作風是只要將香油錢投進去就對了，總之就是「拜託您了」，然後雙手合十。

深川不動堂的隔壁是富岡八幡宮。

深川一帶在江戶初期填平了沙洲，然後建立了富岡八幡宮，作為祭祀氏神之用。建立當初，廟方擁有六萬坪的土地。

來八幡宮參拜的江戶大名、富商，在這裡建造別院或別墅，這個八幡宮就成為深川的起點。

從不動尊進入八幡宮旁，有伊予青石，一個模仿女性生殖器官的水盤，水不斷地從切口處流下，這是由阿拉伯石油公司的山下太郎所捐獻的。小廣將嘴巴對著水流出來的渠道，嘖嘖地舔著水，我也學他這樣做。

境內有歷代橫綱的石碑，超級大的石碑上，刻有從初代明石到第六十三代旭富士的名字，碑的背面是到四十四代枥錦、四十五代若乃花，而兩側的碑還是空白的，之後還有百年的歲月。

從八幡宮走到清澄路，再往黑橋船的方向走，會到木場，過了橋之後是黑船稻荷神社，以《四谷怪談》為人所知的鶴屋南北[2]，便是在此地過世。

這一代漂浮著妖氣、靈氣，我們朝黑船稻荷雙手合十，對南北表達敬意後，走向深川江戶資料館。

仙台堀川正在進行堤防工程，木更木橋下小型的卡車揚起塵土，原本就是填海造陸的深川，如同其名，這裡的河川很多，只要走一小段路就會碰到河川，木更木橋旁開著茶梅。

橋的附近有一排小型汽車修護工廠，充滿汽油和機械油的味道，也有輪胎行、二手腳踏車行。充滿塵埃的酸味是庶民生活的香氣，這種生活氣息勾起情懷，在腳踏車行，老闆正在上下

1　護摩火供是真言宗的一種祈禱儀式，先在護摩木上寫下祈禱事項，作法後投入火堆中燒成灰燼。

2　《四谷怪談》為日本靈異故事集，於一八二五年由第四代鶴屋南北寫作歌舞伎演出。

手動充氣，聽得到「批扣、批扣」的聲音。

走進深川江戶資料館，從地下一樓到地上二樓的挑高樓層，再現了江戶時代的深川，白牆的倉庫、店面、火警瞭望塔、運河、遊船，就像電影場景。門票三百日元。

專太郎有在深川江戶資料館任職的朋友，詢問之下，結果對方剛好不在。

離開資料館，在寺町，濟生院、長專院、成等院、正覺院等小寺廟滿滿地塞在一起，我大略環顧了一下，約有二十間。不過比起寺廟，墓碑更為顯眼，應該是「墓町」的配置，陰森森的，我想我知道了為何江戶戲作者們[3]描述這一帶為「異界」。在開墾當初，這裡想必更加寂寞，也更加幽暗吧。

往清澄公園的路上，六地藏前有佛壇・佛具店，我在旁邊的魚店，買了蛤蜊香菇佃煮。

附近的舊雜貨店有賣番薯牽牛花，這是在番薯中植入牽牛花的種子，從店家張貼的照片來看，藤蔓會從番薯中長出，然後開出牽牛花。寫著「不試試看種番薯牽牛花嗎？」的紙張下面，預約購買單，有幾人寫著姓名和住址。一個才兩百日元，沒什麼賺頭。

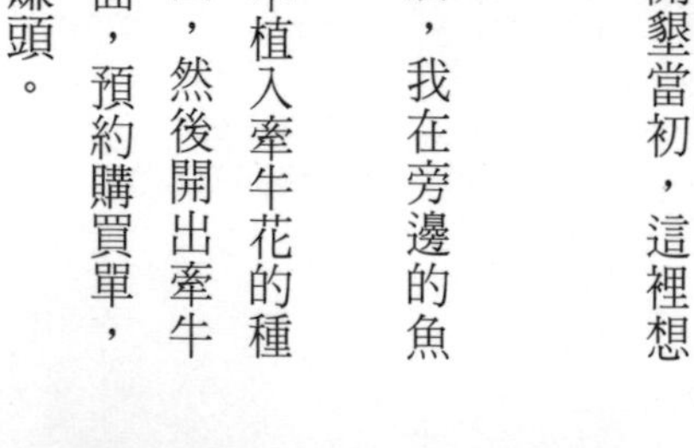

冬季草木枯萎的清澄庭園，萬籟俱寂。

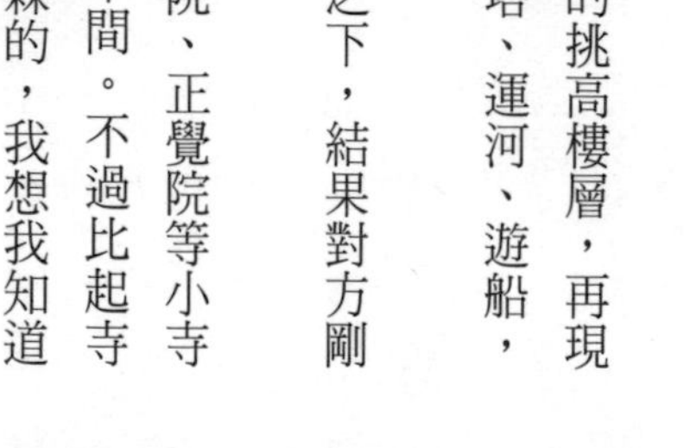

富岡八幡宮的橫綱力士碑。

「這城市到底在想什麼啊？」喜歡異想天開的遊戲，是江戶之子的面貌。

走過清澄路，就是清澄庭園。

這裡原本是江戶富商伊國屋文左衛門的土地，明治時期由三菱集團的岩崎彌太郎買下，現隸屬東京都管轄，門票是一百日元。

冬天草木枯萎的庭園很安靜，除了我們之外看不見別的遊客，庭園內從伊豆磯石到讚岐御影石都有，共有五十五種石頭。

池中有松島、鶴島、中之島三島，有船停在水面上。白色涼亭前，也有鴨子浮在水際。我們想悠閒地逛，但冬天的黃昏來得很早。這一帶因北齋和廣重的名所繪、浮世繪[4]而成為廣為人知的名勝。

深川七福神，除了富岡八幡宮外，還有冬木弁天堂、心行寺、圓珠院、龍光院、深川稻荷神社、深川神明宮。芭蕉前往「奧之細道」的海邊橋。英一蝶、新井白石的舊宅。淨行菩薩的宣明院。池波正太郎小說中鬼平曾住的地方。相撲的北之湖部屋、大鵬部屋、春日山部屋。沿著永代橋有食糧大樓。

3 「戲作」為江戶時代後期通俗小說的總稱，戲作的作者即稱「戲作者」。

4 指葛釋北齋和歌川廣重，為日本十九世紀浮世繪風景畫最重要的兩大畫師。

即使這些全部略過，惟有芭蕉庵不能錯過。

我們花五分鐘逛完清澄庭園，走入後街，右手邊是排球名校，中村學園女校，學生們正在操場上練習。充滿趣味的街景畫風一變，盡頭是淺野水泥的工廠，這裡有水泥工業發祥碑。前方的隅田川，岸邊有平賀源內的靜電起電機實驗紀念碑，聽說源內曾在這裡公開靜電起電機的實驗。

許多東西混雜在一起的城鎮，像是玩具箱的城市。

沿著隅田川岸走了一會，會遇到清洲橋，在倉庫處轉彎，就會看到因廣重的浮世繪而為人所知的萬年橋。取得吉良上野介首級的赤穗浪士一群人，就是渡過這座橋，凱旋回到泉岳寺。

渡過萬年橋前，左手邊是深川芭蕉庵的遺跡。

讓詩人詠出「古池啊，青蛙跳水的聲音」這句的芭蕉庵，其後就消失變成武家的宅邸，但在大正六年的海嘯中，芭蕉庵裡的遺物，石蛙從芭蕉庵出土了，現在芭蕉庵遺跡變成一個小祠堂，也就是芭蕉庵稻荷神社，祠下放置著復刻蛙石。

真正的蛙石在前面的芭蕉紀念館裡，表面粗澀，看起來像是鋼鐵做成的蛙石，是很不錯的石雕，有重量感。芭蕉紀念館除了蛙石，還展示了芭蕉詩箋、書信、畫像等和芭蕉有關的資料。門票一百日元。

來到酒和晚餐的時刻。

要吃哪間店呢？我們感到快樂又迷惘。

說到深川，每個旅遊手冊都會推薦櫻鍋的美濃家或是泥鰍料理伊勢喜。美濃家的櫻肉（馬肉）火鍋，味道像馬嘶鳴的聲音，生馬肉的口感讓人想奔跑。

這兩間店確實非常上等，我來過無數次。

但我的興趣是尋找當地人會去的隱藏版名店。

有一間是位於清澄路與新大橋路交叉點的山利喜。是一間烤雞肉串店。

還有一間位於地下鐵門前仲町站的斜前方，魚三酒場，在深川不動堂前。

我們走進魚三酒場是下午四點十五分。

一樓吧檯的五十個位子已經全坐滿了，一個空位也沒有，我們只好走上二樓，坐在最角落的位子。

吧檯用好幾個細長的コ字型桌聯結起來，很有歷史感的桌子。

金盃的桶裝酒開著，這裡的酒可以免費續杯一次。

下酒菜有一百種以上，最便宜的是煮魚頭五十日元，味道真的非常濃郁，才五十日元喔。醋拌窩斑鰶一百五十日元，是閃閃發亮的上等窩斑鰶，無可挑剔的上等食材。

因為太便宜了，感覺像在做夢。客人絡繹不絕地進來，四點半

分量、味道、價格都無可挑剔的「魚三酒場」。

讓詩人詠出「古池啊……」一句的芭蕉庵遺跡，現為稻荷神社。

時，二樓的五十個吧檯座位也坐滿了，客人的規矩是要從吧檯的兩邊開始坐。

坐在前面，戴著狩獵帽的老爺爺點了生海膽，我見狀也點了這道，一盒六百二十日元，比在魚店買還便宜。

鹽烤蝦六百三十日元，是魚三酒場最貴的一道菜。中等鮪魚肚六百二十日元、鮑魚三百七十日元、照燒鰤魚三百七十日元、海膽佐水母一百三十日元、鱈魚鍋四百八十日元、烤文蛤（三個）三百七十日元。

無論哪道菜都十分新鮮，分量也無可挑剔，老闆娘對要回家的老爺爺說：「爺爺，今年也要加油啊。」爺爺付了五百日元。

離開店裡走到仲町的十字路口，左手邊是從以前就有的末廣菓子店，這裡的紅豆餡茶香饅頭，甜度就像是愛情劇。蓬鬆的茶香大饅頭，外皮是焦褐色的。

## 深川……其後

六衛門的深川丼是兩樣小菜、漬物和味噌湯的套餐，一千日元，和緩又濃郁的江戶味。深川不動尊蓋了氣派的內佛殿，裡面有坡道與嬰兒床，變成無障礙寺廟，二樓有四國八十八間寺廟的砂，放在透明的壓克力罐裡，按照這個順序來回繞一圈，就是靈場巡禮。富岡八幡宮的橫綱力士碑的右邊已經刻滿了，我本來以為會結束在第六十六代若乃花，沒想到走到背面，還有武藏丸和朝青龍。深川江戶資料館門票是三百日元，布景上面的假貓超級大隻。清澄庭園門票是一百五十日元。芭蕉庵稻荷神社的右邊角落，有個箱子裡放著記事本，在這裡寫下一句詩，下次來訪時再看到那個句子，會暗自感到高興。芭蕉紀念館的門票是一百日元。我走回門前仲町站，走進永代路旁的魚三酒場，因為已經過了五點，人已經非常多了，我坐在位子上點了啤酒，老闆娘對我說：「點些生的吧。」於是我再點了八百五十日元的海膽和二百三十日元的鮪魚切片，海膽仍是用盒子裝著，我用筷子挾來吃，鼻子深處傳來海岸浪花飛散的聲音。蒲燒鰻魚三百八十日元，醋拌章魚二百八十日元，煮魚頭五十日元，我咕嚕咕嚕地喝著酒，不經意地往後看，看到已經有客人在排隊了，雖然我不想站起來，但如果此時走到店外，城鎮還是傍晚時分，涼風會徐徐吹來。

# 谷中・千駄木・根津

從山手線的日暮里站下車，這一帶一覽無遺。日暮里站是全日本電車通過次數最多的車站，市內的房子非常貼近鐵軌，像是要包住往來的電車。

擁擠並排的家屋有江戶的餘韻，江戶之子呼吸的節奏乘著電車的聲音傳遞過來。

「啊啊，真想住住看這裡。」我如此想著。

與其說是想住在好房子裡，不如說想住在好的城鎮裡。谷中

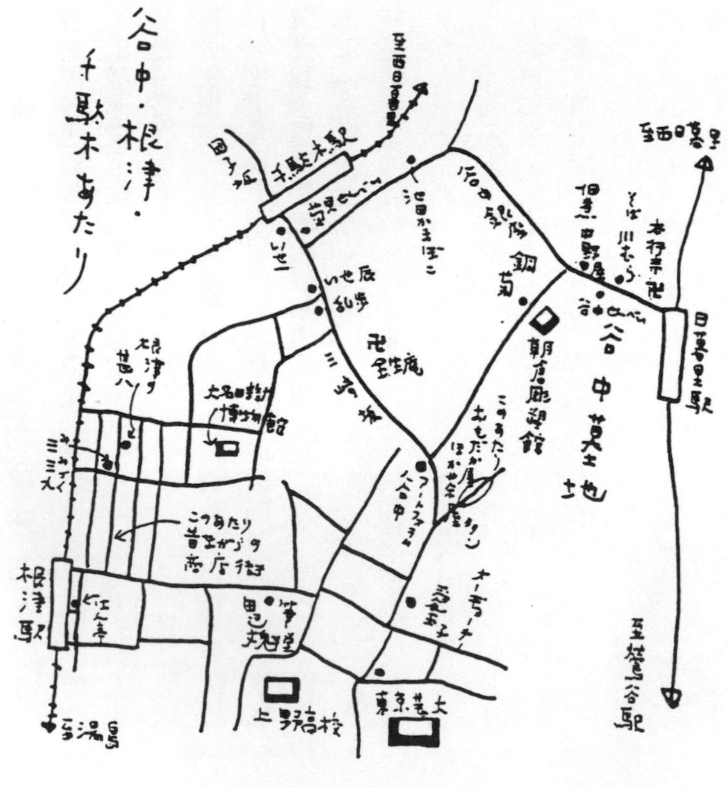

就是我想居住的城市之一。

離開日暮里站，走向谷中方向，御殿坂上有以月見寺之名為人所熟悉的本行寺，建造江戶城的太田道灌，也在此地造了物見塚[1]，寺廟境內有物見塚的碑。

境內也有山頭火[2]自己刻的句碑：「看見月亮放心了，來到東京。」

專太郎看著圓圓的筆跡，驚訝地說：「真爛，像小學生的俳句。」

如果這俳句是山頭火以外的人寫的，就是很平凡的句子吧。

旁邊則有小林一茶[3]的「熱氣啊，道灌殿下的物見塚。」

這是名句，尤其「道灌殿下」甚佳，首句的「熱氣啊」一度切斷節奏，腦海中充滿著景象，讓人會有大約五秒的停頓，才繼續鑑賞下面的句子，這節奏也很好，如果試著唸出聲的話，會有飽滿的音律在腹腔迴響。

冬天的枝垂櫻被雨濡濕。

我們一邊毀謗著山頭火，一邊進入隔壁的蕎麥麵店川村，這是一間有百年歷史的老店。說著他人的壞話時的啤酒最好喝了，我們點了六百日元的煮豬排，三人分著吃。

小廣點了天婦羅蕎麥麵（八〇〇日元），專太郎點了山藥蕎麥麵（七五〇日元），我點了

1 「物見」在日文中有觀賞、瞭望之意，室町時期武將太田道灌覺得此處視野很好，故建立此塚。
2 種田山頭火，一八八二～一九四〇，自由律俳句的代表詩人。
3 一七六三～一八二七，江戶時期的俳人。

牡蠣蕎麥麵（一〇〇〇日元），寒冷的天氣就是要吃蕎麥湯麵。牡蠣蕎麥麵是將三陸的生牡蠣煎過後，放在熱蕎麥麵上，牡蠣會慢慢融化，和蕎麥麵融為一體，優雅的味道，像是喉嚨有鈴聲響起，江戶風的湯頭讓人極為享受。

我們離開店裡，走下御殿坂，看到甜點店吾妻家、和菓子店日暮、佃煮店中野屋，鰕虎佃煮一百公克四百二十日元。在谷中七丁目左轉，有五金行銅菊。

銅菊古老的櫥窗中，有玉子燒鍋和煮親子丼的銅鍋，看見銅鍋的專太郎說：「感覺可以拿來做膨糖。」

從店裡走出來的婦人聽到後，抱怨道：「你真是個笨蛋，旁邊的人也沒阻止你，真是可怕，討厭。」我看一眼就知道這是位個性刻薄的老闆娘，這種乖僻的個性，感覺會出現在幸田露伴的小說中。

露伴也總是無法割捨鬧彆扭的女人來找茬的橋段。

銅菊前是朝倉雕塑館，後面有露伴、白秋[4]的故居。朝倉雕塑館展示了被稱作日本羅丹的朝倉文夫的工作室與住居，門票三百日元。

展覽館的入口，是一棟黑色的西洋館，像是會出現在江戶川亂步小說中的建築，入口的屋頂上有讓人不舒服的雕刻，看起來像是千面人正在逃亡。因為亂步也住在這一區，也許真的是參考千面人的形象

受景仰的女人，高橋傳之墓。

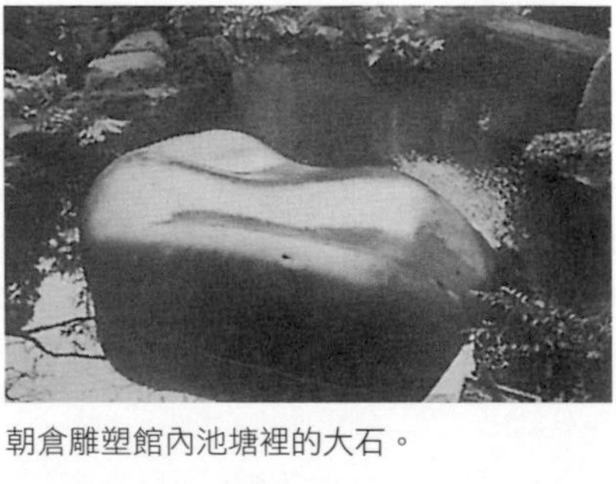

朝倉雕塑館內池塘裡的大石。

也說不定。

走進雕塑館中，看見日式建築的故居，中庭的池子中有鯉魚在游泳，這個利用了天然湧泉的庭園叫做「五典的水庭」。

工作室中展示了太田道灌像等約七十件作品。

從朝倉雕塑館出來，走下坡道，周圍都是寺廟以及異常多的仙貝店。坡道的盡頭，有一間酒吧。

我們斜眼看著酒吧，一邊走向谷中墓地。路旁的駄菓子店[5]賣著墓地的導覽手冊。我們看了介紹地圖，這裡果然有許多名人的墓，如横山大觀[6]、獅子文六、澀澤榮一[7]、初代圓遊[8]、牧野富太郎[9]、澤田正二郎[10]、上田敏[11]等。這是於明治七年落成的三萬坪公有墓地，計程車停在墓園內的櫻花樹下休息。

4　北原白秋，一八八五～一九四二，童謠作家、詩人。日治時代曾受邀來台，留下《台灣青年之歌》等創作。
5　相較於高級甜點店，販售廉價零食的商店。
6　一八六八～一九五八，膠彩畫畫家。
7　一八四〇～一九三一，明治至大正時期實業家，有「日本資本主義之父」之稱。
8　一八五〇～一九〇七，活躍於明治時期的落語家。
9　一八六二～一九五七，第一位使用林奈分類系統分類日本植物的植物學家，也被稱為「日本植物學之父」。
10　男演員，活躍於大正至昭和時期。
11　一八七四～一九一六，詩人、評論家、翻譯家。

長谷川一夫[12]的墓上還有新的紅土，也有粉絲送來的鮮花，澤田正二郎的墓上有新國劇的名片夾，從前的明星就算死了也還有人氣。

公共廁所旁是高橋傳的墓。眾所皆知，阿傳是殺害男人，在三十歲遭到處刑的毒婦，我從以前就一直很仰慕她。不過我疑惑她明明是遭到行刑，為何還有墓呢？結果仔細一看，這不是墓，而是一座碑。我繞到背後讀碑文，原來這座碑是明治十四年阿傳的第三年忌日時，由假名垣魯文所捐贈的[13]。

我恍然大悟地點了點頭，因為垣魯文曾寫過高橋傳的故事，還賺了錢。除了垣魯文之外，碑上還有和同開珍社、伊呂波報社等出版社，還看得到歌舞伎演員勘彌、菊五郎、左團次，落語的圓朝、柳枝等姓名，大家都是因為「毒婦阿傳」的故事而賺錢的人。現在的報社或雜誌社，因為報導罪犯而賺錢的話，也一定要為其立碑。

「總之，像是誰誰誰與誰誰誰。」

我們三個人一邊舉出最近窮凶惡極罪犯的名字，一邊繞著墓地行走。墓地旁的茶屋，每一間都是古老的木造建築，春天櫻花盛開時的景色一定很妖媚。人還活著的時候，繁華的地方是城市的鬧區，但死後則變成公共墓園。墓園很熱鬧。

墓地的中央有五重塔的遺跡。

這一帶的寺廟很多，卻不覺陰森，主要是因為居民會常來弔唁死者。還活著的人們與死去的人們，一起快樂地喧騰，死了還繼續在墓地下的大廳裡舉辦派對，名人們的地下舞會。

走下別名為首振坂的三崎坂，在寺院之間有娃娃屋和馱菓子屋。往馱菓子屋裡面看，陳列著蝦餅、紙氣球、百連發的玩具手槍等等，還有賣櫻桃小丸子的點心。馱菓子屋的斜對面，是掛有賣鹽招牌的伊勢五酒館，是一棟古老的建築物。

在柳亭痴樂的落語中，有一節模仿電影播放的橋段：「谷中初音町的藤田先生，狐狸在門口等著。」

城鎮的遊樂氛圍讓從前的近代思想被喚起，光是走在這裡就感到高興。

酒館的旁邊，永久寺前的步道上，有一整排的盆栽樹，目測百盆以上，使用了盆子、水壺、舊鍋子等容器充當花盆，而且到處立有：「狗大便可以看出飼主的品格。亞禪坊」等類似標語。

寺廟前有跳爵士舞的場地，彷彿可以看到居民享受生活的姿態。

12 男演員，被譽為二戰前後日本美男子的代表。

13 年僅二十八歲的高橋傳，因殺害古物商後藤吉藏被判斬首刑，她的苦難故事卻在通俗作家假名垣魯文改寫後，以「明治一代毒婦阿傳」的形象傳遍街巷，引起其他戲作者跟風出書，之後更改編成舞台劇上演。

坡道的正中央，有江戶千代紙店的伊勢辰，這間店有販售雕版印刷的千代紙和一些江戶小物，我買了迷你書和信紙組。

由於小廣相機的電池沒電了，我們詢問老闆娘哪裡有電器行。老闆娘告訴我們電器行的位置後，一副若無其事地說：「騎我的腳踏車去吧，雖然很舊了。」

老闆娘講話的方式落落大方，讓人感到親切，這種突然出現的庶民性格，是谷中的真實面貌。

等待小廣回來的期間，我買了這個那個，花了一萬六千日元。這類的店有時會淪為鄉土工藝品的風格，但伊勢辰不會，這裡賣的東西都有著江戶的風雅。

伊勢辰隔壁是咖啡店亂步，江戶川亂步曾住在這一帶。若從伊勢辰走到大眾澡堂朝日湯，過了朝日湯再往下走，三崎坂就會變成團子坂，三崎坂位於台東區，團子坂則位於文京區，這裡是兩區的邊界。

我突然想起，進入團子坂後，會看見格子拉門的菊見仙貝店。

江戶川亂步有一部短篇小說名為《D坂殺人事件》，格子拉門就是解開謎底的關鍵。原來D坂就是團子坂。我因為恍然大悟而雀躍不已（雖然不是什麼重要的事），所以買了一袋仙貝，仙貝的旁邊擺著紅豆麵包和甜食。

「伊勢辰」販賣江戶的精華。

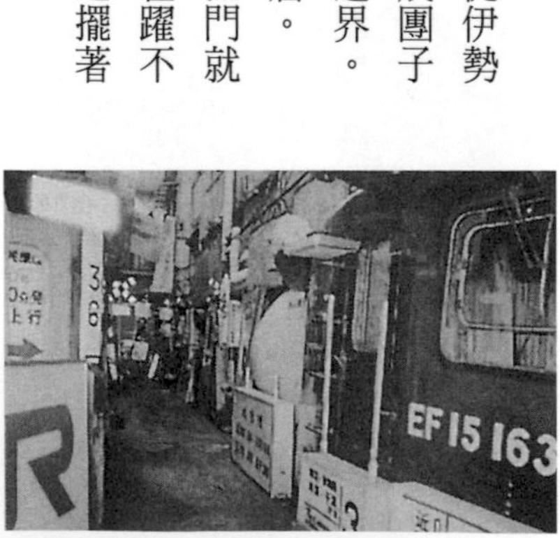


「瀨戶內」有與鐵路相關的收藏。

團子坂的山腳有伊勢一，這間店和伊勢辰是姊妹店，這裡賣著江戶娃娃。我買了一個小的人形娃娃和江戶的升官圖。這次的散步買了特別多東西，感到很高興。

伊勢一前面的巷子裡，有魚餐廳瀨戶內，要進入餐廳的走道旁，被Ｃ50型的蒸汽火車頭、電車時刻板、舊國鐵標識與燈號塞得滿滿的，如果讓蒸汽火車的愛好者看到了，會垂涎三尺吧。這條路看起來就像是ＪＲ將物品轉賣給民間的雜貨店街。

走過不忍通、離開團子坂，經過和菊人形[14]歷史有關的地點後，就會抵達白山，但已經接近傍晚時分了，我們想喝酒，於是從千駄木站前的不忍通左轉，走向根津。

根津的小巷裡有很多公共澡堂，商店街的店家燈火通明，魚販傳來很有氣勢的叫賣聲，夕陽即將西下，城鎮的繁華景象增添了下町的氣息，我想抓著來買東西的太太的裙子，一起進入她家。

正當我一個人喃喃自語地說：「不能做這種事啊。」的時候，專太郎狐疑地看著我的臉說：「喂，你剛剛說了什麼？」

雖說人到了夜晚會變得比較冷靜，但在天色要暗不暗的時刻，人

14 穿著菊花做的衣服的等身大人偶。

炸物串店「飯亭」為木造的三層樓建築。

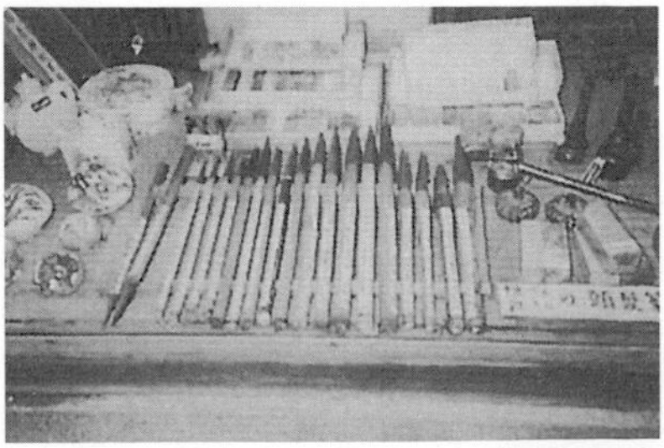
「田邊文魁堂」中，有販賣用不知名女性的頭髮做成的筆。

心是喧騰的，並從體內散發出熱氣。

我一邊冷卻體內的燥熱，一邊走上言問路，右手邊是毛筆店田邊文魁堂。這間店的祖先田邊松藏是做毛筆的名人，米羅來過這裡買筆。米羅所使用的筆，是用白馬的尾巴做成的，被稱為白扇馬毛。狹窄的店內裝飾著米羅使用過的筆，並附上說明：「米羅老師揮毫之筆。」雖然筆跡很難看，卻也可親可愛。

店內櫥窗裡，有祖先所做的筆，有用十三歲女孩的毛髮做成的毛筆，也有用三十五歲太太的毛髮做成的毛筆，其他也有像是胎毛筆，但這些到底是使用哪部位的毛啊？

我買了細毛筆，然後去了炸物串店飯亭，這是一棟木造的三層建築，炸肉、炸魚、炸蔬菜串，共三十一串。

我們微醺地走出店裡，再走進小吃店三三九，喝了加溫水的燒酒。這間店的蛋包馬鈴薯（六〇〇日元），有著頭被輕撫般的心癢滋味。我坐在店裡的陰暗處，將今天買的千代紙和江戶升官圖從紙袋中取出，仔細端詳。我買的每樣物品裡，都浸潤著城市的活力、優雅與童心。所謂好的城市，就是花時間與精力，仔細創作出來的作品。

## 谷中・千駄木・根津……其後

這一帶通稱「谷根千」，因為是城市散步的好地點而得名。川村的煮豬排七百日元、天婦羅蕎麥麵一千日元、山藥蕎麥麵八百五十日元、牡蠣蕎麥麵一千二百日元，地酒有四十種左右。中野屋的鰕虎佃煮一百公克五百日元。朝倉雕塑館門票四百日元。谷中墓地路上的駄菓子屋似乎不見了，但花店有賣墓地導覽手冊。高橋傳碑的旁邊，是以「哎呦嘿」的曲子為人所知的「新派劇之父」川上音二郎的碑，但因戰爭時期須提供金屬物品，現在只剩下台座了。伊勢五酒館的芋頭燒酒種類豐富，有鹿兒島的兵六。伊勢辰不再賣迷你書，但有賣製書紙，伊勢一則成了伊勢辰的分店，沒有伊勢一這個店名了。瀨戶內成為大廈一樓的店鋪，但仍放有鐵道標識。飯亭一開始的套餐是二千七百日元，後來變成六串套餐一千三百日元。三三九改名叫阿爾泰，阿爾泰馬鈴薯六百五十日元，這間店雖然在根津，卻瀰漫著亞洲氣氛。

# 本鄉

我們三人約在東大赤門前的咖啡店魯奧見面，我點了咖啡和吐司，遲到的專太郎點了斯里蘭卡咖哩套餐，我用湯匙舀了一口放在吐司上，配著咖哩和紅薑吃吐司。

紅薑看起來像是赤門。

這一帶有許多以赤門為名的店，映入眼簾的就有赤門古董美術店、赤門烏龍麵店、赤門大樓、赤門不動產、赤門美容院、赤門公寓等等，甚至還有赤門麻糬、赤門牛排。

所以，很討厭啊！從麻糬到烏龍麵都叫赤門餐廳，明明是很好的城市，現在卻瀰漫著教育主義，好像二流學校的人非吃赤門麻糬不可。

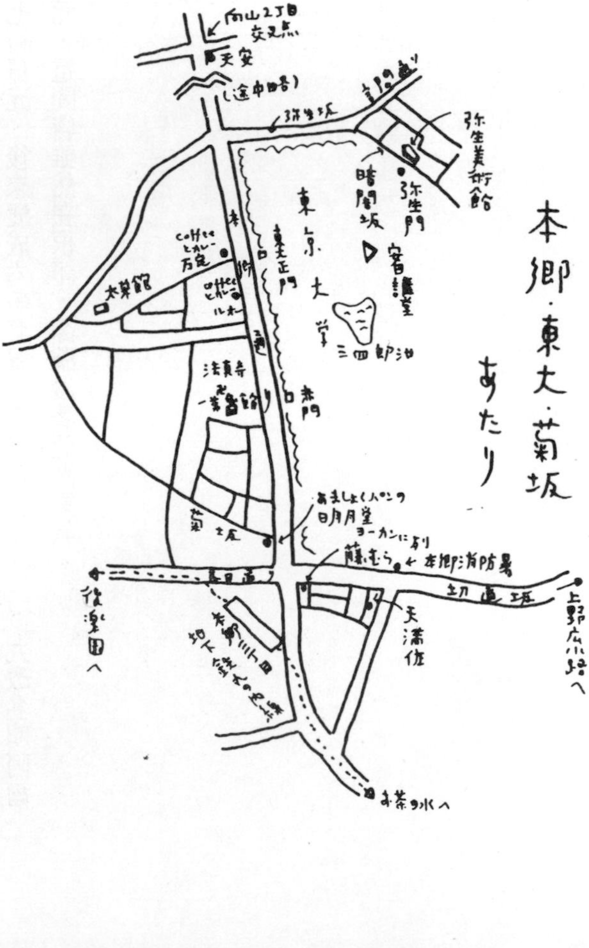

本鄉是文人之城，還大量殘留著古老而美好的東京痕跡，但現在東京大學的影子卻沉重地壓在上面。我並不是報考東大失利，所以對東大沒什麼特別的憎恨，但一來本鄉，就感覺被東大的分量瞪視著，我低著頭，雙腿變得僵硬。

進入咖啡店魯奧，店內滿溢著咖啡香，古老的木椅，輕聲流瀉著柴可夫斯基的樂曲，入口有一幅魯奧[1]的畫。透過玻璃窗，可以看見東大的校舍，來往於本鄉路的汽車折射著光，光線照耀進來。

我們一邊喝著咖啡，一邊努力下定決心，要進入東大校園，就需要像跳入游泳池那樣的決心，某種程度是在跟自己的過往戰鬥。小廣一邊看著東大的紅磚牆，一邊挑剔地說：「看起來像牢房。」然後才站了起來。校園裡面的建築物看起來就像要塞，威嚴、神祕而自信。

赤門大樓旁邊的巷子裡，有法真寺，我們順道走過去，這間寺廟的腰衣觀音即是樋口一葉[2]所寫的「腰衣霑小佛」，觀音嘴巴小小的，看起來很嫵媚。

「因為腰滿粗的，感覺很多情。」

「像會參加三越預售會的有錢貴婦。」

「像老店家的女兒，心地很壞，但很有魅力。」

---

1 Georges Rouault，一八七一～一九五八，法國畫家、雕塑家，作品常以強烈的色彩和扭曲線條描繪人類的苦痛。

2 一八七二～一八九六，明治初期女性小說家代表，為平安時代一千餘年後出現的第一位女作家，有「現代紫式部」之譽。

我們三人說了很多批評的話，最後想要投香油錢，卻發現沒有賽錢箱。

取而代之地，本殿前卻有紅色郵筒，郵筒是拿來這樣用的嗎？寺廟裡的一葉會館也有郵筒，這裡的郵筒也想和赤門一樣嗎？在寺廟的布告欄上，貼有一葉忌日的海報。

赤門大樓再過去兩棟，是名為野瀨的舊旅館，我還是雜誌編輯時很常去那裡，因為要把照片放進稿子裡時，榻榻米的房間就很方便，可是當我們尋找的時候，卻發現野瀨已經不在了，原址已蓋了新大樓。

從前的記憶隨風而逝。

漂亮的老闆娘不知道好不好。

路旁有幾間就舊書店，但和神田比起來沒什麼活力。有幾棟又矮又舊的大樓，赤門大樓前有「少年社」的招牌；大理石建築的郁文堂則是德文書的出版社。

東大正門像是人民公社蔬菜部的入口，正門旁有立牌，和前陣子比起來小了一些。一個是「布希總統停止戰爭」（自治會），另一個是「日本政府遵守憲法」（職員工會）。口號沒有魄力，立牌的文字也很小，感覺很弱。

東大正門。赤門正在施工。

三四郎池。美禰子曾經站過的地方是哪裡呢？

進入正門，走在銀杏大道上，二十二年前的記憶一口氣甦醒了。一九六九年，安田講堂被學生占領，與機動隊發生衝突[3]。那時我藉由雜誌協會記者的臂章，得以進入封鎖現場採訪，在那之後，我有二十二年沒有踏進東大校園了。

走過正門，會看到左手邊的工學院列品館，是一棟奶油色的建築，這是最初被學生占領的地方，我在列品館被占領後馬上跑進去，裡面充斥著催淚彈的味道。

現在又想起那催淚彈的味道。

從銀杏大道看得到安田講堂，現在鋪有嶄新的紅磚，因為鐘塔讓人想起巨大的墓，我想在鐘塔前投香油錢，被小廣阻止了。

鐘塔下面的福利社，有販賣老帕爾威士忌、人頭馬洋酒，最近的學生變得真奢侈。東大的銀杏校徽商品陳列在架上，東大印花上衣、東大印花圍裙、東大印花鑰匙圈……鋼筆盒、錢包、卡套、鉛筆盒、毛巾、塑膠袋、手巾、手帕、手錶等，全部都有東大的圖案。全身都穿著東大出品的學生什麼的，光想就覺得可怕。

福利社旁的食堂裡，炸沙丁魚、炸絞肉佐蓮藕、味噌湯、白飯的B定食是三百日元。漢堡肉的C定食是三百六十日元。最貴的是豬五花，四百九十日元。穿著灰色作業員服的工人也和學生坐在一起用餐。

---

[3] 東大安田講堂事件。一九六九年一月，東京大學本鄉校區遭全學共鬥會議（全共鬥）占領，警視廳派出八個機動隊包圍，最後逮捕九十名學生，解除講堂封鎖。當時學生占領工學院列品館，寫下的「造反有理」標語十分有名。

食堂內有餐點的意見調查表，對於難吃的意見，食堂會在布告欄張貼出「回應」，在這種奇怪的地方很民主。

因夏目漱石的小說《三四郎》而聞名的三四郎池，位於面對安田講堂右手邊的一片樹林裡。池水混濁，二月的陽光微微照進來，孩子們正在打撈池子裡的垃圾，池塘旁，茶梅的樹枝上有兩隻雞在啼叫著。

走在東大校園，我注意到學生看起來都很憂鬱。建築物很陰暗，地面、空氣、學生的表情也很陰暗，這裡是學問的堡壘，所以陰暗點也沒關係。但所謂的大學校園，應該有明亮的部分，例如樂團練習的聲音、運動社團在跑步、自治會在畫看板、戲劇社在練習發聲等等，充滿快樂的氣息，青春的光采。

但東大校園內，充滿陰沉的空氣。

專太郎說：「是否該來寫個『醒醒吧東大生，變成笨蛋吧』的看板。」這裡充滿不服輸的氣氛。

小廣也走得很快，似乎想早點逃離校園的樣子。我們從正門走到後面的彌生門，花了約三十分鐘，這叫做「走後門離開學校」。

以後我的經歷中是否該寫個「平成二年，通過東大」之類的。

出了東大彌生門，就是彌生美術館。美術館於昭和五十九年落成，收藏許多竹久夢二[4]、高畠華宵[5]的作品，現在正在舉辦伊藤彥造[6]展，美術館入口有賣夢二和華宵的明信片，我買了有夢二圖案的手動音樂盒。

因為這一帶是最早發現彌生時代土器的地點，在彌生美術館通往言問路的坡道途中，放置有「彌生土器的名稱由來」的看板，是由教育委員會所製作，在玻璃箱裡陳列著土器的複製品。

沿著東大圍牆，走在本鄉路上，黑色的樟樹隨風搖曳，發出沙沙的聲音。

我看了一下舊書店，裡頭有成綑的《裴斯泰洛齊[7]全集》與《東大百年史》。

有的書店掛著「薄利多銷」的牌子，但沒有看到想買的書，換言之，這裡好的舊書店很少。

我想喝啤酒，於是走進萬定，這裡是專賣水果甜點的咖啡店，沒有賣啤酒。萬定於大正三年開業，牛肉燴飯頗受好評（六五〇日元），店內有古老咖啡店才看得

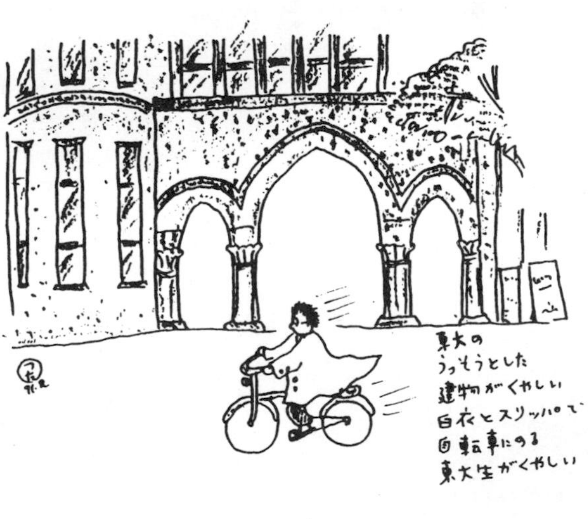


4 一八八四～一九三四，畫家、詩人，以筆下的「夢二式美人」著稱，為大正時代代表畫家。

5 一八八八～一九六六，活躍於大正至昭和時期的畫家。筆下描繪的美少女、美少年受到大眾歡迎，明治到昭和初期的和服洋裝、各式髮型、飾品也是創作的主題。

6 一九〇四～二〇〇四，插畫家，以極細緻的畫風聞名。

7 Johann Heinrich Pestalozzi，一七四六～一八二七，瑞士教育家，被尊為「歐洲平民教育之父」。

到的圓形吧檯，住在附近的宇野浩二[8]或木下順二[9]都會來這間店。

老闆對我們說：「曾經有試著賣啤酒，但一個月只賣出十瓶。」

一位女性接話：「沒有大白天就喝酒的人吧！」

原來如此。這片土地的性質就是正經吧。我像個少爺[10]一樣，點了天然柳橙汁（三五〇日元），純情的味道。

在東大正門前的森川郵局轉彎，盡頭是蔦屋旅館，再沿著道路右轉，會看到旅店太榮館，這裡以前是石川啄木[11]上京時住的蓋平館，太榮館前有句碑：「在東海小島的白砂岸邊，我一邊哭泣，一邊和螃蟹玩耍。」

啄木住在二樓一．五坪大小的房間，從那裡看得見富士山。啄木是雜誌《昴》的編輯，北原白秋、杢太郎[12]、吉井勇[13]等人會在這個房間集合，附近也有德田秋聲[14]的宅邸和萬太郎[15]的墓（喜福寺）。從蔦屋旅館前左轉，會走到菊坂路。

菊坂有菊花田，是和近代文學聯結很深的一區，除了樋口一葉外，高山樗牛[16]、上林曉[17]都住在這裡，尾崎士郎、宇野千代[18]、正宗白鳥[19]、谷崎潤一郎、廣津和郎[20]則以菊富士旅館作為工作室。

坡道上有一葉常去的當鋪伊勢屋的倉庫，解說看板上寫著：「一葉在二十四歲去世時，當鋪老闆致上奠儀。」

啄木寄宿的「太榮館」（舊蓋平館）。

彌生美術館。收藏有許多夢二、華宵的作品。

走上菊坂，遇到本鄉路，會看見宇野千代當服務生的餐廳燕樂軒（文京中心大樓）。為了見美麗的宇野千代，菊池寬、久米正雄[21]、芥川龍之介[22]等人會來這間店討論文學。那時的本

---

8 一八九一～一九六一，小說家，以描寫庶民生活的短篇小說《倉庫裡》和長篇小說《苦惱的世界》，奠定其文壇地位。

9 一九一四～二〇〇六，劇作家、評論家。

10 作者由景生情，暗喻自己為曾在東大任教的夏目漱石名作《少爺》的主人翁。

11 一八八六～一九一二，詩人、小說家、評論家，打破短歌一行書寫的陳規，創造了一種散文式的三行書寫短歌，琅琅上口的詩風，贏得「國民詩人」的稱呼。對日本詩歌的發展貢獻甚大。代表作有《一握之砂》、《悲傷的玩具》等。

12 木下杢太郎，一八八五～一九四五，詩人、劇作家、小說家、醫學家。

13 一八八六～一九六〇，歌人、劇作家。

14 一八七二～一九四三，小說家，曾師事尾崎紅葉，和泉鏡花等並稱「紅葉門下四金剛」。擅長描寫社會底層女性、揭露社會黑暗面，而為文壇所重。

15 久保田萬太郎，一八八九～一九六三，小說家、劇作家、俳人。

16 一八七一～一九〇二，明治時代的評論家、思想家。

17 一九〇二～一九八〇，小說家。

18 一八九七～一九九六，小說家、散文家，亦為編輯、和服設計師、企業家。多才多藝，創作力旺盛，和作家尾崎士郎、畫家東鄉青兒等名人戀愛、結婚，感情世界也很繽紛。代表作有《阿藩》、《雨聲》、《活著》等。

19 一八七九～一九六二，小說家、劇作家、評論家，被譽為繼田山花袋後自然主義文學代表作家。

20 一八九一～一九六八，小說家、評論家、翻譯家。

21 一八九一～一九五二，小說家、劇作家，與芥川龍之介同為漱石門生，著有《螢草》、《破船》等通俗小說。

22 一八九二～一九二七，小說家，代表作包括《羅生門》、《竹林中》、《河童》、《齒輪》、《地獄變》等。晚期飽受心理及精神痛苦仰藥自殺，好友菊池寬於一九三五年設立「芥川獎」紀念，現已為日本年度最重要文學獎項之一。

鄉，處在最有活力的年代。

我在明月堂麵包店買了甜點，然後走到藤村買羊羹。藤村的羊羹有出現在漱石的《我是貓》，是老牌的羊羹店了，我二十年來都是這間店的粉絲。這裡的羊羹是由行家所焠鍊出的逸品，我還遇到老闆藤村昌弘，和他打招呼，訂了二十條羊羹宅配。

我們晚餐吃天安。這裡以前叫魚町，現在是向丘二丁目的十字路口。天安是用胡麻油炸江戶前的食材，我二十年來也一直很支持這間店。雖然喜歡天婦羅丼，但因為是晚餐，所以點了最貴的上等定食。閃閃發亮的炸蝦旁，是三十公分的大鰻魚，鰻魚是道地的江戶味，無可挑剔，而巨大炸蝦則是最後的會心一擊。

在我們狼吞虎嚥時，一位眼熟的人走進店裡，原來是住在本鄉西片町的京子姊，今年還是第一次遇到。我一邊擦著冷汗，但其實內心很開心。

## 本鄉……其後

魯奧咖啡三百八十日元、吐司三百三十六日元、斯里蘭卡咖哩套

飄著近代文學味的菊坂。

餐九百五十日元，價格雖然變了，但店裡的常客享受著早晨咖啡的神情依然沒變。萬定的牛肉燴飯也漲成八百五十日元，但柳橙汁的價格沒變，能看到水果甜點店的誠意，兩間店的氣氛都很清爽，應該能讓還沒睡醒的東大生醒過來。東大安田講堂底下的福利社，燒酒和葡萄酒變得較受歡迎，東大紅、白葡萄酒一箱五千日元，土佐的香橙酒八百四十七日元，福利社前一排銀行ATM，中央食堂的C定食（M）五百一十日元、（S）四百五十日元，S的話白飯是一半，有天婦羅丼、涼拌豆腐、味噌湯，赤門拉麵三百六十日元，校園內可以看見的立牌只剩兩個：一是「反對用武力管理國際事務。教育學部學生」；另一個是東大職員工會抗議過勞。賣羊羹的藤村因裝潢施工停業。向丘的天安已經關了，原地正在興建大樓。

# 日本橋

日本橋的十字路口，有名水「白木」。這一帶是填海造陸，水裡的鹽分很多，味道不好，而白木就是為了大名諸侯而挖鑿的井水，專門用來沏茶。和大家約在白木名水前見，因為早到了，先走進地下鐵京橋站，地下鐵樓梯旁有明治屋的SNACK MOLCE，我想站在那裡喝啤酒，結果不出所料，專太郎和小廣也在那裡，大家的想法都一樣。

明治屋的地下餐廳MOLCE，裝潢是戰後的西洋風格，充滿昭和摩登的色香味。桌椅區約有五十席，裡面有大理石吧檯。一萬八千日元的燉牛肉評價很好。

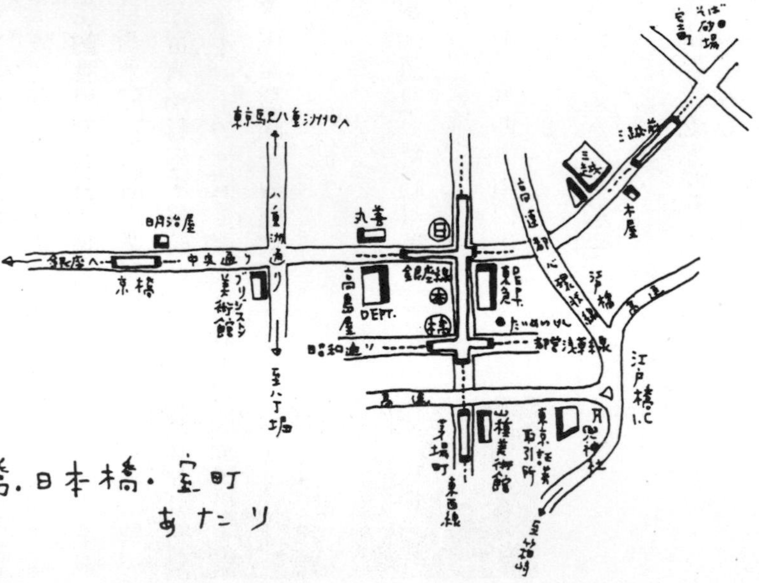


京橋・日本橋・室町
あたり

我喜歡這個地下餐廳的立席，喝了兩百二十日元的咖啡。熱狗一百日元、水煮蛋六十日元。如果再加上香菸，站在吧檯的我就像一位私人偵探。這裡很像倫敦的老咖啡店。

我一直忍耐著不吃MOLCE的燉牛肉，是因為我們已經決定午餐要吃泰明軒的羅宋湯，一碗五十日元的知名料理羅宋湯，還有九百日元的牛排丼。

走回地面上，抬頭看著花崗岩建築的明治屋大樓，明治屋的藏青色布上染著白色花紋，店內裝潢有著東京的雅致與新式風格。

日本橋的明治屋、丸善、三越等老店，頑強又忠誠，這城市與高級西裝十分相配，城市不僅有力量，而且留有彈性的餘地。

泰明軒是兩層樓的高級餐廳，一樓則是便宜的西餐廳，這間老店應該是東京洋食店的前五名，羅宋湯、醋拌生菜都是讓店家賠本的五十日元，從以前就很有名，拉麵的味道也很特別。二樓的餐廳則會出十八道日本洋食料理，是知名的小盤料理。首先上的是法國蝸牛、毛豆、炸蝦、鮭魚、酒蒸鮑魚、淡菜、醃牡蠣、雞尾酒蝦、比目魚生魚片；再來上干貝、蘆筍、烤牛肉、奶油濃湯、蟹肉可樂餅、焗烤雞肉、燉牛舌、水果，慢慢地上完十七道菜；最後加上拉麵，總共六千八百九十日元，吃完心情會變得很愉快。

因為一樓客滿，我們等了五分鐘，一坐下來就點了羅宋湯和醋拌生菜，如果只點這些，一人就是一百日元，再配碗白飯，就是豪華的午餐。但難得來了，於是我們又點了可樂餅（八〇〇日元）、炒飯（八〇〇日元）、牛排丼、豬排三明治（二二〇〇日元），也點了伊丹十三在這間店拍電影時的蒲公英蛋包飯（一五〇〇日元），最後點了一碗拉麵，三人分著吃。泰明軒的拉麵有叉燒、筍乾、蔥、豌豆莢。牛排丼是在熱乎乎的白飯上鋪滿蔥花，再鋪上牛排、蘿蔔苗和紅蕪菁切片。無論哪道菜都是最完美的款待。

吃飽後，我們走去三越後面的日本銀行，對建築物鞠了個躬。

我們來到東京證券交易所，也就是東證時，心情很沉重，因為股票跌了。雖然不是很多的錢，但賠了就是賠了，雖然不是東證的錯，但我還是發出「唉唉」的嘆息聲。

東證大樓是白色牆壁的建築，使人聯想到巨大的船艦，分量沉重，有日本經濟的莊嚴感。我們在參觀者入口，拿了參觀證，搭乘長長的手扶梯來到三樓，這裡有賭場的殺氣。

隔著玻璃窗，看見買賣的現場。交易台的周圍，都是穿著深藍色西裝的男人，如果將手心朝向自己就是買進，朝向對方就是賣出。雖然在電視上也看得到這個景象，但實際在現場觀看時，能感覺到名為市場的怪獸傳來的灼人氣息。

從上面觀察正在買賣的男人們，就像蟻群，人氣股的櫃檯就像砂糖，穿著深藍色西裝的螞蟻都聚集過去。這裡就像賭場，也像劇場。白襯衫在眼前晃來晃去，合法賭場的熱氣、冷靜與觀察，在激動的動作背後流淌著，這裡是金錢的磁場。

在我們參觀的時候，突然就三點了，鐘「噹噹」地響起，一天的交易結束了。

我們走出東證，繞去後面的兜神社參拜。在高速道路正下方的兜神社，與東證一樣，同時於明治十一年創立，境內有兜石，源義家將兜盔放在這塊石頭上，以求戰勝，而我們三人也把錢包放在石頭上面，祈求脫離貧困。

許完願後，我們立刻就有了可恥的煩惱，不知道應不應該把錢包裡的百元硬幣捐出來。我們向路過的ＯＬ詢問山種證券的地點，並沐浴在大樓風中。

從日本橋到兜町一帶，坐落著整排的證券公司，我們迷失在大樓與大樓之間。徘徊在大廈城，是東京特有的不安，失去自身的座標是一種茫然的快樂，在城市裡糾結。

山種證券大樓九樓，是山種美術館，館藏有重要文化財的速水御舟〈炎舞〉，還有其他一千八百多幅作品，與經過昭和通之後會看到的普利司通美術館一樣，顯示了這一帶的潛力。錢的隔壁就是文化。山種美術館正在舉辦畫家奧村土牛特展，我們花了五分鐘看特展，時間重重地壓在我們背上，無形的壓力告訴我們不能拖拖拉拉地逛。

這是日本橋獨有的時間流逝速度，時間就是金錢。時間是活生生的生物，文化則跟隨而來，雖然文化與金錢比鄰而居，但也會反目成仇。敵對或相愛，就像男女情愛一樣錯綜複雜。

來欣賞奧村土牛的婦人們和股票市場的戰士們走進山種證券的電梯，電梯載著奇妙的平衡上升下降。

山種大樓下面的書店櫥窗裡，有預言書混在投資、上市股票、外

日本橋上有東京都道路原點的標示。

「泰明軒」的一樓。有著便宜卻豪華的款待。

匯、基金等經濟書籍裡。山種美術館有立禮茶席[1]，可用優惠的價格喝到淡茶。

我們進入丸善，看了西洋書，也看了包包的賣場，然後去了藝術書籍的特賣會，五百多種的美術古籍與珍本直接在現場交易，現場也賣有大英博物館「阿芙蘿黛蒂」的複製品。日本橋的丸善，除了書籍之外，也有藝術品、西裝、茶具、食品等等，光是走在裡面就感覺是一場海外小旅行，也有「書的圖書館」。我在地下的文具賣場買了美國製的打獵用彈弓，也買了一袋鋼珠。

✽

日本橋架在國道一號的日本橋川上，家康在制定五條道路（東海道、中山道、甲州街道、日光街道、奧羽街道）的時候，這座橋就是起點。

我出生於靜岡縣中之町，中之町就是位於聯結日本橋與京都的東海道的正中間，所以叫做中之町。

日本橋的上方架有高速道路，不斷發出工程噪音，像是工廠用路，但畢竟這裡是日本的中心，難道就不能做點什麼改善嗎？

橋本身是文藝復興的樣式，獅子踏在東京的標識上，橋中央有奇獸，像麒麟與龍的混合體，身在高速道路的暗

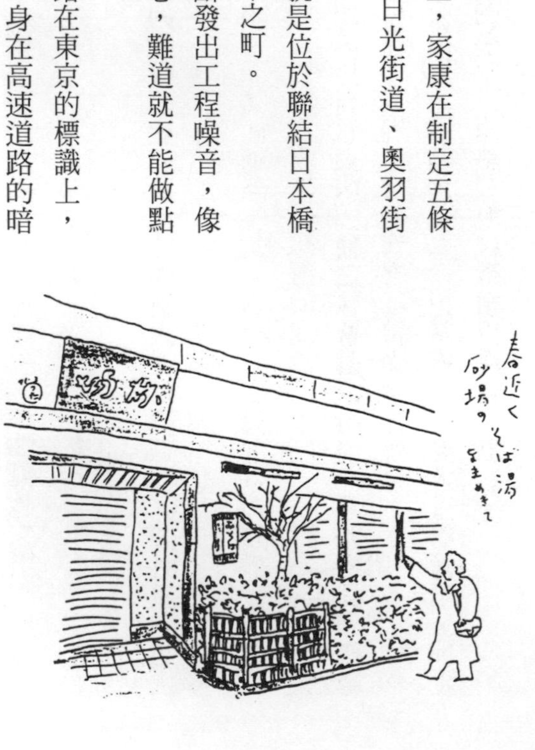

處，窺視著來往的行人，如果東京要拍什麼恐怖電影，這隻奇獸會變成主角吧。

橋上有東京都道路原點的標示，此處距離橫濱二十九公里、京都五百零三公里、鹿兒島一千四百六十九公里。原點標示是像下水道孔蓋一樣的圓形鐵製物品，用水泥固定在地上，上面刻有「複製」的字樣，真品不知道被收藏在哪個博物館裡。

由於我們找不到白木名水在哪，只好亂逛，最後才知道白木名水就在東急百貨公司的入口處，但挖鑿白木名水的白木屋已經沒有了，現在變成了東急。

我們走進刀具老店「木屋」，買了開罐器，又買了一個可隨身攜帶的露營用品。

走進商業街的小巷裡，有佃煮店、柴魚片店、海苔店，江戶的餘韻仍被烹煮著。天婦羅店、雞肉火鍋店、中華料理店、洋食店林立，正在準備開店。這一帶的店伸直了背脊，背負著東京的時髦，價格卻意外地便宜。藍色的大勝軒食堂，燒賣五個四百九十日元，洋食店羅特列克的牛肉燴飯（七〇〇日元）也很有骨氣。

三越本店前有兩隻獅子的銅像，是人們約見面的地標。倫敦製造的獅子，從側面看起來像馬一樣巨大，身長有二・七公尺，搖曳的鬃毛、威嚴的表情，觸感冰涼刺骨。說明寫著：「這隻氣派、勇敢又有肚量的獅子，於大正三年建成，作為來客的守護神。」

上頭還寫著：「此為祈求必勝的銅像，不被任何人看見騎上去的話，考試會及格。」仔細看的話，獅子的背上光滑，的確有人騎上去的痕跡。在這個城市裡，獅子、奇獸和兜石都是守

1 一種客人可坐在椅子上的茶席。

護神。

我們進入三越，貫穿中央區域的半圓形屋頂上有飛天像，拿著麥克風的藥師寺副住持正在舉行法會，穿著袈裟的高僧在百貨公司裡拿著麥克風的景象，正是日本橋的特色吧。金錢與宗教也是鄰居，法會的旁邊是金飾品特賣會。

走在大樓的迷宮中，繞了一圈後從同樣的地點出來，就像從電影的一半開始看，看完一整部後終於可以將故事對起來的時候一樣高興。啊啊，我終於明白就是這麼回事。

悠閒地亂逛後，我去了蕎麥麵店砂場，幾乎客滿，但運氣很好地還剩一個座位空著。

這一餐從喝菊正宗的酒開始。除了天婦羅，我把菜單上有的全部都點了。山葵生雞肉、烤雞肉串、玉子燒、涼拌小黃瓜、海苔、水雲、山葵魚板、小田卷茶碗蒸[2]、茶碗蒸、山葵干貝、煮蛤蜊。我推薦煮蛤蜊，吃這個配上菊正宗的酒，就能成為夠格的東京大叔。在砂場喝酒的男女兩人，可說是理想的情侶吧。桌上擺著這些餐點就顯得相當豪華，我咕嚕咕嚕地喝著酒。

最後是五百日元的清蕎麥麵。是用蕎麥種子的中層部位，麵條呈黑色，醬汁的味道相當傑出，有東京的精華。雖然日本各地增加了會

三越的獅子，要騎騎看嗎？

許多店家都讓人感到東京的時髦。

說大話的蕎麥麵店，但東京的蕎麥麵仍是第一名，讓人感到滿足與歡喜。

## 日本橋……其後

明治屋地下街的MOLCE，燉牛肉一千八百九十日元，咖啡二百三十日元，事實上沒有漲價，豌豆（一五〇日元），小魚乾（一五〇日元），加上兩杯啤酒（三五〇日元），剛好是一千日元，令人愉悅的便宜價格。泰明軒的羅宋湯五十日元，白飯三百日元，和以前完全一樣，拉麵六百五十日元，可樂餅八百日元，蒲公英蛋包飯一千八百五十日元，二樓的小盤套餐七千五百日元，這裡的價格變動也極微小。即使附近的東證，股票一直有大幅度的波動，但這一區的價格卻十分安定，東證的現場買賣已經取消了，現在可以參觀坐在不斷顯示股票的螢幕下方，認真面對電腦工作的人的樣子，但看了完全不熱血。山種美術館搬到北之丸附近。東急百貨公司改成名為「COREDO日本橋」的商場，在類似中庭的地方，蓋了白木名水的紀念碑。大勝軒、羅特列克也維持在便宜的價格。蕎麥麵店砂場的清蕎麥麵五百五十日元。我想無論去哪間店，都能在價格的變動中看見一座城市的堅韌。

2 加了烏龍麵的茶碗蒸。

# 早稻田

高田馬場車站前，是人的漩渦。

學生、補習班學生和做買賣的人都在這裡，吵雜喧騰，學生街特有的熱氣纏繞著人的溫度，而且像玩具箱一樣，這裡一年到頭都在施工。

混雜著道路工程的聲音，改革團體的街頭演講聲、柏青哥店的軍艦進行曲與電子遊樂場「咻咻」的音樂重疊在一起，車站前飄著甘栗屋的香味。車站前有一棟名為BIG BOX的大樓，美國人看到這個會面紅耳赤，因為BOX在俚語裡是女性性器官的意思，巨大的性器，和日本人不搭啊。

BIG BOX前，是日本紅十字會的帳篷，旁邊立有「捐血會場」的看板，工作人員正在廣播：「花十五

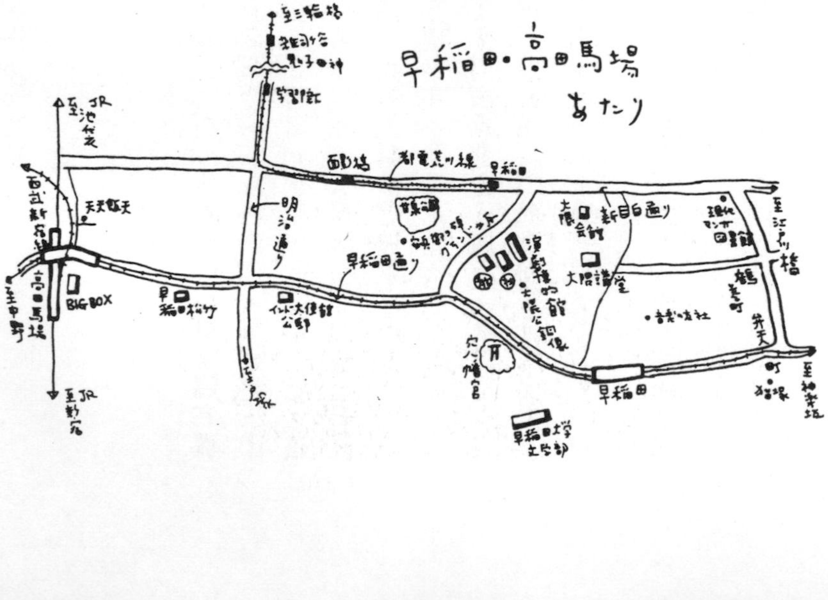

分鐘就能完成。」拿著「租屋情報」傳單的打工學生在周圍遊蕩，往早大正門的公車絡繹不絕，有許多補習班學生、專門學校學生的身影。演講中的學生被警車載走了。

下雨天很冷，決定走去天天飯店吃餛飩（一〇〇〇日元），土鍋中的餛飩還在沸騰著，就被端上桌，自製的三角形餛飩皮口感很好，內餡透明可見，但我們走進店後，想點餛飩卻發現賣光了，只好點普通的拉麵，湯頭裡有蝦米，濃郁的味道纏繞在舌尖，我們稀里呼嚕地吃完了。

早稻田路上的拉麵店很多，從古早味拉麵、九州拉麵、蔬菜拉麵、地獄拉麵，到以量多為豪的拉麵，任何種類都有，在學生越多的地方拉麵的競爭就越激烈，所以要吃拉麵最好在學生街吃。

道路兩旁林立大眾酒館、麻將館、舊唱片行、美容院、花店、咖啡甜點店、烤肉店等，懷舊的木造房屋越來越少了。即使如此，電影院早稻田松竹仍然維持著從前的姿態，門口有黃色、紅色的小燈泡，有好萊塢電影全盛時期的痕跡。

前方明治通的交叉口，有一間鋼筆店。這是一間賣手工鋼筆的小店，我在十年前曾在這裡買了一支上漆的粗鋼筆，店裡有一位認真的老工匠，椎名誠[1]也寫過關於這間鋼筆店的事情。很久沒來了，感到很期待，但無論怎麼找都找不到那間店了。

我們在交叉口亂逛，最後詢問了轉角的印章店，隔壁的花店告訴了我之後發生的事情，因為現在已經沒有使用滴入式鋼筆的人了，老闆也沒有後繼者，於是老闆在體力不行了之後就將

1　一九四四～，日本探險作家，以撰寫科幻小說與超現實小說聞名，並曾獲吉川英治文學新人獎、日本ＳＦ大獎等。

店關了。

雨落在梧桐的行道樹上。

走在早稻田路上，舊書店變多了，木造的尚文堂書店的二樓屋簷下，掛著一整排正在曬的內衣，我開始擔心起內衣會不會被雨水浸濕。

印度大使館的舊館，因為被雨淋濕變成深色的，舊建築和雨很合得來，建築不是把雨彈開，而是將雨吸收進來，似乎在淋濕後更有特色了。雨慢慢地靠近建築。

我們走過交叉路口，看進古老紅豆湯店的櫥窗裡，可以看到紅豆湯和餡蜜[2]的蠟像模型經時間的曝曬後，變成了古董。雞肉飯變成了茶褐色的，就像地鼠。

蠟像本身是米黃色的，拉麵的魚板翹了起來，海苔是OK繃、筍乾是橡皮筋，因為是以味道決勝負，模型看起來很舊也無所謂。簡單來說，這間店毫無排場，但也因為擁有悠久歷史，我真希望這間店能被當作城市的文化財，長期展示。

舊書店有《杜斯妥也夫思基全集》、舊書感謝市集的海報，上頭畫著UFO的圖案，有十萬本的書會在BIG BOX六樓拍賣。

努力維持舊貌的早稻田松竹。

照相館的櫥窗裡裝飾著學生的畢業照。

舊書店前面，收集了不同月分的《群像》雜誌，一本一百日元，往店裡看，店家的螢光燈一閃一閃的，雖然感覺窮酸，卻是純文學的氛圍。突然聞到好聞的味道，四處張望，原來是蕎麥麵店的外送走了進來。

傳單上寫著影印一張七日元。

照相館掛著「由專業攝影師捕捉的真實照片」的招牌，相框內是戴著四方帽、手上拿著畢業證書的照片，都是俊男美女。

小廣說：「這樣很羞恥吧？」

而我說：「不，聽說現在的學生喜歡這樣。」現在能出現在照相館的櫥窗裡，表示是菁英，是很榮譽的事情。

✽

我看著不動產商的介紹板，上面寫著「和室三・五坪，附兩餐，七萬兩千日元」、「二・二五坪，兩萬一千日元」。

最貴的是三坪三房的大廈，十二萬五千日元，也有一・五坪的房間一萬六千日元，這一帶明明位在東京都心，卻意外地便宜，是純學術的城市。

經過不動產商，會看到穴八幡宮，走下八幡山，就是早稻田大學文學部。寬永十八年（一

2　傳統日式甜品，由寒天凍、蜜紅豆、白玉糰子、水果等組成，淋上黑糖醬。

六四一年），在宮守庵落成後，此地出現了神穴，所以名為穴八幡宮，這裡可為孩童收驚，神社境內有德川家光供獻的布袋和尚像，乍看之下像猩猩。神像前頭供有吐司邊，布袋和尚的臉看起來無言以對。

旁邊「謹告」的牌子上寫著：「布袋和尚因為被錢摩擦而痛到哭了，不要用錢摩擦祂，請用手撫摸。」

神社正在施工，臨時社殿的牆壁上有「學問沒有捷徑」的海報，專太郎嘟囔道：「還會繞道呢。」

從境內的小徑走下去，就是早大文學部，因為正在考入學考，一般人禁止進入，看來即使走小路也無法進去。

早稲田是一所沒有門的大學。

雖然有名為「正門前」的公車站，但沒有像正門的東西。

身為早稲田畢業生的小廣，正到處尋找名為茶房的咖啡店，這間咖啡店的招牌是井伏鱒二寫的，以前是文學部學生聚集的場所。

大學入口有「反對學費上漲」的立牌，也貼有「和校長團體交涉」的傳單。學生會館食堂的豬排三明治一百二十日元、漢堡排三明治一百三十日元、可

樂餅三明治一百一十日元。看板上還寫著咖哩優惠一百七十日元，但實際上是兩百三十日元。早稻田午間套餐三百五十日元。

在學生會館的地下食堂，擺放著立牌和演戲的舞台裝置，這裡漂浮著青苔的味道，和我們學生時期一樣。

小廣一邊擦著汗一邊跑過來說：「他們說茶房在五年前已經沒有了。」時間七零八落地崩解了。

政經學院張貼著「合格名單」的告示，看著一號、七號、三十二號……讓人想起以前的事情。

在校園內閒逛，三個人都像回到了學生時代，但從旁人來看，我們就是考生的父親。不知不覺間，我們也到這種年紀了。

我們進入戲劇博物館，看了歌舞伎舞台設計、築地小劇場照片。從歌舞伎演員尾上松綠三世的白蘿蔔圖到新劇女演員松井須磨子的假髮，此處收集了關於戲劇的龐大資料。昭和三年，為了紀念坪內逍遙[3]七十歲大壽及《莎士比亞全集》的完工，而蓋了這棟建築物。走

3 一八五九～一九三五，劇作家、小說家、評論家、翻譯家，曾創辦《早稻田文學雜誌》，並於七十歲時完成《莎士比亞全集》四十卷翻譯。著作《小說神髓》為日本第一部重要近代文學評論集。

政經學院公布合格名單。

為孩童收驚的神明，穴八幡宮。

上木造走廊，有美國電影海報展，我看見了由格倫・福特主演的《黑板叢林》的海報。這麼說來，早稻田以前也是全共鬥版的「黑板叢林」吧。

走出戲劇博物館，前往福利社。架上有早稻田的四方帽、模型等等，和其他大學一樣，這裡有許多大學自己的產品，一整排印有校徽的原子筆、報告用紙、錢包、鉛筆盒、領帶夾、T恤等。大隈重信的迷你銅像要十三萬八千零二十日元。

傍晚五點，大隈講堂的鐘會點燈，大學周邊的商店街也有了活力，走過商店街，會遇到新目白路，也就是都電早稻田站的所在。這是東京唯一殘留的都電系統，從早稻田到三之輪橋之間，共要五十分鐘。

電車塗裝是奶油色的，上面有綠色線條，是一人控制的電車。規矩地戴著制服帽的司機高聲說：「請盡快上車，要出發了——」門關了之後，發出哐啷的地鳴，電車就出發了。在交通尖峰時刻會非常擁擠，抓著奶油色的吊環，被雨浸濕的黃昏街道，黑白相間地映在車窗上。

停下來的第一站是面影橋，真是不錯的名字，像是身在黑白名作劇場的電影裡。廣播說包下都電是一萬兩千一百日元，詳情請詢問都

都電的早稻田站。到三之輪橋要五十分鐘。

交通局荒川營業所。

經過「學習院下」，我們在第三站的「鬼子母神前」下車，左轉會看見櫸木行道樹的參道。

鬼子母神的堂內，正在舉辦護摩儀式，聽得到敲打梆子的聲響。鬼子母神是生養小孩之神，我背對著護摩的聲音，環顧四周，看見池袋的太陽城籠罩在雨中，大樓靜靜地佇立在雜司之谷街景後方，像是平成的海市蜃樓。燈光從太陽城的窗戶中透出，大樓看起來像影子。

鬼子母神下的人偶店音羽屋，賣有雜司之谷的鬼子母神名產，用芒草做成的貓頭鷹。從玻璃窗戶望進去，看見一位婦人坐在深處暖桌裡正在編著芒草。

櫸木參道旁，有一間小小的酒館，招牌寫著「酒店・司」，第一次走進這間店裡，因為氣氛不錯，我們一進來就坐在吧檯，蛤蜊佐醋味噌很好吃。

一邊喝酒，一邊配上縱帶鰺的生魚片和烤鰻魚，老闆做著厲害的菜，和老闆娘聊以前的往事。雖然是極其普通的店，在東京庶民區哪裡都有，但味道很親切。在偶然進入的店裡像這樣喝著酒，也是散步的快樂，悠閒地度過奢侈的時光。

酒店「司」的氛圍。

雜司之谷的鬼子母神。

## 早稻田……其後

高田馬場變成原子小金剛之城，連JR車站的發車廣播都是原子小金剛的歌，車站橋下有手塚漫畫的壁畫。天天飯店的拉麵七百三十五日元，餛飩一千一百五十五日元。早稻田通變成超便宜拉麵的區域，三百日元的拉麵越來越多。走過明治通，是舊書店街。我看見不動產商貼的傳單，仍有許多一・五坪大的房間。大學入口的學生會館已經沒有了，校園內的立牌也變少了，走去大隈庭園旁的學生餐廳，是明亮的食堂風格，咖哩飯（M）二百五十日元，大隈午間套餐四百八十日元、小菜納豆四十日元，鹿尾菜七十日元。戲劇博物館免費，走在廊上，木板會發出嘎吱聲響，充滿妖氣的空間。走向鬼子母神，四周寂靜。司的燉肉六百日元。走在櫸木行道樹一帶，仍然像被黑暗氛圍輕輕地包裹住全身。

# 築地

前往築地市場的時候心情靜不下來。

我走進市場通的第一條巷子裡，買了兩個竹籠。沒有這個的話，無論在市場內或市場外，都無法大搖大擺地走路。

一開始我們去了市場內。上午十點半對我們來說還早，但競拍在上午九點就結束了。為了到市場內，我們委託了在新宿黃金街經營酒館「新亭」的小新幫我們帶路。小新在築地市場裡工作了九年，相當熟門熟路。

由於場內是專門給批發商的，一般人很難進去。走過藍色的海幸橋就是正門，

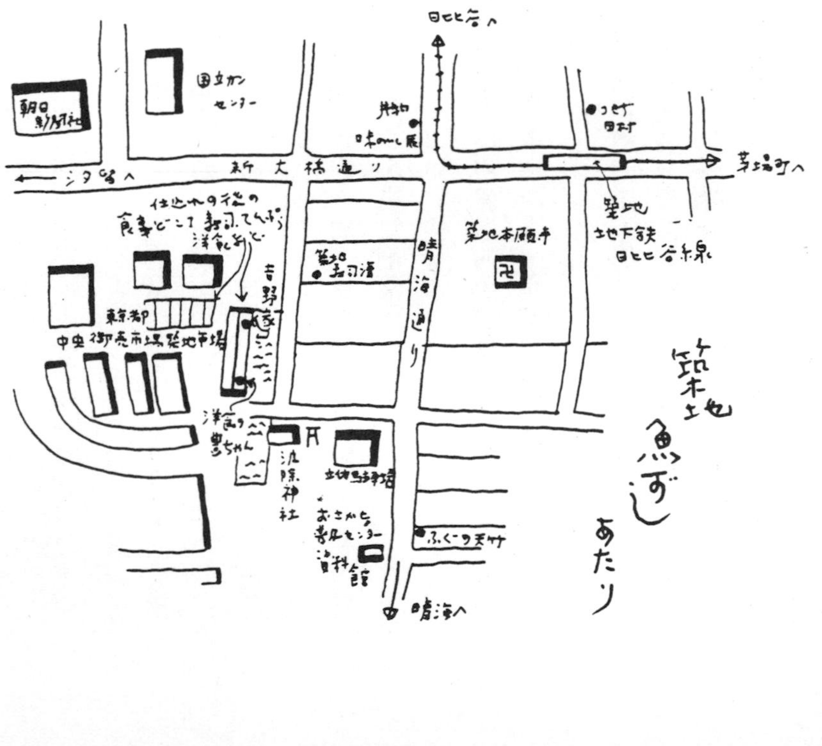

橋旁搖曳著車輪餅店的紅色旗幟，後面看得到朝日新聞社的茶色大樓。

市場乍看之下，很像施工現場或體育館。橋的正中央有看板，上頭寫著「禁止計程車進入東京都」。

場內一天的入場者有六萬人，採購的人就有四萬三千人，這也是一個都市。以早上的競拍為目標，有一萬八千輛的車子湧入築地。這是世界屈指可數的市場。

市場要結束的時候，小型的電動拖板車會來來回回，也有手押式的推車，走路一不小心的話很容易撞上，橡膠長靴也是必要的。

垂著燈泡的市場內，一整排活生生的魚。即使有三分之一的店家開始準備收攤了，各處仍響起清亮的叫賣聲。叫喊聲撞到魚鱗上再「乒」地彈回來，爽快俐落。

市場是劇場。

充滿活力的叫賣聲、水花四濺、菜刀閃閃發亮、從來沒見過的魚並排著，無可挑剔的舞台裝置。昏暗的通路上懸掛著燈泡，穿著防水圍裙的業者東奔西走。光是看著活蹦亂跳的魚就感到心癢難耐，彷彿徘徊在夢中胡同的快感。

這樣的角落就位於銀座的正後方，如果銀座是尪仔標有圖案的那面，築地就是背面。

柴魚正在滾動，也有賣活河豚。用包魚用的防油紙袋做成帽子戴在頭上的業者正在記帳。

小新不斷朝窄路前進，然後走進名為丸宮的店家，很有技巧地下單。鮪魚、魚白、干貝、針魚、海參、牛角江珧蛤。下單的品項會放在保麗龍箱裡，當天宅配至新宿的店。小新一直是用電話下單。我拜託小新幫忙買了活章魚（三公斤）。店家在我看了鮪魚後，免費給了我靠近腹部油花較多的部位。

真是大方。

走在場內，會被招呼道：「呦！」講話方式很粗魯，心裡卻感到溫暖。當我驚訝於切鮪魚的菜刀像日本刀那樣長的時候，店家拿了更長的刀過來，驕傲地說：「這個有兩公尺。」在市場裡工作的人們似乎很熱中於自身的工作。

通道上有緊急電話。

數年前，築地魚市曾發生火災。有人到處說火災時的柴魚都燻成了烤柴魚，那個人就是我。但實際上是水管灑水後，現場變成了一片泥濘。

築地是利用明曆大火之後的燒土填成的土地，所以本來就與火災有關。店鋪的地點四年改變一次，是用抽籤決定的，但抽籤的時候，會有店家穿著白色的祭神服裝來，這也是很戲劇性的演出。

魚市裡有各種店，大物（鮪魚）、近海（竹筴魚等）、遠洋（柴魚等）、特種（壽司食材）、活魚（正在游泳的魚）、乾貨等，我們穿過它們中間，走進蔬菜市場。

蔬菜店有我知道的大祐。大祐從海外空運高級蔬菜來賣，這間店

切鮪魚用的兩公尺多的菜刀。

走過海幸橋就抵達場內。

的老闆是日本第一的蔬菜專家，出版社在編《新蔬菜特集》時，幾乎都是和大祐的老闆討論。大祐雖然在場內，卻也賣菜給一般民眾，我們抵達店裡時，老闆碰巧不在，不過執行董事在。大顆的蘑菇一公斤五百日元。此外還有洋薊、仙人掌葉、甜菜等，蔬菜閃閃發亮。

我買了比利時進口的菊苣和萵苣（蒲公英的葉子一八〇日元）、食用酸漿（二〇〇日元）、黑色甜椒（一箱二〇〇〇日元）。這間店的甜椒有五種顏色，常見的綠、黃、紅色，還有稀有的白色與黑色。青山法國料理店的廚師在我的旁邊，手中拿著黃色的西葫蘆，對現在的法式餐廳來說，蔬菜是關鍵，一把一百八十日元的萵苣，在餐廳裡能賣到很不錯的價格。

我還買了芫荽（一八〇日元）、蒔蘿（一五〇日元），專太郎露出「真是的」的表情，我的竹籠已經放不下了。

午餐我們去了在場內的洋食店小豐，雖然也難以捨棄離小豐三間店的中榮的印度咖哩（三五〇日元），但小豐的牛肉歐姆蛋包飯（九三〇日元）更讓人難以割捨。這個蛋包飯是在蛋包上淋上牛肉醬，不在小豐就吃不到，非常豪華，是築地自豪的古怪洋食；小廣和專太郎則點了竹筴魚炸蝦定食（九八〇日元），有炸竹筴魚和炸蝦；小新點了炸肉餅定食，巨大的兩片肉餅上淋有牛肉醬，無論哪道都讓人心動不已。

小豐和中榮的中間是壽司店和拉麵店。這一排還有披薩、牛丼、糯米糰子店等，無論哪間店都很便宜，而且不愧是市場的食堂，食物中吃得到力量與工夫。

食堂街的對面是船具店，有賣網、繩索、煤油、長靴等，也有剔魚骨的洗淨劑。

我走進咖啡店木村屋，點了濃咖啡，聽到隔壁客人的談話。

內容先是關於打架，再來是關於刺青。雖然偷聽不好，但在場內的咖啡店裡聽到，感覺就很酷，之後我就把它當作背景聲音，我明白了這裡是屬於男性的職場。

走出市場，會看到波除稻荷神社，這是祭拜魚的河岸神明，境內有壽司塚、活魚塚、鮟鱇塚、蝦塚等碑。

境內有大獅子像，這頭獅子會吞噬災難，可以祈求消災。

我抽了籤，是十六號吉，上頭寫著「漁業豐收」，我很高興，於是在海幸橋的入口買了彩券。

從波除稻荷神社走向市場通，左手邊是築地場外市場，擠著六百間的小店，這裡和場內相比，價格高了三成左右，卻還是比市價便宜三成。我們要買魚的話只能在場外買。我們太興奮了，這是讓雙眼發紅的迷宮。

提到魚的話，走過士拉麵，在糰子店福茂右轉，會看見生意很好的壽司清，這是一到傍晚就會排隊的店。走過賣菜刀的有次，我在左手邊的珍味屋，買了一罐一千兩百日元的海膽粉，這是有粉狀海膽的調味料。

進入巷子裡，在杉本刀具店買了生魚片刀，然後走進市場通。即使過了中午，場外的客人仍然很多，生意很好的拉

麵店井上，客人排在店門口，還有客人利用通道上的桌子站著吃，拉麵店旁的器皿店前立有看板：「請在麵店前排隊，請不要在器皿店前排隊。」

因為這裡大多數都是狹窄的店面，如果拉麵店前有客人排隊，其他客人就會進不了器皿店。我們本來想在前方的狐狸屋的站席吃燉牛肉、喝一杯，但正好遇到它收攤，只能含恨地看著鍋子裡咕嚕咕嚕地煮著的東西。

我們走向位於對面共榮會大樓地下室的石辰，這間店的石辰丼（一五五〇日元），是在大紅碗中放入炸蝦、炸牡蠣、金針菇、姬菇、香菇，是築地才有的豪華丼；炸沙丁魚也很好吃，鮪魚背脊肉沾芥末吃，也很時髦，比起山葵，芥末和鮪魚生魚片更搭。

共榮會大樓有許多古老又狹小的店，晴海通兩旁的場外市場，不知道哪一天也會變成這種大樓。大樓裡有眼鏡店、電器行、牙醫、皮包店，以前的店越來越少了。

大樓一樓的牆壁上貼著「遺失物」的告示：「撿到念珠（紫）。」

原來如此，市場的斜對面就是築地本願寺。我似乎曾在這裡參加三島由紀夫的喪禮，還有看蜷川幸雄[1]的戶外歌劇。我聽到三島由紀

場內市場餐廳的拱廊。

橡膠長靴是走在市場的必需品。

夫自殺的即時新聞，就是在共榮會大樓前。那已是二十年前的事情了，古老的記憶和魚乾味道混雜交錯在一起。

築地本願寺像古印度建築，會讓人想起清真寺。入口有花市的海報，還有「激辣印度咖哩大胃王比賽」的傳單，因為是築地的寺廟，釋迦牟尼佛應該也會幫他們喊「加油、加油」吧。

進入本堂，有六個大吊燈，此為大殿，有提供給外國人的導覽手冊，椅背上有白色布套，讓人想起大正時代的電影院，線香味道淡淡地盈滿寺院。

參拜完後，在本願寺前叫計程車，兩個竹籠的行李真的很重，計程車司機警告我：「不要放在座位上，會弄髒的。」然後眨眼間就通過了銀座四丁目的十字路口。

## 築地……其後

此時的築地，正為了市場搬遷問題而動盪著，走在通道上，會看到「反對搬遷」的海報。市場場內不是一般人能輕易進入的場所，但

1　一九三五～二〇一六，劇場導演、電影導演、演員，為當代戲劇代表人物之一。

鮪魚背脊肉很好吃的「石辰」，位於共榮會大樓的地下室。

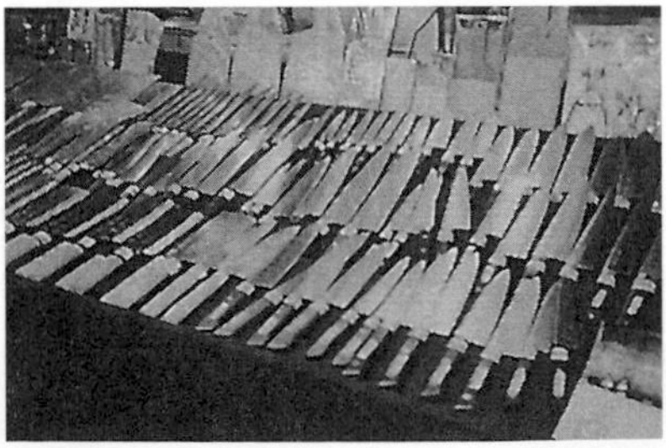

在「杉本刀具店」買菜刀。

如果是在上午晚一點的時間，可以急急忙忙地混在人群中進去，雖然很多店已經收拾完畢了，但仍能感覺到在昏暗市場中買賣的餘溫。丸宮不巧地收攤了，但勉強還來得及逛賣蔬果的大祐，當季美國辣椒的光滑表面映出紅黑色的光芒，一公斤三千日元，我買了兩百公克。場內的商店街、食堂街，觀光客比以前多很多。大和壽司的店面前形成不可思議的人龍。小豐的牛肉歐姆蛋包飯一千零二十日元，明明吃了之後會飽得受不了，卻也變得更想吃其他東西，真是具有魔力的一道菜，竹筴魚炸蝦定食一千零八十日元，炸肉餅定食九百九十日元。離小豐三間店的中榮，印度咖哩四百日元，非常便宜，大盤的高麗菜絲讓人垂涎欲滴，明明是一間只有吧檯的店，非常擁擠，但店員的態度很好。走到場外，看見許多新的壽司店，也有二十四小時營業的店家，拉麵店井上、站席的狐狸屋，午餐時間會被上班族擠滿。石辰的石辰丼一千六百二十五日元，事實上沒什麼漲價，春夏秋冬的丼飯食材會不同。築地是讓人心動不已的迷宮，如果失去了這裡，就不會再有第二個一樣的城市了吧。

# 大島

東京有火山。

就是伊豆大島。

往大島的日空航空一天有三班，使用ＹＳ11型的螺旋槳飛機，以前來回是坐橘丸號的船，現在也有，單程要四個半小時。

我在羽田機場內的書店尋找大島的導覽手冊，但架上沒有，最後買了東京都地圖，在地圖左下方的框框內有伊豆七島，大島就像豆子一般大。

ＹＳ11型的螺旋槳嗡嗡地迴旋，飛機搖晃著起飛，透過窗戶能俯瞰海苔養殖場和許多濺起浪花的汽船，水泥工廠的砂石洞看起來就像蟻獅製造的陷阱。

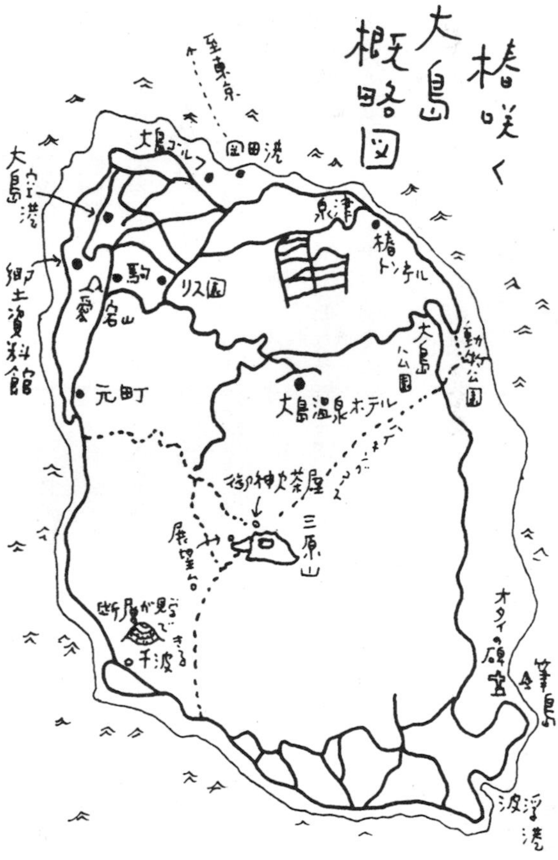

和雲霧擦身而過，正當我想著是否能在海面上看見飛機的倒影時，忽然就抵達了大島機場。短暫的三十分鐘。

機場的空地上有牛。

在種有酒瓶椰子的道路上前進，會遇到能繞島一圈的道路。棕櫚行道樹隨風搖曳，葉子發出沙沙的聲音，包裹著島嶼的陽光有著南國的溫暖，讓人發起呆來。

大島櫻開了五成。

大島櫻的葉子比花早開，雖然是山櫻花，但花是白色的，就像新芽上積了一層薄雪，白色與綠色的櫻花帶著一點悲傷的色調，卻也因此有凜然的風格。

櫻叢中的樹木冒出新芽，油菜花搖曳，紫花地丁、水仙、山茶花盛開。

島上正在進行「種花運動」，空地上充滿了春天的花朵。

道路重新鋪設，因三原山噴發而被破壞的道路，現在幾乎修復了，這是靠觀光生存的島嶼。自行車道的沿途，油菜花發出分外閃耀的光輝。

在道路上奔馳的汽車車牌號碼是品川區，這個地方毫無疑問地屬於東京。

我們在元町的駒之里用午餐，這間茅草屋頂的鄉土料理店，是由明治時期的村公所等五戶老房子改建而成，屋簷下掛著曬乾的紅金眼鯛。

我們點了島魚（幼黑鮪魚的生魚片）、壺燒角蠑螺、臭魚乾、鹽烤日本龍蝦、炸蝦天婦羅、煮鮑魚，明日葉佐胡麻醬很難吃，但因為價格合理，島上的人也會來吃。

我推薦紅金眼鯛乾和島上的芋頭燒酒。我們一邊吃著臭魚乾，小廣一邊講了「臭魚乾審」

的故事。

「書上說以前嫁來島上的女孩，為了表示已經適應了島上生活，會用臭魚乾當頭簪。」

絕對是亂說的。

三原山是在一九八六年十一月噴發的，時至今日已經五年了。濃煙升騰，熔岩星火噴發，岩漿越過火山口流出。

那幾天我都盯著電視看，一方面是擔心島上居民的安危，另一方面則是為火山爆發的驚人威力瞠目結舌。紅色的岩漿流至元町附近，在元町的火葬場前停了下來，地面的震動、岩漿噴出的情景，都還在記憶中燃燒著。

島上還留有當時的痕跡。

我們去了因岩漿流向元町使得道路被堵住的火葬場前。果然，要將熔岩移走，修復道路是沒辦法的事。像怪獸之血的岩槳凝固後，變成了結痂的河流。

走在結痂上，會發出沙沙的聲音。岩漿實際上比看起來輕，像焦炭，岩漿河的附近都是燒焦的樹木，但岩石間仍然長出檔木的新芽，真是教人吃驚的生命力。

計程車司機和我們說明，有攝氏一千度以上的岩漿河，卻並未引

鄉土料理「駒之里」，值得一看的茅草屋頂。

販賣各種形狀的熔岩。

發森林大火的原因，是因為岩漿會大量吸收氧氣，以致無法產生燃燒作用。計程車司機面對火山觀光客，解說越來越順口。

像是擁有將海水變成淡水裝置的脫鹽淨水廠，因為火山噴發，水溫變成了攝氏六十一度，游泳池的水溫則變成五十一度，元町開始有了溫泉等等，司機很會聊天。三原山噴發後雖然為島上帶來災難，但其後也成為重要的觀光資源。我問司機，從島上避難後，都在東京做些什麼，結果他回答因為很無聊，無事可做去打了柏青哥。

我撿了一片熔岩碎片當作紀念品帶回去。

司機說：「光溜溜的熔岩很貴喔，雖然現在幾乎都被拿走了。」

才到元町，就看到有人在賣光滑的熔岩，根據形狀的不同，瀑布潭、龜、鶴等等，大的要好幾萬日元，我買了最小的一個，像亨利・摩爾[1]的雕刻，專太郎的像賈科梅蒂[2]。

此時客船山茶花丸號正要從元町港出發前往東京，紙帶飛揚，並響起都春美[3]的歌，就和以前一樣。

帶有藍色線條的白色山茶花丸號濺起水花，向右轉彎，能讓人感到時代的氛圍，就像是電影場景。

大島，在以前是日活的小林旭[4]主演的候鳥系列的拍攝地，整座島都有電影的氣氛。因三原山噴發，居民撤離的電視畫面也像是電影的壯觀場面。這座島背負著東京的夢與虛構，是東京的幻光之島。

這座櫻花和山茶花的島嶼，被蒼白的海水包圍，花瓣散落，風中飄蕩著都春美的歌。夢與虛構的風景背負著三原山這座真實的活火山，快樂與危險背靠著背，這點無疑就是東京特色。

因三原山噴發而有的溫泉位於海濱沿岸，長根濱公園有町營的元町濱之湯，是將大海一覽無遺的露天溫泉，從午後一點營業到七點，有賣回數票，鎮上的人應該很常來吧。我們進入裡面，把手放進溫泉中，是適宜的溫度。

看到我將價格一一記在筆記上，一位賣票的婦人飛奔過來問：

「你們，是稅務署的人吧？」

我們是來賞花的，所以從大清早開始就不斷喝啤酒和燒酒，也因為白天的酒醉，風景看起來霧茫茫的，並夾雜著幻覺。

伊豆七島中，年輕女性會選擇去新島，三宅島、八丈島也是年輕

1 Henry Moore，一八九八～一九八六，英國雕塑家，為現代主義藝術代表人物。
2 Alberto Giacometti，一九〇一～一九六六，瑞士雕塑家、畫家。
3 一九四八～，演歌歌手。
4 一九三八～，男演員、歌手，與石原裕次郎等明星一起建立日活黃金時代，曾演出兩百七十多部作品。

三原山，看起來像黑色血管的是岩漿。

道路被岩漿堵住。

女孩會去的地方。相較之下，大島則適合全家來玩，這裡有動物園和松鼠園，松鼠園有賣給放養松鼠的飼料，一盆一百日元。

松鼠園播著像樂園的音樂，雖然是人造空間，但如果從這也是大島的觀光面向來思考，就可以理解。

往三原山外輪山方向的道路上，到處都是火山爆發後的傷痕，柏油路裂開處已經被修復了，但仍留有痕跡。新的噴火口有十一個，粗糙的圓形碗狀地洞暴露在風中。

在去外輪山火口茶屋的途中，道路被岩漿堵住，這裡立有「天皇陛下臨幸之跡」的碑，從這裡要下計程車，用走的爬上熔岩山。

燒焦的樹木像佛塔一樣佇立，走在斜面上岩石細屑會掉落下來，不過道路旁有圍欄。一直往前走，會來到外輪山的火口緣。這裡是噴發時，無人攝影機設置的地點，從噴火口冒出濃煙，形成烏雲。

我第一次來大島是在高中一年級的時候，那時是騎馬進入裡面的沙漠，現在相簿裡還有我穿著學生制服騎馬的照片；第二次是在二十三歲，那時我也有騎馬；這次是第三次來。

火口茶屋附近的馬店，沒有人影也不見馬，道路兩旁的商店全部都沒有營業。走進能環顧火山口的火口茶屋外輪店，運氣很好，老闆娘在店裡，正在和町公所的人交談。

老闆娘對我們說：「真厲害，能走到這裡。」並告訴我們馬和禮品店都在下午一點關店，因為船班時間，團體客人在一點以後就不會來了。

我們點了啤酒，老闆娘送了水煮花生和秋刀魚乾過來，是很豪爽的老闆娘，對我們說了一些關於電視局報導團隊來採訪的態度，老闆娘給分很嚴苛。

因為到三原山火山口的道路被岩漿堵住，到那裡要騎馬，我們用店裡的望遠鏡眺望被堵住的地點。在火山口附近，看得到紅色屋頂的三原神社，那一帶明明都是岩漿，卻只有三原神社倖存下來，這種時候就會感覺到神靈之力，即使沐浴在大噴發的火蛇之下，神社仍然殘存。

老闆娘說：「至今為止有三千人跳進火山口。」

我懷疑地問：「自殺未遂的人都是拉住馬吧？」

一位客人對老闆娘說：「太太被赤木圭一郎甩過吧？」

大概知道了老闆娘的年紀。

雖然是有點危險的玩笑，但在活火山噴發前，這樣的談話只是下酒菜。這裡擁有東京第一的景觀，讓人熱血沸騰。老闆娘在火山爆發後、到發布避難命令的最後一刻，都留在這個地方，她是賭上性命看到世界上最厲害風景的人，這種經驗不是人人都有的。

這天我們住在外輪山的大島溫泉飯店，晚餐是苦茶油炸天婦羅，自己動手炸的，團體客人在隔壁的大和室裡大聲地唱著卡拉ＯＫ，像是走進新宿的酒吧街，卡拉ＯＫ的團體客人也因為火山的緣故而感到熱血沸騰。雖然很吵，但這是可以原諒的夜晚時光。

大島溫泉飯店是上午十點退房，都市的飯店都是十二點，但和式旅館或觀光飯店的退房時間比較早，我們在出發前又去泡了一次露天澡堂。

這間飯店的露天澡堂位於能夠環顧三原山外輪山的地點，視野壯闊，首屈一指。但就是有草叢這點不好，因為澡堂前有草叢，所以一進入池子裡，就看不見難得的景色了。

我在飯店的商店裡，買了山茶花圖案的手帕，因為山茶花圖案下面有「光三郎」的簽名，我買了十條是為了驕傲地說：「這是我自己做的手帕噢。」

從飯店到岡田港的路旁開著山茶花，山茶花樹幹上有傷痕，是松鼠咬過的痕跡，松鼠會吃山茶花的果實。

山茶花散落在柏油路上，山茶花在散落時更美，我深怕車輪會碾過去。因為山茶花會被松鼠破壞，為了驅趕松鼠，拿松鼠尾巴到農協，能得到一定的獎金。若是活捉的松鼠，松鼠園則會用六百日元買走。

大島是在明治十一年隸屬於東京都，這之前隸屬於靜岡縣，如果從伊豆七島的名字來看的話，的確有很強烈的靜岡印象。

島民有一萬零三百人。

徒步爬上熔岩山，來到火口茶屋外輪店。

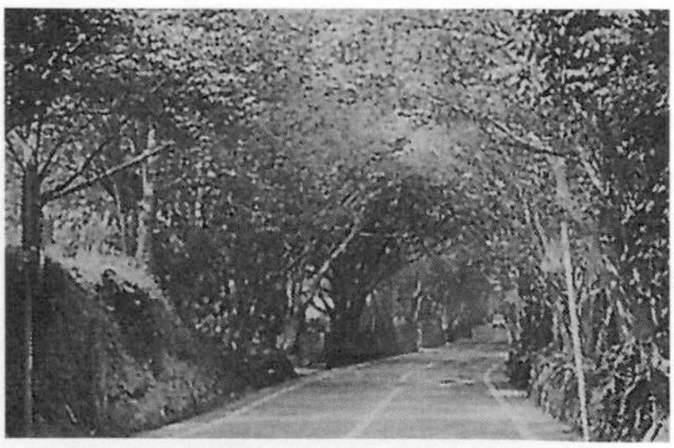

山茶花隧道，樹齡兩百年的古樹連綿不絕。

有正在慢慢減少的傾向，我走在島上注意到這裡看不見小孩，年輕人似乎也不會留在島上。

山茶花林中的看板上寫著：「獵綠繡眼、日本樹鶯是違法行為。」

大島也是野鳥之島，野鳥和蜜蜂會以山茶花為授粉媒介，花多的地方野鳥也多。

有個人在岡田港釣魚。

雖然以釣魚的季節來說現在尚早，但釣魚的人很悠閒地垂釣，像是在文人畫中出現的風景。半島的山丘上，新芽、櫻花和山茶花交錯盛開，沐浴在春天和煦的陽光下，時光溫柔。

這一帶是潛水的知名場所，會舉辦初學者的講習會，海水是深藍色的，潛水者浮上來時的水花很耀眼。

山茶花隧道。

山茶花的花期是一月到三月，即使是四月也會盛開。二月到三月本來是旅行的淡季，但其他觀光地是淡季時，這裡卻是最佳的觀光旺季。在大島種山茶花的人有先見之明。

走在山茶花隧道，空氣中充滿著清純的香氣，氣氛清爽，也有樹齡兩百年的大樹，是五瓣的紅色山茶花，山茶花樹幹很堅固而且光滑。

專太郎是樹的專家，他對我們說：「山茶花的性格沉穩，是溫柔的樹木。」

山茶花不會排擠其他的樹，默默地開花。大島的山茶花以紅色山茶花最多，走入山茶花園，也看得到白色、粉紅色或漸層色的品種，白花上有粉色直條、小斑點、零散斑紋、紅花中有一輪白色等，有各種模樣，也有單瓣、喇叭型、筒型、牡丹型、唐子型等等，種類很多。

山茶花就算是一齊綻放，也是一朵花孤單地開著，有高雅的寂寞。山茶花和開成一團引誘人前往陰界的櫻花不同，仔細看著山茶花的花瓣，帶著濃鬱的暗色，充滿孤獨的氣質。

公園有山茶花資料館，館內花瓶中裝飾著許多山茶花，大約有七十種左右，無論哪朵花都是一點一滴地呈現著自我主張。

資料館的商店裡，賣有一株一千日元的山茶花苗，小廣買了兩株，用宅配寄送。雖然專太郎說：「山茶花會長蟲喔。」但已經太遲了，小廣都買了，但我還沒買，所以在最後一刻收手了。我喜歡山茶花，但討厭蟲。

山茶花資料館前的大海迷濛，一對烏鴉在天上飛。

坐上計程車，疾駛在沿海的山茶花道上，計程車的廣播中正在播放「我們是大島的單瓣山茶花，不想開八瓣……」的曲子。單瓣山茶花從十月開到隔年四月，有半年的花期。

常春的島嶼。

計程車越過行者峰，一口氣來到海邊，眼前是筆島。

聽說山茶花是個性溫柔的樹木。

簡單說是山茶花，但其實有很多種類。

像是從海中突出的毛筆尖，三十公尺的岩柱聳立在海上。這根岩柱是火山口的痕跡，這一帶的岩岸形成兩百公尺高的峭壁，是磯釣的知名場所，也有海水浴場。

筆島因為火山爆發的新聞報導，成為聞名全國的景點，筆島噴發時會形成水蒸氣爆炸，也因為深藍色的海會被染成紅色的，讓人很擔心。

筆島碑的旁邊，有用水泥做成的巨大水管，這是用來避難的土壕，和風光明媚的風景並不搭，但反而有種緊張感。雖然我有點在意是否來得及到此處避難，不過我試著走進去，裡面非常堅固。

一邊看著筆島的左邊，一邊走下山丘，會看到十字架。身為天主教徒的大名，小西行長從朝鮮半島帶回「小西・茱莉亞」[5]，但因為她不願改教，最後被流放至大島，所以這裡有天主教殉教碑。

大島也有赤穗浪士的墓和苦行僧的洞窟，歷史很悠久，再往前追溯，還有繩文時代居住的遺跡，自古以來，島上的人們就背負著火山的歷史活了下來。

「載著晚了三天的船信……」，小廣哼著〈姑娘山

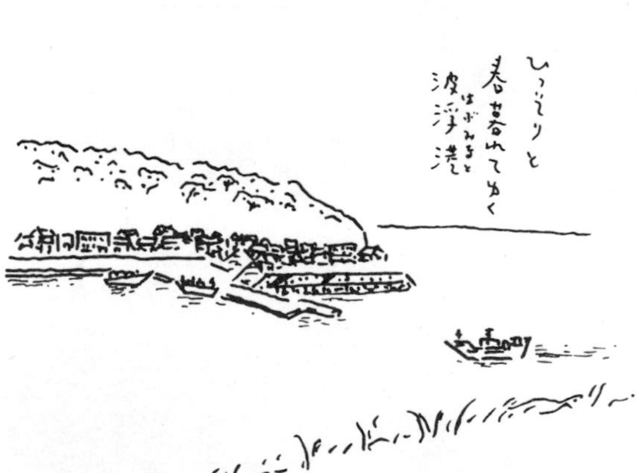


5　小西行長為日本戰國時代武將、基督教大名，將因戰爭來到日本的朝鮮女子收為養女，並改名小西・茱莉亞。

茶花是愛情的花〉。

「船啊，不停地向前行、向前行——」

這裡是波浮港。

歌曲很熟悉，但實際上的波浮港是安靜的小漁港，海水像細長的胡同一路延伸過來，因為三原山火山爆發而形成的噴發口變成了海灣。

我們俯瞰著波浮港，坐在長椅上，附近的三原市休息站送來拉麵外賣，東京拉麵的醬油味刺激著鼻翼，六百日元。

專太郎的家訓是要在名勝吃咖哩，但不巧的是這裡沒咖哩，只能吃炒飯忍耐。

港邊有白色牆壁與紅色屋頂的民房擠在一起，大島南高校水產科的大島丸號，慢慢地停進港灣。

人們生活著。

安靜地、堅強地、充滿活力地生活著，悠閒地過日子，雖然這是一道極為普通的風景，但很溫暖，心中充滿感動。來到島上，這裡人們一起生活的樣子，讓人成為真正的人。

我們走下坡道，來到港邊，有波浮比咩命神社，參拜時有松鼠從樹枝上跳過，這是祈求港邊船夫們的安全的神社。

舊港屋旅館中巡迴劇場演員的蠟像。

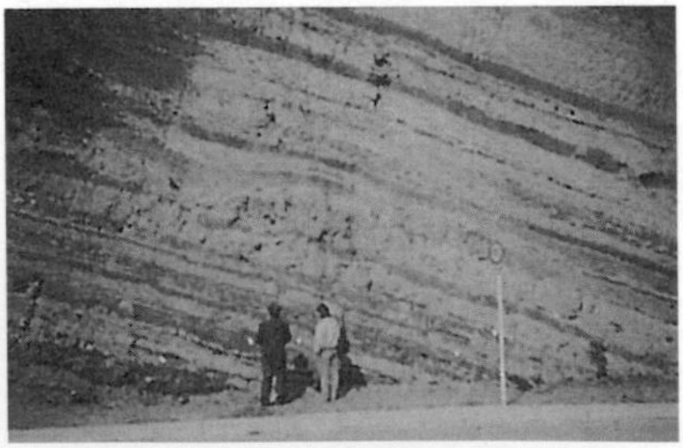

一百五十萬年的地層相疊著。

河岸的紅金眼鯛揚起水花，活蹦亂跳，港邊有野口雨情的詩碑：「岩礁的鶺鴒，黃昏時歸來……」

我們三人在岩礁前合唱，合唱結束後一起拍手，拍手聲被海浪彈回來。

港灣內有舊港屋旅館，一棟木造的三層樓建築，屋頂是瓦片，這是以前波浮港繁榮時的旅館，現在由大島町管理。走進玄關，導覽的廣播冷不防地響起，深處的房間裡有蠟像。川端康成[6]《伊豆的舞孃》的巡迴劇場會在這間旅館表演，所以這裡有巡迴劇場演員的蠟像。九人蠟像的宴會，矮桌上有鹽烤紅金眼鯛、烏賊天婦羅、茄子天婦羅、生魚片、角蠑螺、兩條蘿蔔乾，瓷瓶裡裝著酒。

雖然想喝一杯，但飛機起飛的時間快到了。

去機場途中，路旁有地層的剖面。大島三原山經過了數百回的噴發，每次都會留下火山灰和火山渣（黑色的輕石），由於道路開鑿，一百五十萬年的地層露出了層層相疊的表情。

地層的火山灰和火山渣像是好幾層的海浪，小學六年級理科課本裡的地層圖片，就是使用這裡的照片，像是被切開的巨大年輪蛋糕，大學教授和助手帶著鏟子來調查。在地層裸露的道路上回頭眺望大海，霧靄中看得到新島和三宅島。

6 一八九九～一九七二，新感覺派作家，一九六八年成為日本首位諾貝爾文學獎得主，代表作有《雪國》、《千羽鶴》、《古都》、《伊豆的舞孃》等，一九七二年在工作室開煤氣自殺。

因為有了大島，東京得以延伸。新宿的摩天大樓向天空延伸，而東京則因大島向海延伸。東京是一個小小的國度。

有些地方人們摩肩擦踵，有些地方式微，有些地方悠閒地漂浮著。

大島機場用格外大的字體寫著「東京都大島機場」。

## 大島……其後

到大島的飛機一天兩班。駒之里在數年前倒閉了。濱之湯門票四百日元，因為是男女混浴，要穿泳衣。濱之湯的前面有名為御神火溫泉的設施，門票一千日元，星期六從早上六點半開始營業，對於搭乘星期五晚上的汽船到大島的人來說非常方便，推薦先洗個澡再到休息站休息。松鼠園的飼料一樣是一百日元，寬廣的草皮很舒服。原來到三原山火山口的道路因為岩漿封閉了，左側開通了新路。從火口茶屋騎馬周遊的行程也被廢止了，飼養的最後一匹馬死掉以後，就一直維持這樣。大島溫泉飯店除了苦茶油天婦羅套餐，海鮮料理也成為主要套餐，釜飯裡有煙燻圓鰺，刺激著嗅覺。山茶花資料館與前面的動物園都是免費的，有放養的山羌（小型的鹿），很親人。波浮港的三原市休息站前的食堂，明日葉拉麵六百日元。舊港屋旅館的蠟像前，矮桌上的餐點品項大幅減少。地層剖面現在還是很鮮明，在這短短的十幾年裡，長達一百五十萬年的巨大年輪蛋糕沒有任何改變。

# 關於此書

本書是在《老派東京》（一九九一年／日本MAGAZINE HOUSE出版）的基礎上追加修改，並收入新稿〈兩國・柳橋・淺草橋〉與各章末的〈其後〉，再進行編輯，新稿寫於二〇〇四年三月至五月。無論是舊稿還是新稿，本書所記載的店名、設施名、職稱、商品名、價格、地圖、照片等，都是按照當時採訪的情況呈現。書寫新稿期間，二〇〇四年四月，正好是因應《消費稅法》改定，標價產生變化的時期，但書中記載的價格都是以當時各店所標示的價格為準，因此請讀者理解價格可能會有所變動。

【Eureka】ME2084

**老派東京：**編集長的東京晃遊札記

東京旅行記

作　　者❖嵐山光三郎
譯　　者❖顏雪雪
封面設計❖廖　韡
版面編排❖張彩梅
總 編 輯❖郭寶秀
特約編輯❖周小仙
行銷業務❖力宏勳

發 行 人❖凃玉雲
出　　版❖馬可孛羅文化
104台北市中山區民生東路二段141號5樓
電話：02-25007696
發　　行❖英屬蓋曼群島商家庭傳媒股份有限公司城邦分公司
104台北市中山區民生東路二段141號11樓
客服服務專線：(886) 2-25007718；25007719
24小時傳真專線：(886) 2-25001990；25001991
服務時間：週一至週五9:00～12:00；13:00～17:00
劃撥帳號：19863813　戶名：書虫股份有限公司
讀者服務信箱：service@readingclub.com.tw
香港發行所❖城邦（香港）出版集團有限公司
香港灣仔駱克道193號東超商業中心1樓
電話：(852) 25086231　傳真：(852) 25789337
E-mail：hkcite@biznetvigator.com
馬新發行所❖城邦（馬新）出版集團 Cite (M) Sdn. Bhd.(458372U)
41, Jalan Radin Anum, Bandar Baru Seri Petaling,
57000 Kuala Lumpur, Malaysia
電話：(603) 90578822　傳真：(603) 90576622
E-mail：services@cite.com.my
輸出印刷❖前進彩藝有限公司
初版一刷❖2017年5月
初版二刷❖2020年4月
定　　價❖340元

TOKYO RYOKOKI
by ARASHIYAMA Kozaburo


ISBN：978-986-94438-7-6

城邦讀書花園
www.cite.com.tw



國家圖書館出版品預行編目資料

老派東京：編集長的東京晃遊札記／嵐山光三郎著；顏雪雪譯. -- 初版. -- 臺北市：馬可孛羅文化出版：家庭傳媒城邦分公司發行，2017.05
　面；　公分
ISBN 978-986-94438-7-6（平裝）
1.遊記　2.日本東京都
731.72609　　106004257